LA POLITIQUE IMAGINAIRE

DU MÊME AUTEUR

Aux éditions Grasset :

La République giscardienne, 1980.
La République de monsieur Mitterrand, 1982.

Aux éditions Gallimard :

Les Prétendants, 1983.
Le Complexe d'Astérix, 1985.
Le Ve Président, 1987.

Aux éditions Flammarion :

Les Habits neufs de la politique, 1989.
De Gaulle-Mitterrand. La marque et la trace, 1991.
Les Peurs françaises, 1993.

Alain DUHAMEL

LA POLITIQUE IMAGINAIRE

Les mythes politiques français

FLAMMARION

ISBN 2-08-066820-X
Imprimé en France

Pour F. et son incomparable zoo.

INTRODUCTION

Le tabou

La politique n'est pas une science exacte. Elle a, certes, ses spécialistes et ses experts qui l'étudient avec minutie et rigueur, la mettent en courbes et en tableaux, multiplient les enquêtes et les recherches, forgent des concepts, élaborent des théories, proposent des définitions. Chacun sait bien cependant – les politologues mieux encore que les autres – qu'en ce qui la concerne, les travaux les plus savants restent irrémédiablement réducteurs.

En politique, ce ne sont en effet pas les faits bruts qui comptent mais la perception que l'on en a. La réalité politique constitue donc d'abord une représentation subjective, beaucoup plus qu'un champ de données empiriques, d'ailleurs souvent rebelles à toute quantification. Ce n'est pas une question d'honnêteté ou de sincérité mais de regards et de comportements. Les acteurs politiques, petits ou grands, dirigeants ou dirigés, élus, militants ou citoyens, ne se meuvent pas dans un univers rationnel et ordonné, avec une logique et ses lois, mais dans un monde de sentiments et de passions, d'espérances et d'illusions, de rancœurs et de ferveurs, de haines, de préjugés et d'utopies. Il existe, bien sûr, des pentes et des déterminismes, des propensions et quelquefois des règles de probabilité. Au bout du compte, cependant, la politique, c'est l'art de réagir aux apparences et de canaliser des subjectivités.

Encore faut-il reconnaître cet état de choses et en tirer des enseignements pratiques. Or il existe sur ce terrain une gêne, une tension, une mauvaise conscience qui finit par ressembler étrangement à une confortable hypocrisie générale et, du coup, à une forte myopie volontaire. Personne n'hésite en effet à relever, dénoncer et combattre la part d'erreurs, volontaires ou non, d'omissions, conscientes ou pas, de partialités, délibérées ou sincères, et d'aveuglement parfois qui existe chez les hommes politiques, les candidats, les activistes des partis ou des mouvements, bref chez tous ceux qui assument un engagement explicite et public. Leur lot de mauvaise foi ou de parti pris, d'ignorance ou de crédulité fait l'objet de critiques serrées, de récusations véhémentes, de polémiques virulentes.

En revanche, dès qu'il s'agit des citoyens eux-mêmes, des électeurs et des électrices, c'est aussitôt le mur du silence, la chape de plomb. On sait bien, on constate ou l'on vérifie, à travers les enquêtes, les sondages, les votes, les comportements, qu'eux aussi sont souvent mus par des idées fausses, abusés par des arguments fallacieux, séduits par des éloquences et des charismes redoutables, imprégnés par des traditions qui peuvent être archaïques ou obsolètes; qu'ils sont quelquefois aveuglés par des emportements, des colères, des peurs. Chez les citoyens, la composante d'irrationalité est grande, la méconnaissance des problèmes inévitable, l'erreur de jugement fréquente. Ce qui vaut pour les élus et les dirigeants, ces professionnels de la politique, s'applique *a fortiori* aux électeurs, ces amateurs congénitaux qui, fort normalement, ne s'intéressent aux affaires publiques que partiellement et sporadiquement. Ils s'avèrent, en toute logique, encore plus prisonniers de leurs idées reçues, de leurs irritations, de leurs craintes et de leurs espérances que ceux dont le métier est d'être informés et responsables et qui, pourtant, ne parviennent pas toujours à l'être.

Il y a sur ce sujet, crucial en démocratie, une pudeur pharisienne dont les effets ne peuvent être que négatifs. Chacun feint de regarder les citoyens comme s'ils étaient des êtres idéaux, omniscients, sages comme Nestor, avertis comme Ulysse, intrépides comme Achille. Il n'en est évidemment rien, il ne peut en être ainsi. Aucun miracle ne fait de l'électeur et du citoyen un modèle d'information, de réflexion et de clairvoyance. Le facteur psychologique, décisif dans les choix et essentiel au bon fonctionnement d'un régime heureusement fondé sur le suffrage universel et la souveraineté populaire, comporte une part majeure de subjectivité. Ce phénomène, naturel et prévisible en temps ordinaire, devient plus puissant, plus déterminant encore en période de crise, lorsque l'incertitude, la vulnérabilité, la défiance prennent des proportions croissantes.

Il persiste pourtant chez les hommes politiques, soucieux de plaire, chez les militants, désireux de convaincre, dans les médias, attentifs à séduire et anxieux de retenir le public, un grand tabou sur ce sujet. Autant s'imposent une vraie liberté de propos et un réel souci de contrôle vis-à-vis du monde politique, autant les citoyens, électeurs, lecteurs et téléspectateurs sont régulièrement traités comme s'ils étaient mesurés tel Montesquieu, prophétiques tel Tocqueville, tolérants tel Montaigne et savants tel Diderot. Qui peut le croire cependant ? Qui pourrait même l'imaginer ? Les Français ne sont pas des êtres parfaits. Or, dès qu'il s'agit de politique, on donne d'eux une représentation volontairement idéalisée et utopique.

En fait, les Français, comme les autres peuples, sont prisonniers, fort normalement, de leurs passions et de leurs mythologies. Ils ne croient pas ce qui est mais ce qu'ils voient et ils ne voient pas ce qui est mais ce qu'ils croient. Ces représentations collectives subjectives, émotives influencent toujours et parfois même façonnent leurs comportements. De grands savants, d'illustres universitaires, des intellectuels fameux – Dumézil, Lévi-Strauss, Eliade, Caillois et bien d'autres – ont étudié ces influences à propos des sociétés archaïques ou des phénomènes religieux. Or elles s'exercent aussi, bien sûr, avec des données, des canaux autres mais avec des ressorts très transposables, au sein des sociétés contemporaines. Elles valent donc pour les sociétés politiques ou, si l'on préfère, pour la dimension politique des sociétés. Roland Barthes, on le sait, les a brillamment confrontées aux comportements de la vie quotidienne. D'autres, comme André Reszler ou Raoul Girardet par exemple, se sont intéressés aux mythes politiques fondateurs : le Héros, l'Age d'Or, l'Homme Nouveau, la Révolution, le Sauveur, etc. D'autres encore se sont attachés aux mythologies inspirées et forgées par des événements spécifiques, comme l'affaire Dreyfus, 1936, 1940 ou 1968.

Il s'agit ici au contraire de démonter et de réfuter quelques-uns des mythes politiques les plus actuels, les plus présents dans la psychologie des Français. La vie publique est en effet brouillée par nombre d'idées fausses, d'idées reçues, d'idées réductrices. Celles-ci sont très souvent reprises et partagées, avec la meilleure foi du monde, parce qu'elles plongent leurs racines dans la mémoire collective, parce que les circonstances et les traditions en entretiennent les apparences et qu'elles correspondent à l'affectivité, à l'environnement social et familial, *a fortiori* aux passions et aux mouvements irrationnels du moment.

La crise économique, avec son cortège de dérèglements, d'épreuves, d'angoisses, constitue un formidable amplificateur, une caisse de résonance spontanée pour ces mythes politiques si contemporains. Il ne peut être question de tous les recenser, ni d'ailleurs de tous les situer sur le même plan. Priorité a donc été donnée à ceux qui, aujourd'hui, exercent le plus d'influence sur la société politique française, imprègnent le plus le climat, modèlent le plus les comportements.

Démythifier ainsi la politique imaginaire, la remettre à l'endroit, traquer les idées fausses les plus vivaces et, parfois, les plus corruptrices, cela implique de bousculer les préjugés, de refuser de célébrer les citoyens comme s'ils étaient des êtres intégralement cartésiens. C'est l'objectif de ce livre, écrit durant une période où les Français, agressés par les difficultés économiques, sont trop souvent désemparés, et plus que jamais exposés aux tentations de la démagogie et aux emportements de l'irrationalité.

C'est avouer aussi d'entrée de jeu que cet essai risque de prendre le lecteur à rebrousse-poil. Peu importe, puisque à un moment où les Français vont devoir faire leur choix le plus important de cette fin de siècle, celui de l'élection présidentielle, il s'agit de contribuer à dissiper quelques fantasmes, à réduire quelques mythes, bref à réintroduire, avant la décision démocratique, le plus possible de rationalité, afin de revenir, autant que faire se peut, de la politique imaginaire au monde réel.

CHAPITRE I

Le mythe du rejet de la politique

C'est une idée reçue, une théorie à la mode, une affaire entendue : les Français se détournent de la politique, prennent leurs distances avec les affaires publiques, n'accordent plus aucune confiance aux dirigeants et aux élus, ne croient plus aux idéologies, rechignent de plus en plus à accomplir les gestes les plus élémentaires du citoyen. Le divorce est acquis, la crise est ouverte. La France, si longtemps paradis de la politique, rejette maintenant violemment ce qu'elle adulait. Il y avait jadis de l'espérance et de la foi en la politique, de l'admiration pour ses chefs de file emblématiques, de la passion pour les idées, de la vigueur dans les engagements, de l'acharnement dans les combats. Tout cela est fini. Ce sont le scepticisme, la défiance, le mépris et – pis – l'indifférence qui règnent désormais. Les années soixante-dix et quatre-vingt manifestaient encore de la ferveur. Les années quatre-vingt-dix ne révèlent plus que de la rancœur, de l'incrédulité et de l'éloignement. Voilà ce qui s'entend, voilà ce qui se lit, ce qui se répète, jour après jour, comme un refrain lancinant, comme une vérité d'évidence. Voilà ce qui constitue un mythe caractéristique, patent et pervers à la fois.

Il bénéficie certes d'un large assentiment, il provoque même un accord presque général. Les uns le déplorent, les autres s'en réjouissent ; certains y voient un accès de faiblesse provisoire, d'autres un fléchissement durable. Presque personne ne met en doute la réalité du phénomène. Qu'il y ait crise de la politique, cela, bien sûr, se constate, se comprend et même se mesure. Cela n'induit pourtant pas qu'il y ait rupture ni *a fortiori* rejet. Cela ne dispense surtout pas de se demander s'il ne s'agit pas d'une politique de la crise plutôt que d'une crise de la politique, c'est-à-dire si ce qui est dépeint, ressenti, dénoncé comme un échec et une sanction propres à la sphère politique ne reflète pas tout simplement, en l'amplifiant puisque la politique se trouve en permanence sous l'œil brutal et cruel des projecteurs, la crise globale de la société, à l'épicentre d'une période de dérèglements économiques, psychologiques et même moraux. Et si le rejet spécifique de la politique, vécu et mis en scène comme tel, n'était que le symptôme le plus apparent d'un trouble général ? Et si la crise de la politique n'était que la projection caricaturale et surtout expiatrice d'une désorganisation de la société tout entière ? Et si des signes nombreux et concordants prouvaient bien qu'il ne s'agit pas d'une fracture décisive entre les citoyens et la société politique, mais d'une épreuve difficile, correspondant à une phase très particulière de la crise ? Et si l'on avait pris l'effet pour la cause, les troubles de la société politique nationale pour une pathologie spécifique, alors qu'ils ne sont que le symbole spécialement visible d'un dérèglement bien plus vaste ? Et si le rejet de la politique était un trompe-l'œil, et sa crise un syndrome partiel et résistible ?

Il n'est évidemment pas question de nier ce qui est. La société politique française va mal. Les leaders, les responsables qui l'incarnent sont mis en cause, durement et profondément. Durant les années de croissance et de prospérité, ils étaient admirés ou détestés, critiqués ou encensés, contestés ou jalousés. Ils bénéficiaient en tout cas d'un prestige collectif et, à des degrés divers, cela va de soi, d'une vraie popularité individuelle. Aujourd'hui, ils inspirent la suspicion ou la déception. Des sondages répétés et convergents démontrent que leur honnêteté personnelle est mise en doute, et même qu'ils pâtissent collectivement d'une présomption de corruption financière [1]. Ils passaient pour brillants, puissants, séduisants, ils sont maintenant regardés comme incapables d'influencer de façon décisive le cours des choses, inaptes à combattre le chômage et l'insécurité, impuissants à piloter la société, à améliorer les conditions de vie de leurs concitoyens, à susciter l'espérance. Du coup, leurs privilèges sont dénoncés, leur moralité contestée ; leurs décisions sont vilipendées, leurs compétences, leur vocation, leur utilité même sont discutées. Après vingt ans de crise économique et de désordres sociaux, les hommes politiques ont perdu leur emprise et leur crédit. Ils font même souvent figure de boucs émissaires des malheurs du temps.

Cette crise de confiance et de considération dont pâtissent les dirigeants s'accompagne de bien d'autres désordres au sein de la société politique. Tous ceux qui paraissent détenir une parcelle de pouvoir, d'influence, de notoriété font également l'objet d'une défiance collective. Les intellectuels de renom, ceux qui, autrefois, étaient décorés du titre, au demeurant pompeux et excessif, de maîtres à penser, ne suscitent plus guère de vénération ou d'enthousiasme. Sartre, Aron, Camus, Mauriac, Malraux, Aragon et bien d'autres, tous ceux qui pesaient sur l'opinion, dénonçaient, éclairaient, entraînaient, n'ont plus, ni de près ni de loin, de successeurs dotés de pareil statut. Les « nouveaux philosophes » qui aspirent parfois à cette influence se situent à des années-lumière de ce magistère évanoui. Il y a éclipse du prestige des intellectuels.

1. Voir chapitre III, « Le mythe de la corruption politique ».

Les journalistes, vedettes médiatiques ou fantassins de l'information, n'échappent pas plus au scepticisme, à la critique, souvent à la désapprobation. Là encore, les enquêtes d'opinions se confirment les unes les autres : il y a crise de confiance entre les Français et la presse. Les journalistes ne sortent pas indemnes de la dévalorisation massive, de l'incrédulité croissante que suscite l'information télévisée. Tant s'en faut [1].

Les leaders syndicaux partagent naturellement leur sort et ont rarement été si peu prisés. Dans la France des années quatre-vingt-dix, dirigeants et responsables, meneurs de masse et faiseurs d'opinion, tous les puissants, les importants, les notoires ou ceux qui passent pour tels ont perdu, aux yeux des citoyens, la légitimité et l'autorité traditionnellement attachées à leur rôle.

Les électeurs eux-mêmes, les citoyens de base contribuent largement à ce reflux de la politique. Ils se détournent parfois des urnes, souvent des partis politiques, presque toujours des théories et des projets. La fin des années quatre-vingt a donné le signal du désengagement. Les partis et les syndicats n'ont jamais compté si peu d'adhérents. La France se distinguait déjà des autres pays européens par son nombre modeste de militants – entre un million et un million et demi selon les sources, toutes formations confondues, alors que les autres nations démocratiques développées recensent couramment des chiffres dix fois supérieurs. La phase actuelle a brusquement accentué cette faiblesse. Les volontaires de la politique se font rares, les citoyens actifs se clairsèment. Les électeurs aussi : les élections législatives de 1988, les élections cantonales de la même année, les élections municipales et les élections européennes de 1989 ont toutes, sans exception, atteint les niveaux de participation les plus bas de la Vᵉ République, et même les plus bas depuis la Libération, chacune dans sa catégorie. Jamais les isoloirs n'auront

1. Voir chapitre IV, « Le mythe de la dictature de la télévision ».

moins attiré les électeurs qu'en ces occasions-là. Il y a donc non seulement crise de confiance envers les dirigeants, mais aussi crise de participation de la part des dirigés. Il faudrait être myope ou hypocrite pour refuser d'y voir un grave symptôme de désaffection des Français vis-à-vis de la politique.

Quant aux projets, aux idéologies, aux ambitions collectives, ils n'ont pas davantage résisté. Une minorité avait cru naïvement que le communisme pouvait constituer une espérance et un progrès. Ceux que le stalinisme n'avait pas découragés, l'effondrement du mur de Berlin, la dislocation de l'empire soviétique, le rejet des régimes de l'Est par leurs peuples, la confirmation que les accusations les plus graves étaient encore en deçà de la réalité, tout cela n'a pu que les en détourner et les en désintoxiquer. Même parmi les électeurs du Parti communiste, une majorité ne souhaite pas l'avènement du type de société pour lequel, en théorie, ils militent.

D'autres Français, beaucoup plus nombreux, avaient succombé un moment au charme infiniment plus débonnaire du socialisme. Depuis la fin des années quatre-vingt, ceux qui croient toujours au « projet socialiste » se font rares, même à gauche. On rencontre des sociaux-démocrates, on peut trouver des réformistes, il n'est pas difficile de découvrir des citoyens qui se réclament du camp progressiste, des valeurs de la gauche, mais même ceux-là ne croient plus guère aux grandes utopies d'antan, au modèle français de socialisme, aux lendemains qui chanteraient sur une musique écrite par les théoriciens ou les idéologues d'une société utopique.

Quant aux électeurs de la droite et du centre, par tradition plus pragmatiques et moins portés aux grandes anticipations, ils s'identifient rarement aux doctrines flamboyantes des idéologues libéraux. Ils croient aux vertus du marché et de la concurrence, ils n'aiment pas la bureaucratie et les réglementations tatillonnes, ils apprécient l'ordre et la tradition, ils se défient cependant des théories, même conservatrices, et des idéologies, même tempérées. Ils n'ont pas l'âme utopique et détestent les aventures. Les dogmatismes intellectuels ne leur inspirent qu'allergie. La France d'aujourd'hui n'est pas d'humeur prospective ou spéculative – intellectuellement s'entend – et elle n'adhère plus guère aux maquettes de société futuristes. Dans sa phase actuelle, elle se replie plutôt sur ses malheurs et ses épreuves et ne croit plus trop que les anticipations politiques puissent l'en préserver. Elle redouterait plutôt qu'elles n'aggravent encore la situation.

Certes, une fraction des Français vote néanmoins pour des partis et des candidats qui vouent la société actuelle aux gémonies. Les électeurs du Front national, des écologistes, du Parti communiste, des groupuscules gauchistes, toutes ces formations qui se proclament anti-système, expriment cependant avant tout des réflexes et des attitudes foncièrement protestataires. Il s'agit plus de sanctionner des élites politiques, culturelles et syndicales, de s'élever contre les cruautés et les dérèglements de la société que d'adhérer à un rêve ou à une vision anticipatrice du monde. Dans la France d'aujourd'hui, la contestation politique se veut beaucoup plus une sanction de ce qui est qu'une espérance de ce qui pourraît naître. Elle est critique, avec véhémence, et pessimiste, avec violence. Elle rassemble désormais un tiers de l'électorat, toutes tendances confondues, mais justement sans qu'elles puissent en quoi que ce soit s'apparenter, s'additionner ou converger, sinon dans la dénonciation des partis et des hommes de gouvernement. Il y a là une réprobation profonde, une censure impressionnante, une réaction brutale aux épreuves et aux injustices que provoque la crise économique, un réquisitoire brutal contre les dirigeants qui ne parviennent pas à les réduire. C'est un cri de douleur, parfois de désespoir, presque jamais d'espérance.

Ainsi, la société politique française traverse-t-elle actuellement une fort mauvaise passe. L'immense popularité des émissions télévisées satiriques qui lui sont consacrées en témoigne et cristallise ironiquement l'air du temps. « Le Bébête Show » de TF1 et plus encore « Les Guignols de l'info » de Canal + remportent non seulement de grands succès d'audience mais aussi de grands succès d'influence. Les Français, interrogés sur ce point, se reconnaissent volontiers dans la thématique de la dérision et du scepticisme qui culmine le soir – symboliquement – juste avant le sacro-saint journal télévisé de 20 heures. Tout se passe comme si, durant quelques minutes, « Le Bébête Show » et « Les Guignols de l'info » démythifiaient allègrement les comportements, les personnalités et les initiatives des hommes politiques ; après quoi ceux-ci, apparaissant à leur tour en chair et en os sur les écrans, semblent s'imiter et se charger eux-mêmes en donnant raison à leurs caricaturistes. Être croqué par de bons spécialistes, faire son entrée dans le spectacle de l'information télévisée sous forme de marionnette, puis, quelques instants plus tard, revenir sur les écrans à travers un reportage ou une interview, voilà un purgatoire que personne ne peut traverser à son avantage. Les téléspectateurs attachent, par-dessus le marché, plus de foi à ce que montrent les marionnettistes qu'à ce qu'expliquent les hommes politiques, les syndicalistes, les intellectuels et les journalistes. La raillerie et la suspicion donnent le ton de la représentation politique, quand ce n'est pas la colère ou la rancœur.

Faut-il pour autant en conclure à la crise irrémédiable, à la dévalorisation inexorable, au rejet annoncé de la politique ? C'est ce qu'avancent nombre de sociologues, d'historiens et même de politologues. La plupart font assaut de pessimisme, de catastrophisme, parfois de philippiques. C'est à qui proclamera le « malaise de la représentation », la « dévaluation de la politique », la « décomposition du système politique », ou même la « mort de la politique ». Une sorte de compétition s'est engagée, comme s'il s'agissait de savoir qui trouverait la formulation la plus sévère, le pronostic le plus noir, le réquisitoire le plus fracassant. Pour paraître à la mode, il faut mettre en accusation la politique avec le plus d'éloquence, de relief et de force possible.

Les journalistes se doivent donc d'être narquois, sceptiques et désabusés s'ils veulent passer pour indépendants. S'ils entendent être pleinement reconnus comme brillants, ils devront faire preuve de virulence dans l'indignation. Il faudra douter de tout et de chacun, dénoncer à tous vents, condamner par principe, enterrer par devoir. Quant aux intellectuels, il leur faudra regretter le passé, déplorer le présent, prophétiser le pire, alarmer l'opinion. En somme, la politique se meurt, la politique est morte, et elle le mérite bien. Les puissants sont des traîtres, les gouvernants des incapables, les opposants des faibles. Seuls les citoyens sont sacrés, et salués chapeau bas. En période de crise, la démagogie s'épanouit et se répand. Tantôt elle prend des formes primitives, lorsque s'expriment les chefs de file des mouvements protestataires, tantôt elle adopte des manières plus sophistiquées quand des plumes célèbres et des voix renommées prennent le relais sur un autre ton. Tout cela s'accorde cependant, au bout du compte, pour traiter la crise de la politique comme un phénomène spécifique et, en somme, un châtiment mérité.

Cela flatte les Français, anxieux et mécontents. Cela revient cependant à préférer les commodités de la mythologie aux exigences de la réalité. La politique est certes en crise, mais il y a plus politique de la crise que crise de la politique, même si cela se prête moins aisément aux exercices de style et aux concours de fulmination. Le rejet de la politique est un mythe, un contresens et une facilité.

Pierre Rosanvallon, par exemple, estimable sociologue et universitaire considéré, diagnostique le « déclin des passions politiques ». Rien ne vient cependant confirmer cet oracle morose. Les Français ne croient plus, Dieu merci, aux idées folles et aux utopies naïves de la fin des années soixante et des années soixante-dix. La crise économique, le chômage, les tensions internationales, les dérèglements de la société ont balayé tout cela. La croissance n'est plus regardée comme un péril, l'autogestion comme un idéal, la prospérité comme un acquis et la consommation comme une aliénation. Le marxisme ne fait plus rêver, le tiers monde inspire plus de pitié qu'il ne fournit de références politiques. Mao, Castro, Hô Chi Minh sont complètement passés de mode. Symétriquement, les apôtres de la déréglementation à tout prix, les intégristes du libéralisme, les épigones d'Hayek, les disciples du reaganisme et du thatchérisme ne rencontrent plus beaucoup d'échos. Après vingt ans de crise, les Français ne croient plus aux solutions miraculeuses, aux prophètes et aux gourous.

Ils ne font pas preuve pour autant d'indifférence ou de résignation. Ils conservent même, ils démontrent spectaculairement à l'occasion, une capacité intacte de mobilisation, de protestation ou de soutien. C'est le contraire de la tiédeur ou de la passivité.

L'éternelle querelle de l'école et de la laïcité en fournit une illustration difficilement récusable. Voilà justement l'un des grands mythes fondateurs de la société politique. Il a gaillardement traversé trois républiques, constitué l'un des clivages essentiels des débats de ce siècle, survécu à toutes les réformes, imprégné toutes les générations. On aurait pu le croire essoufflé aujourd'hui. Pas du tout. En 1983 et 1984, la gauche, pourtant en pleine phase de désidéologisation, a voulu mettre en œuvre – par piété ou par compensation – le grand service public, laïc et unifié qu'elle s'était engagée à réaliser. Semaine après semaine, des dizaines de milliers et, à la fin, des centaines de milliers de défenseurs de l'école privée se sont rassemblés pour protester et empêcher ce qu'ils ressentaient comme une atteinte à leurs libertés, à leur identité, à leurs valeurs. Il a fallu retirer piteusement le projet.

Dix ans plus tard, lorsque la majorité de droite, tout aussi massive que celle de gauche jadis, a voulu, par l'abrogation de la loi Falloux, faire bénéficier l'enseignement privé des mêmes ressources financières que l'enseignement public, levée de boucliers symétrique chez les laïcs. Là encore, des centaines de milliers de citoyens se sont rassemblés pour défiler paisiblement et interdire que l'on mette sur le même plan l'école de la République et celle des institutions catholiques. Où est l'indifférence, où est la passivité, où est le désengagement? Où est le « déclin des passions politiques »?

En fait, dès que les Français se sentent directement et personnellement concernés, ils réagissent aussi vigoureusement et aussi véhémentement qu'auparavant. C'est vrai de tout ce qui, de près ou de loin, touche au système scolaire. Les manifestations de lycéens et d'étudiants, parfois renforcées par les syndicats d'enseignants et par les centrales syndicales confédérales, se multiplient à chaque réforme, quelquefois même à chaque rumeur. Alain Devaquet en avait pâti sous la première cohabitation, Lionel Jospin l'a éprouvé lorsqu'il était ministre de l'Éducation nationale, François Bayrou et surtout Michel Giraud l'ont constaté à leurs dépens en 1994. La question scolaire reste un thème hautement inflammable et parfaitement politique, puisqu'il s'agit des rapports entre formation et entreprises, entre économie et culture, entre promotion sociale et diplômés, et que c'est la conception de la société qui est en jeu. Là-dessus, la sensibilité est toujours en éveil et la mobilisation se fait couramment à une vitesse impressionnante.

Si l'école et la laïcité détiennent sans doute la palme de l'engagement, les sujets sensibles sont cependant légion. Ainsi la campagne du référendum de Maastricht – thème lui aussi crucial mais moins naturellement public que beaucoup d'autres – a-t-elle été suivie avec attention, intérêt et, bien vite, a déchaîné les passions politiques. La croisade véhémente de Philippe de Villiers, le tour de France stoïque d'Élisabeth Guigou, le débat télévisé spectaculaire entre François Mitterrand et Philippe Séguin, la discussion parlementaire, dominée par un grand discours, aussi contestable que remarquable, du même Philippe Séguin, autant de temps forts qui ont marqué, impressionné, suscité la ferveur ou fait flamber la fureur. La nation et l'Europe ne laissent donc pas les Français sceptiques ou indifférents.

La question du chômage et de l'emploi non plus, cela va de soi. Là aussi, il ne se passe pas de semaine sans que la menace de fermeture d'une entreprise ou bien le péril, tantôt réel, tantôt imaginaire, d'une mesure controversée ne jette dans la rue des salariés bien décidés à faire valoir leurs droits et à défendre leurs thèses. A l'échelon local, dix sujets – ici une centrale nucléaire, là un tracé d'autoroute, etc. – déclenchent pareillement la fièvre. Les mêmes constatations valent pour la santé ou la sécurité, l'immigration ou la fiscalité. Le spectre de l'indifférence, le fantôme du désengagement, omniprésents dans les analyses des sociologues, ne se confirment pas sur le terrain. La politique mécontente, mais elle n'indiffère pas ; elle frustre, mais elle n'assoupit pas ; elle déçoit ou elle choque, mais elle ne décline pas.

Il est vrai qu'en revanche les partis politiques ne font pas florès. Lorsqu'ils annoncent de mauvais chiffres de cotisants, on les enterre allègrement ; quand ils revendiquent des effectifs en hausse, personne ne les croit. Les Français n'ont pas l'esprit très militant. La constance, la modestie, l'abnégation propres au militantisme s'enracinent mal ici. Les Français se comportent volontiers en citoyens actifs épisodiques. S'il s'agit de défiler, de protester, d'assister à un meeting, *a fortiori* de regarder une émission politique à la télévision, ils s'avèrent tout aussi disponibles que leurs homologues des autres pays. S'il faut payer des cotisations, participer régulièrement à des réunions, distribuer des journaux ou des tracts, rédiger des appels ou des pétitions, ils se montrent beaucoup moins disponibles.

Les partis politiques français n'ont jamais vraiment mérité l'appellation classique de partis de masse, sauf en de rares occasions historiques, lorsque la fièvre était très forte, à l'époque des ligues de droite et du Front populaire, ou bien à la Libération. Pour le reste, le déclin du PCF (dont les effectifs réels n'ont jamais approché les prétentions officielles) a tari la principale source d'engagement militant et si, au début de la IVe République, le RPF (Rassemblement du peuple français) du général de Gaulle attira des centaines de milliers de sympathisants, sous la Ve République jamais le gaullisme militant n'a pu présenter de chiffres considérables plausibles. Quant aux autres formations politiques, elles relèvent plutôt de la catégorie des partis de cadres. Le PS n'est jamais parvenu à devenir un parti de masse, et les écologistes, au sommet de leur influence, ne comptaient pas dix mille adhérents, toutes tendances confondues.

En fait, les Français n'aiment pas militer régulièrement. Ils préfèrent protester sporadiquement et voter tranquillement. C'est une caractéristique classique de la société politique française, même si le trait s'est accentué depuis vingt ans avec la crise économique. Sans doute, l'une des explications de l'accentuation récente de ce comportement habituel tient-elle au fait que les partis politiques s'identifient de moins en moins clairement à des clivages abrupts et radicaux. Il y a eu jadis la grande bataille des républicains contre les monarchistes et les bonapartistes. Elle s'est achevée, et même l'extrême droite de Jean-Marie Le Pen ne remet pas en cause la nature républicaine du régime. Il y a encore eu l'affrontement des catholiques et des laïcs. Il n'a pas disparu en ce qui concerne l'école mais il ne détermine plus les frontières politiques comme avant. Tous les catholiques ne sont pas de droite, toute la droite n'est pas catholique, tous les conservateurs ne sont pas cléricaux et tous les évêques et les prêtres ne sont pas conservateurs.

L'opposition entre socialistes se réclamant de la révolution et bourgeois la rejetant avec horreur a, elle aussi, jadis beaucoup compté. Ce fut encore le cas pendant l'entre-deux-guerres. Ça ne l'est plus aujourd'hui. La gauche n'est plus révolutionnaire et la droite se veut parfois réformiste. Enfin, pendant longtemps des partis politiques se réclamaient d'une classe sociale bien précise. Cela s'estompe peu à peu. Dans la France des citadins salariés d'aujourd'hui, chaque parti se veut peu ou prou interclassiste ; aucun, pas même le PC, ne fait l'impasse sur les classes moyennes. Aucun, surtout pas la droite et l'extrême droite, ne néglige la classe ouvrière. Les vieux schémas sont morts, les clivages simplistes ont disparu. La politique est devenue en ce sens plus subtile, plus nuancée et donc moins militante, voire moins mobilisatrice.

Faut-il pour autant, comme le font tant de spécialistes, sociologues ou politologues, en conclure à la crise de la participation et, au-delà, à la rupture entre les citoyens et le système politique ? Point du tout. Il est vrai que la société politique française a traversé une phase de net désengagement à la fin des années quatre-vingt, lorsque trois alternances venaient de se succéder (1981, avec le triomphe de la gauche, 1986, avec le retour de la droite, 1988, avec la revanche de François Mitterrand) et que la crise économique semblait à chaque fois s'enraciner un peu plus. Ce n'était pas la première fois qu'un tel phénomène se produisait. L'agonie de la IVe République avait déjà provoqué de graves interrogations sur la « dépolitisation » de la France, après quoi la naissance de la Ve République avait déclenché des taux de participation électorale massifs. Cette fois-ci, après une politisation exceptionnelle durant les années soixante-dix, directement liée à l'ascension de la gauche et à la lutte au couteau qui l'opposait au gaullisme et au giscardisme, puis après les déceptions nées des alternances, un net reflux de la participation électorale a été enregistré, notamment en 1988 et 1989. Tant de changements politiques, en si peu de temps et pour si peu d'effets apparents sur l'emploi, cela ne pouvait que décourager.

Depuis, il y a eu cependant repolitisation progressive et regain. Tout s'est passé comme si, après une phase de découragement et d'exaspération, les Français s'étaient aperçus qu'il y avait moins une impuissance spécifique des politiques gouvernementales nationales qu'une crise internationale de plus en plus complexe, de plus en plus contagieuse, de plus en plus déterminante. Mieux, les comportements et les réactions des citoyens ont évolué comme si, après une phase d'incompréhension devant une situation si différente de tous les schémas auxquels ils étaient habitués, ils avaient pris la mesure à la fois de la nouveauté des grands dérèglements économiques et de l'importance accrue des répliques gouvernementales françaises. Le rejet n'a duré que peu de temps – deux ou trois ans tout au plus – avant qu'apparaissent de nouveaux comportements politiques, mieux adaptés à la situation. D'une certaine façon, les citoyens ont cette fois plus vite digéré ce changement de circonstances que les spécialistes n'ont compris les changements des citoyens.

D'ailleurs, lorsque les échéances électorales étaient importantes, les Français n'ont jamais cessé d'aller déposer leurs bulletins dans les urnes : ce fut le cas, même en 1988, à l'occasion de l'élection présidentielle (19 % d'abstentions seulement au premier tour, 16 % seulement au deuxième, soit des chiffres se situant tout à fait dans les normes de la Ve République). Même lorsque les élections sont moins spectaculaires, les citoyens votent de nouveau en plus grand nombre.

Aux élections régionales et cantonales de 1992, maints experts avaient annoncé un taux d'abstention de 50 % ; la participation a en réalité atteint 70 %, à la surprise générale. Il ne s'agissait pourtant pas d'échéances dramatiques. Le référendum sur le traité de Maastricht – sujet essentiel mais austère – a drainé 71 % des Français vers les isoloirs, provoquant de nouveau l'étonnement de plus d'un spécialiste. Aux élections législatives de 1993, dont l'issue était cependant prévisible depuis au moins un an, l'abstention n'a pas atteint 31 % et a donc reculé de près de cinq points par rapport aux élections législatives de 1988. Quant aux élections cantonales de 1994, avec une participation de 60 %, elles ont, dans des conditions ingrates (elles n'étaient pas cette fois-ci jumelées avec les élections régionales) et avec une absence d'enjeux évidente, atteint un niveau très classique. Il n'y a donc aucune grève des urnes, ni aucun refus de la participation.

L'élection présidentielle de 1995 va mobiliser l'attention, comme toujours puisqu'il s'agit, dans le système politique français, de l'élection reine. Son approche a reconstitué le dualisme gauche-droite habituel. Les citoyens voteront nombreux et, si le mécontentement et l'anxiété permettront peut-être aux candidats les plus protestataires de faire des scores honorables au premier tour, le second tour opposera le candidat socialiste au meilleur des champions de la droite modérée. Ce n'est pas là le signe d'un système politique désarticulé ou d'institutions boudées par les citoyens.

La politique est en difficulté, elle n'est pas à l'agonie. Elle reflète la crise économique, sociale et morale. Elle la canalise aussi, comme c'est sa vocation. La désaffection frappe les partis politiques, symboles de division, donc forcément impopulaires en période de crise; la critique n'épargne pas, tant s'en faut, les principaux acteurs de la société politique et entretient le doute et la défiance. Il ne faut pas pour autant tout confondre et tout amalgamer. Les dysfonctionnements explicables, et d'ailleurs légitimes, de la société politique ne débouchent pas sur l'apocalypse.

Ceux qui insistent sur les dérèglements et qui dramatisent les épreuves de la société politique mettent en avant la question spécifique des jeunes. Il est incontestable que les moins de 25 ans (pour reprendre la catégorie d'âge utilisée par les enquêtes d'opinions) se montrent, selon les cas, les plus critiques ou les plus indifférents vis-à-vis de la société politique. Ils s'inscrivent moins que leurs aînés sur les listes électorales, s'abstiennent davantage et, quand ils votent, choisissent plus que les autres les partis et les candidats les plus hostiles au système politique. Ils n'aiment pas les partis de gouvernement, se défient des rites politiques officiels, s'intéressent peu au Parlement, à peu près pas à la vie des formations, guère aux consultations électorales. Ils suivent moins que les adultes les émissions politiques, lisent moins les quotidiens et les hebdomadaires.

En revanche, ils se mobilisent aisément pour défiler dans la rue et protester parfois violemment; ils peuvent se montrer très actifs à propos d'un problème spécifique (immigration, environnement ou droits de l'homme par exemple), se passionnent pour les causes humanitaires, se sentent concernés par des sujets comme le sida ou la drogue. Ils apparaissent en somme moins intégrés dans la société politique que leurs aînés, mais en revanche beaucoup plus sensibles aux questions de société qui les touchent directement, ou bien à des manières nouvelles ou différentes d'aborder l'action politique. Dans tout cela, où est la surprise, où est la nouveauté, où est la preuve d'un rejet abrupt de la politique ?

En fait, ce que l'on observe aujourd'hui ne fait que répéter, en le caricaturant parfois, ce que l'on sait depuis longtemps. Les jeunes contestent les formes conventionnelles de la politique ? La belle découverte : qui ne sait qu'ils l'ont toujours fait plus que les adultes, génération après génération ? Ils choisissent plus facilement des partis extrémistes ou se voulant différents ? Le goût de la rupture, de l'exigence, de l'absolu, de l'espérance serait-il propre aux jeunes de cette fin de siècle ? Ils rejettent en grand nombre les échecs, les compromissions, les médiocrités, les banalités de la vie politique et sociale ? Certes, mais ils l'ont toujours fait, parfois très vivement. Ils sont plus disponibles pour les causes difficiles, plus accueillants pour les idées neuves, les hérésies, les novations ? Faut-il feindre d'apprendre que le refus de la tradition est un comportement classique chez les jeunes ? Indifférence, critique, contestation, rejet, rien de tout cela n'est né à la fin des années quatre-vingt et il n'existe pas de phase historique significative sans rébellion – peut-être salutaire pour le renouvellement de la société – d'une fraction de la jeunesse. La littérature et l'histoire regorgent d'illustrations de ce comportement.

Ce qui apparaît plus nouveau aujourd'hui, ce sont l'anxiété particulière et le risque de marginalisation accrue qui pèsent en ce moment sur les jeunes. Les moins de 25 ans appartiennent, dans l'histoire moderne de la France, à la première génération qui n'a connu que la crise, qui s'est dès l'enfance trouvée confrontée – plus ou moins directement, plus ou moins rapidement, plus ou moins consciemment – à une société inquiète, traumatisée, incertaine d'elle-même. Grandir dans une période de ce genre n'est pas un privilège, découvrir la société à travers ses risques et ses angoisses, et non plus comme avant à travers ses progrès et ses espérances aussi, personne ne peut le souhaiter à des enfants et des adolescents. En d'autres temps, la guerre et l'Occupation imposaient des épreuves terribles, mais les périodes de paix étaient porteuses d'espoir, d'amélioration des conditions de vie quotidienne. Des crises survenaient mais jamais elles ne duraient de pareille façon. Chaque génération pouvait former le projet d'une ascension sociale, voire d'un changement de statut pour la génération suivante. L'élévation du niveau scolaire, la préoccupation des études et surtout l'obtention d'un diplôme, ce passeport social français caractéristique, paraissaient être le sésame naturel vers un monde meilleur.

La nouvelle génération a forcément beaucoup plus de mal à partager cette espérance sociale. Le spectre de la crise constitue son décor ordinaire, la violence, la drogue, le sida, autant d'ombres menaçantes. Tous ne sont pas concernés mais peu le mesurent dès le départ. Commencer sa vie professionnelle par l'ANPE, préparer un diplôme sans être certain qu'il ouvrira les portes du monde du travail, risquer, pour les plus exposés, la marginalisation, cela prédispose peu à manifester sa confiance envers la société, à se sentir pleinement intégré, à se féliciter du bon fonctionnement du système politique et à vouloir y occuper toute sa place.

Mais justement : là encore, là surtout, la nouveauté, la différence et la rupture par rapport aux générations antérieures ne tiennent évidemment pas à une crise de la politique, mais à la politique de la crise. C'est la crise économique, donc sociale et culturelle, qui dérègle la société politique et non pas l'inverse. La société politique ne fait que refléter, en l'amplifiant, comme c'est sa vocation et sa nature, les dérèglements qu'elle subit. Les institutions de la Ve République n'ont pas changé depuis le début de la crise et les quelques modifications limitées qui sont intervenues (saisines plus aisées du Conseil constitutionnel, mode de scrutin plus moderne pour les élections municipales, création d'une Cour de la République pour les membres du gouvernement faisant l'objet de poursuites judiciaires) constituent toutes des améliorations. Le système des partis s'est transformé (ascension de l'extrême droite, apparition des écologistes, phénomène Tapie), reflétant justement des craintes nouvelles directement issues de la crise : immigration, insécurité pour le Front national ; environnement, formes locales de la démocratie pour les amis de Brice Lalonde et d'Antoine Waechter ; frustrations et rejet du mode de vie dans les banlieues pour l'ex-patron de l'OM. Il a cependant su s'adapter et a permis à des majorités de gouvernement de se former et de se succéder. La participation électorale des citoyens a, on l'a vu, fléchi un moment pour se reprendre rapidement et revenir à des niveaux habituels. Les mécontentements et les irritations des Français, leurs craintes et leurs frustrations ont donc une traduction politique mais non pas des racines politiques.

Et cependant, les hommes politiques sont beaucoup plus critiqués que d'ordinaire, les catégories dirigeantes – les élites des pouvoirs – sont fortement contestées, le système passe pour déréglé et insatisfaisant, un fossé psychologique s'est creusé entre les citoyens et ceux qui sont censés leur proposer idées, projets, équipes de gouvernement et majorités stables. Même si la crise de la participation est moins marquée que cela ne se dit et ne se croit, même si la crise des partis est plus traditionnelle qu'on ne le prétend, même si la fin des passions politiques est un mythe et la dévaluation de la politique un moment de la Ve République, il y a en revanche bel et bien crise de la représentation, puisqu'il y a désaffection et incompréhension vis-à-vis des dirigeants politiques.

Tout se passe comme si les hommes politiques français étaient désignés comme les principaux responsables de la crise économique internationale. Puisqu'ils ont trop voulu faire rêver, ils ont d'autant plus déçu, payant ainsi au prix fort des promesses imprudentes. Puisqu'ils incarnent la puissance et l'apparat, ils sont promis au sort de boucs émissaires. Comme toujours dans ces cas-là, lorsque la France traverse une période de protestation, lorsque l'ensemble du personnel politique est contesté, chacun est tenté de considérer que les citoyens ont raison et que les dirigeants ont tort.

Cela mérite, là encore, d'être nuancé. Tout d'abord, même s'il est exact que les sondages et l'observation quotidienne établissent effectivement l'existence d'un désenchantement à l'égard des hommes politiques, celui-ci n'a rien d'absolu ni d'irrémédiable : rien d'absolu, car les Français se montrent beaucoup plus sévères en général qu'en particulier, fustigeant le monde politique global mais non leur élu, leur maire, leur député. Il est frappant de constater que la popularité des principaux dirigeants politiques – et notamment des présidentiables, de gauche comme de droite – n'est pas inférieure aujourd'hui à ce qu'elle était il y a dix ans. Les hommes politiques sont collectivement rejetés et individuellement appréciés : du moins certains d'entre eux le sont-ils. Par ailleurs, il est constant et curieux de constater à quel point, crise de la politique ou non, ostracisme contre les cercles dirigeants ou pas, les Français, même dans le désarroi actuel, restent prompts à s'enflammer en faveur d'un homme nouveau ou d'une nouvelle venue.

La popularité, littéralement faramineuse, d'un Édouard Balladur pendant les dix premiers mois de sa présence à l'Hôtel de Matignon prouve bien que ce n'est pas la fonction politique elle-même qui est dévalorisée mais l'usage décevant que certains en ont fait. Le désir d'admirer, la volonté de pouvoir faire confiance restent intacts. Édouard Balladur était alors encore un homme neuf en politique, visiblement intègre, désireux de ne pas lancer de promesses irréfléchies, résolu à incarner une forme d'unité au sein de la majorité et à mener sa politique sans déchirer pour autant le tissu social : aussitôt, il est devenu l'objet d'un engouement massif et quelque peu candide que rien, auparavant, ne laissait présager.

Symétriquement, Martine Aubry ou Bernard Kouchner, parce qu'ils sont encore des têtes nouvelles, qu'ils ont des engagements respectables, du talent, des styles spécifiques – flamboyant chez le « French Doctor », janséniste chez la fille de Jacques Delors –, suscitent aisément intérêt et sympathie. Ils n'en ont pas le monopole : Alain Juppé à droite, Jack Lang à gauche en fournissent d'autres exemples. Les Français n'ont pas renoncé à admirer ou à croire en leurs dirigeants. La persistance de la crise économique, les souffrances et les craintes qu'elle provoque les rendent simplement plus exigeants et surtout beaucoup moins patients. Personne n'a très longtemps pour réussir, personne n'est assuré de rester populaire au-delà d'une année. Le taux de chômage accélère l'usure des prestiges. Avec la crise, toute popularité devient éphémère.

Les Français surestiment d'ailleurs le pouvoir – donc la responsabilité – des hommes politiques devant les grandes secousses économiques. Il ne s'agit évidemment pas de prétendre que ceux qui gouvernent ne détiennent aucun moyen d'action significatif, ni que la politique économique qu'ils mènent puisse être indifférente, ni encore qu'ils puissent être exemptés de critiques personnelles lorsqu'ils exercent le pouvoir ou prennent des positions sur les voies et les moyens d'améliorer la situation. La vocation et la nature des hommes politiques sont d'être responsables devant l'opinion plus que quiconque. Il se trouve cependant qu'en France le pouvoir politique est plus sacralisé qu'ailleurs et donc que ses échecs déclenchent des mouvements de protestation, de critiques, de désenchantement plus brutaux et plus massifs qu'en d'autres pays.

En période de crise, les hommes politiques paient en somme le prix de leur prestige en période ordinaire. En France, l'État occupe une place qu'il ne détient pas dans les autres démocraties. Le style d'autorité des personnes publiques conserve des résidus monarchiques ou impériaux qui s'épanouissent d'ailleurs, on le vérifie depuis 1981, aussi aisément sous la gauche que sous la droite. Leur superbe et leurs exigences hiérarchiques seraient récusées et rejetées dans la quasi-totalité des autres pays européens, *a fortiori* dans les pays anglo-saxons où les simples citoyens sont les plus strictement défendus. Du coup, l'autorité politique étant plus présente et plus impérieuse, ces échecs, ces faiblesses, ces limites sont moins bien supportés. La société politique pesant proportionnellement plus en France qu'ailleurs, les impasses des politiques gouvernementales sont plus cruellement sanctionnées. Les vestiges de la splendeur défunte du pouvoir politique et les résidus d'une certaine arrogance se paient particulièrement cher en période de crise.

D'autant plus que les citoyens ne sont pas des êtres parfaits, informés, perspicaces, équitables. On en parle généralement comme s'ils réagissaient de façon rationnelle, proportionnée et mûre. Il n'en est évidemment rien. Les citoyens français ne sont pas de purs esprits imprégnés de cartésianisme. Ils ont leurs préjugés, leurs ignorances, leurs pulsions, leurs passions, en politique comme dans les autres domaines. Ils ont les mêmes qualités et les mêmes défauts dans la vie publique que dans la vie privée, dans la société politique que dans la société civile. Ils se montrent donc souvent contradictoires et parfois instables dans leurs choix. Ils ont été tour à tour contre puis pour l'énergie nucléaire, contre puis pour la force de dissuasion. Ils comprennent fort bien, et le disent, qu'en période de crise les réformes soient nécessaires, mais ils se dressent généralement, et pas toujours judicieusement, contre ces mêmes réformes. Ils ne sont pas toujours de bonne foi non plus. Dans les années soixante et la première moitié des années soixante-dix, lorsqu'on leur demandait chaque année rituellement si leur pouvoir d'achat avait augmenté, ils le niaient absolument, contre toute évidence. Quand, aujourd'hui encore, on les interroge sur l'efficacité de la lutte contre l'inflation, ils se montrent incrédules, alors que, sur ce terrain-là, les succès sont établis. Ils se proclament hostiles à la cohabitation avant qu'elle ait lieu, et satisfaits de son déroulement dès qu'elle a commencé. Ils souhaitent immuablement un changement de politique économique du gouvernement, quels que soient celui-ci, son orientation, sa compétence, et même son efficacité. Bref, les Français ne sont jamais des citoyens faciles ou dociles. Cela aussi fait partie de leur originalité et même de leur séduction. En période de crise, néanmoins, cela complique la gestion gouvernementale.

Par ailleurs, ils demandent aux hommes politiques les choses les plus contradictoires. Ils les veulent à la fois à Paris et dans leurs circonscriptions, semblables à eux et différents. Ils ne supportent pas de ne pas les savoir au travail là où ils ont été élus, se consacrant aux mille et un problèmes locaux, disponibles pour rencontrer qui le souhaite, prompts à intervenir, conseiller, arbitrer, appuyer. Malheur à eux s'ils omettent d'assister au bal des pompiers du chef-lieu de canton, à la distribution des prix du concours de boules, aux comices agricoles ou à la remise des palmes académiques au tout dévoué conseiller principal d'éducation du CES local! Une lettre de félicitations aux jeunes mariés, aux nouveaux parents, voire aux diplômés de la promotion de l'année sera attendue, un mot de condoléances à chaque épreuve sera le bienvenu. L'homme politique doit d'abord se comporter en élu d'une circonscription, propriété collective de ses électeurs, défenseur inlassable de l'emploi, médiateur désigné avec l'administration, conseiller en investissements publics du lieu.

Simultanément, l'homme du terroir doit par un don d'ubiquité mystérieux se trouver aussi à Paris, faisant sonner haut et fort le renom et surtout les intérêts du département. Ses électeurs espèrent alors de lui – exigent en fait – qu'il fasse preuve d'influence, qu'il incarne la représentation active de leurs objectifs, qu'il soit leur ambassadeur et leur porte-drapeau. S'il peut être ministre, tant mieux : il obtiendra plus pour sa circonscription, du déblocage des dossiers en suspens au surcroît de subventions, d'aides et d'implantations. Il comptera alors à Bruxelles, aux yeux des terribles et mythiques eurocrates, il négociera, dans les ministères de la capitale, avec ses collègues des échanges de services pour ses concitoyens.

S'il peut, en prime, attacher son nom à un projet de loi, à une réforme, à un plan gouvernemental significatif, bravo, tant mieux! Mais attention : pas trop souvent, et seulement s'il s'agit d'une décision populaire. Les électeurs français n'apprécient guère que leurs élus travaillent pour l'ensemble de leurs concitoyens et se hérissent vite s'ils se dévouent un peu trop à la collectivité nationale. Malheur aux purs qui, comme Bernard Stasi par exemple, consacrent trop de temps au calvaire de l'ex-Yougoslavie et pas assez aux difficultés heureusement conjoncturelles des vignerons champenois! Il sera rejeté sans pitié, quels que soient son talent et le bilan de son action passée, au profit d'un représentant obscur du corporatisme local le plus étriqué.

De même, avant d'occuper une fonction de responsabilité dans l'état-major d'une formation politique, il importe d'étayer, de garantir et même de cadenasser ses arrières. L'électeur n'aime pas que son élu, celui qu'il a désigné pour se consacrer à la défense de ses intérêts, se dépense trop visiblement au service de ses idées ou de son parti.

Inversement, le citoyen appréciera peu que dans la circonscription d'à côté, un élu d'envergure nationale attire l'attention, draine des avantages, passe pour l'homme fort du département ou de la région, cependant que son élu à lui passera pour plus effacé. Plus pervers encore : l'électeur du chef de file régional, de l'homme politique de renom sera plus exigeant pour ce qui concerne ses intérêts les plus directs et les plus proches. Jean François-Poncet, puissant président du conseil général du Lot-et-Garonne, dont, de notoriété publique, il avait défendu de manière particulièrement efficace les dossiers et facilité le développement, fut battu sans rémission dans son propre canton, où l'on ne le voyait pas assez, puisqu'il se trouvait à quelques kilomètres de là, à l'hôtel de la présidence du conseil général du département. Trop actif à Paris, trop actif en Europe, trop actif pour le département tout entier, il n'avait pas, selon ses électeurs, accordé la priorité qui convenait au prestigieux canton de Laplume.

C'est ainsi que les Français attendent des hommes politiques qu'ils soient de vrais hermaphrodites : ils doivent à la fois leur ressembler et être d'une autre essence qu'eux. Ils doivent – ils devraient – pouvoir incarner à la fois la puissance, le mystère et le rêve, mais aussi savoir partager les soucis quotidiens des Français, connaître par le menu leurs préoccupations les plus prosaïques. Le reproche numéro un qui est fait aux hommes politiques est de ne pas vivre comme les Français ordinaires, de trop ignorer les mille et une difficultés du quotidien, de ne pas se consacrer aux horaires des cars ou des trains – toujours incommodes –, aux dangers des croisements en haut de la côte voisine, à l'insertion du petit neveu dans le monde du travail, à l'école qui manque d'un bon maître. Il devrait être avant tout le médiateur et le protecteur local, descendant roturier du hobereau d'autrefois.

En même temps, il doit être celui qui élabore une autre politique économique pour la nation, qui défend bec et ongles les dossiers français au GATT ou à Bruxelles, qui organise le maintien de l'ordre dans les banlieues lointaines, déshéritées et éruptives, qui décroche un contrat essentiel pour le TGV en Corée ou à Taiwan et qui, par-dessus tout, imagine de nouvelles solutions pour relancer les offres d'emploi et faire enfin reculer le chômage.

Ce mélange typiquement français d'exigences et d'attentes contradictoires, de prestige et de dédain, de présence et d'absence, d'influence nationale et d'enracinement local, ne simplifie pas les relations entre l'homme politique et le citoyen, entre l'électeur et l'élu.

Comme en France, contrairement à la plupart des autres pays, mandats locaux et nationaux sont cumulables, donc obligatoires (sauf à négliger l'enracinement), l'homme politique doit se dédoubler et y parvient rarement de façon idéale. Comme on attend de lui la plus grande proximité et en même temps, lorsqu'il le faut, la pompe et le protocole dignes de la tradition républicaine, il ne peut guère satisfaire ses mandants. C'est vrai en règle générale, ce l'est bien plus encore en période de crise, lorsque l'anxiété durcit les revendications et aigrit les esprits. Quand le chômage menace et que la crise dure depuis des années, les Français n'accordent aux hommes politiques ni préjugés favorables ni délais. Il faut réussir vite ou être sanctionné. Comme personne ne peut faire de miracles, surtout en quelques mois, chaque camp est rejeté à son tour, l'alternance s'accélère, le désenchantement s'installe, le fossé se creuse. Durant les cinq dernières années, près d'un Français sur deux a changé au moins une fois d'orientation politique. Avec la crise, le débat appelle la réfutation, et le pouvoir la sanction. Le poids particulier de la puissance publique en France, le prestige traditionnel des hommes politiques qui l'exercent font le reste : ayant beaucoup fait rêver, espérer ou su rassurer par le passé, les symboles du pouvoir se montrent d'autant plus contestés dans les circonstances actuelles. Le prestige fané forge les boucs émissaires. La société politique française paie aujourd'hui la place exceptionnelle qu'elle occupait jadis.

D'où l'éclosion spectaculaire de poujadismes, de corporatismes et de protestations en tout genre. Ce n'est assurément pas un monopole ni même une spécificité française, tant s'en faut. L'Italie de Silvio Berlusconi, de Forza Italia, des ligues et des néo-fascistes en offre une impressionnante démonstration. La percée de l'extrême droite en Autriche ou en Flandre belge, la floraison de démagogues heureux partout en Europe (et d'ailleurs dans les démocraties en général, si l'on songe par exemple à la percée d'un Ross Perot aux États-Unis) prouvent bien qu'il ne s'agit pas d'un mal français.

Encore le vieux fonds national de mécontentement perpétuel vis-à-vis du pouvoir trouve-t-il, avec la persistance de la crise, des raisons plus fortes de s'exprimer que durant les trente années précédentes de croissance et de prospérité. Encore le succès relatif d'un Jean-Marie Le Pen, jouant exclusivement sur les peurs et les fantasmes, encore l'influence ponctuelle d'un Philippe de Villiers, s'arc-boutant avec un talent acrimonieux sur les nostalgies enjolivées d'une France qui n'est plus, encore les dénonciations systématiques et redoublées d'un PC ragaillardi par les épreuves du moment, encore la condamnation péremptoire mais plus articulée d'un Jean-Pierre Chevènement, désormais spécialisé dans le rôle de Cassandre de la France néo-libérale, encore les chagrins pagailleux des écologistes et les ambitions véhémentes du populisme décomplexé de Bernard Tapie finissent-ils, tous ensemble, par toucher près de quatre Français sur dix. La protestation et la dénonciation de la société politique se portent particulièrement bien dans la France du milieu des années quatre-vingt-dix.

En France comme ailleurs, les mass media ne se contentent pas de refléter ou d'illustrer ces sentiments. Il leur arrive, plus qu'à leur tour, de les amplifier, de les théâtraliser, de les mettre en scène, de les exploiter et donc de les exciter. Ils le font par esprit de compétition, par logique commerciale, par volonté de plaire au plus grand nombre, par désir d'être à la mode, certains avec plus d'insistance et de méthode que d'autres. Aucun type d'information n'échappe tout à fait à cette tentation de flatter le mécontentement, de récupérer la protestation. Par sa puissance d'évocation, son quasi-monopole des images, son audience hégémonique, la télévision joue dans l'affaire un rôle plus visible et plus déterminant que la presse et la radio. Elle exerce une responsabilité particulière et une influence dominatrice. Il lui arrive [1] de pousser très loin la recherche de l'Audimat et d'accentuer ainsi très nettement la pente protestataire, la crise de la représentation et la contestation de la société politique. Jouer sans mesure de l'indignation populaire – les sujets ne manquent pas –, exploiter sans vergogne l'irrationalité, offrir avec complaisance des tribunes aux hérauts du poujadisme, présenter l'actualité sous un jour polémique et sur un ton dénonciateur, tout cela peut compter, amplifier et même légitimer, puisque beaucoup de citoyens se figurent que l'image télévisée et le commentaire cathodique constituent comme un sceau d'authenticité. Les mass media ne créent pas le malaise de la société politique ou les pulsions protestataires, ils peuvent les accentuer sensiblement.

1. Voir chapitre IV, « Le mythe de la dictature de la télévision ».

Au-delà, ce qui est présenté, de façon outrancière, disproportionnée, comme un rejet ou une rupture correspond en réalité à une crise de l'intégration politique, reproduisant et amplifiant la crise de l'intégration sociale. C'est là le fond de l'affaire. La crise économique dérègle en effet peu à peu les mécanismes ordinaires de l'intégration. Le chômage, avec son environnement de violences sociales, d'insécurité, d'isolement, attaque, déchire, parfois même met localement en charpie le tissu social. La crise déstabilise toute la société. Elle déséquilibre les comptes sociaux et les ressources publiques, limitant les moyens à l'instant où ils seraient le plus nécessaires. Elle accentue les disparités régionales et locales, créant tout à la fois de l'anxiété et du ressentiment. Elle frappe de plus en plus brutalement les plus exposés, les moins qualifiés, les plus solitaires. Elle désorganise et elle dérègle. Elle marginalise et elle désespère une fraction de Français, elle inquiète et elle exaspère la majorité des citoyens.

Que cela s'imprime ensuite violemment sur la société politique ne saurait surprendre. Celle-ci reflète, en les exagérant, les caractéristiques de la société civile. Il y a crise de l'intégration sociale? Il y a donc crise de l'intégration politique.

Les jeunes, menacés de chômage, d'autant plus fréquemment qu'ils sont moins diplômés, vivant parfois dans des quartiers sous-équipés, sous-animés, isolés, ne courent pas s'inscrire sur les listes électorales, ne s'appliquent pas à lire la presse la plus exigeante, ne croient pas à l'équité, moins encore à la supériorité d'une société qui les projette sans tendresse dans un monde adulte, brutal et meurtrier.

Tous ceux qui, plus généralement, se trouvent ainsi sinistrés par les dérèglements économiques ou exposés à le devenir, familiers de ceux qui y ont succombé ou redoutant que leurs proches n'en soient les victimes, partagent les réactions de critique virulente, de désengagement ou de rejet. A la société civile duale correspond ainsi une société politique duale. Comment s'inscrire sur des listes, comment voter, comment réfléchir, comment s'informer, comment militer, comment s'impliquer lorsqu'on redoute le chômage, l'insécurité et les agressions de toutes sortes?

Le miracle français est plutôt que, jusqu'ici, les choses ne se soient pas passées plus mal sur le plan politique : qu'aux malheurs et aux violences de la société civile, il n'y ait pas eu de réactions plus brutales sur le plan politique. Un Français sur dix ne s'inscrit pas sur les listes électorales, degré zéro de la citoyenneté politique. Aux États-Unis, c'est près d'un citoyen sur trois. Ici, l'intégration politique consacre l'intégration sociale. On vote lorsqu'on a trouvé un travail, que l'on s'est installé chez soi ou que l'on forme un foyer. On s'implique d'autant plus, on suit d'autant plus l'actualité, on tend d'autant plus à adhérer à un parti ou à être candidat, à sympathiser avec une famille politique ou un dirigeant donné, que l'on se sent mieux intégré sur le plan économique et social. Aujourd'hui, plus d'un Français sur deux se dit intéressé par la vie politique, pourcentage plutôt positif si on le compare à ceux des autres nations démocratiques, et surtout pourcentage très stable malgré la crise. Il se trouve que la participation électorale fléchit finalement assez peu et tend même à se redresser, signe de vitalité démocratique.

Que, dans ces conditions, en pleine tourmente économique, en plein désarroi moral et social, tout n'aille pas pour le mieux dans la meilleure société politique du monde, c'est bien le moins. La participation à la société politique est par nature volontaire, contrairement à l'appartenance à la société civile. En entrant dans la vie, en naissant, en grandissant, en suivant un itinéraire scolaire, en cherchant un travail, des compagnons et des compagnes, en progressant ou en souffrant, on appartient inévitablement, pour le pire ou pour le meilleur, à la société civile. Même la frange pathétique de ceux qui s'y trouvent marginalisés n'y échappe pas tout à fait.

En revanche, pour appartenir à la société politique – citoyens électeurs, auditeurs, lecteurs ou téléspectateurs, adhérent, militants, sympathisants – il y faut un acte volontaire, fût-il minimal. La société politique a ses lois et ses gendarmes, mais les citoyens français y tiennent le rôle qu'ils veulent. En France, au milieu des années quatre-vingt-dix, à la fin de ce siècle, ils ne jouent guère moins bien leur rôle qu'avant. Certes, les forces de protestation ou de contestation s'y montrent plus nombreuses : comment pourrait-il en aller autrement après une génération d'épreuves croissantes ?

Dans la France d'aujourd'hui, les enjeux et les choix paraissent lointains et complexes. Les décisions politiques sont de plus en plus ardues, souvent techniques ; elles échouent plus qu'à leur tour. Le monde politique éprouve les plus grandes difficultés à découvrir les bonnes réponses, à déchiffrer les bonnes informations, à choisir les mots justes pour exprimer le moins mal possible des options imparfaites. La vie politique française dépend de plus en plus de facteurs extérieurs et peu accessibles. Elle s'émiette en fonction de disparités locales accentuées par la crise. Elle connaît toutes les peines du monde pour définir et à formuler les projets collectifs qui sont sa vocation. Elle doit trouver les solutions et les parades aux problèmes et aux défis, parfois provocants, que lui impose la société civile.

Il se trouve que, dans ces circonstances pour le moins difficiles, les institutions ne sont pas mises en cause, la démocratie n'est pas contestée, la légitimité électorale n'est pas repoussée. Il se trouve également que la participation électorale se consolide, que plus de cinq cent mille fonctions municipales électives sont remplies (qu'il y a sans doute plus de candidats aux élections municipales qu'il n'y a de militants dans l'ensemble des partis); il se trouve enfin que si la société politique est critiquée, elle n'est pas, dans les faits, rejetée ou récusée; qu'elle ne se porte pas plus mal que la société civile, quoi qu'en disent maints intellectuels de renom; qu'elle s'adapte à la crise, y résiste et évolue progressivement. Ce n'est pas là une rupture, une brisure, une fracture mais une épreuve – issue de la société civile – économique, financière, puis sociologique, psychologique et morale, à laquelle elle doit faire front. Elle le fait, les institutions le permettent et, la mémoire terrible des années trente et de la Seconde Guerre mondiale aidant, d'une façon plus mûre et plus responsable qu'il y a cinquante ans. Le rejet de la politique est donc un mythe et son spectre une facilité intellectuelle qui ne se confirme pas dans la réalité. C'est une commodité d'analyse et une soumission à la mode et au conformisme du moment. Ce n'est pas la traduction de la société française, dont la dimension politique souffre de la crise, subit le contrecoup des dérèglements qu'elle déclenche, mais résiste, s'adapte et ne se déracine pas.

CHAPITRE II

Le mythe de l'omnipotence présidentielle

La France vit, on le sait, sous le régime paradoxal et insolite – unique, en réalité – de la monarchie républicaine. La société française ne fait jamais rien comme les autres ou du moins aime-t-elle à le croire : ainsi, au sein de l'Union européenne, les douze États membres actuels se répartissent-ils, avec une belle symétrie, en six monarchies et six républiques. Le Royaume-Uni de Grande-Bretagne, le Danemark, l'Espagne, la Belgique, la Hollande et le Luxembourg conservent leur attachement et leur loyauté envers leurs têtes couronnées. L'Allemagne, l'Italie, la Grèce, l'Irlande, le Portugal et la France ont en revanche opté pour la république. L'arrivée prochaine de nouveaux membres ne modifiera guère cet équilibre.

Un seul pays se singularise cependant par un système étrange qui n'entre dans aucune catégorie. Il s'agit, bien entendu, de la France, toujours portée à faire entendre sa différence. Dans l'Hexagone, le président de la République est en effet un véritable souverain élu. Il règne comme un monarque, il gouverne comme un Premier ministre. Il cumule le rôle de représentation et les pouvoirs de décision. Aucun roi, aucune reine, aucun grand-duc ne dirige lui-même la politique de son pays. Ils se contentent d'incarner l'histoire et l'unité de leurs nations. Ils symbolisent. Dans leurs pays, ce sont les chefs de gouvernement qui détiennent la réalité du pouvoir. Dans les républiques européennes, le chef de l'État, même élu au suffrage universel comme au Portugal ou en Irlande, joue avant tout un rôle de représentation de la nation et d'expression de l'unité du peuple. En France, pas du tout : le président de la République est aussi le chef réel de l'exécutif. Il incarne et il décide. Il est l'État et il est le pouvoir. Aucun autre président ou souverain démocratique ne concentre pareille influence entre ses mains et sur sa tête. Pour reprendre la formule fameuse du professeur Duverger, le président français est bien un monarque républicain.

Il en est né, irrésistiblement, l'un de ces mythes simplificateurs trop séduisants qui obscurcissent la scène politique en la peuplant d'évidences imaginaires. Parce qu'il est plus puissant que ses pairs, parce qu'il dispose de plus d'armes et de ressources politiques que ses homologues, le président français est regardé par ses concitoyens, par beaucoup d'intellectuels prestigieux et d'éminents spécialistes, comme un pouvoir omnipotent, comme un souverain absolu, façonnant à sa guise la scène politique. En fait, il n'en est évidemment rien. Il n'y a pas d'Être suprême en politique et le monarque républicain lui-même éprouve les limites de sa puissance.

Bien plus : le mythe de l'omnipotence présidentielle, outrancier depuis toujours, tend à devenir largement obsolète aujourd'hui. Il offre des arguments polémiques commodes, il flatte des réminiscences historiques – toujours vives chez les Français –, il entretient cette fierté équivoque de ne jamais rien faire comme les autres, puisque la tradition et le patrimoine culturel le veulent ainsi. L'inconvénient de ces facilités intellectuelles et politiques est qu'elles ne rendent pas compte de la réalité, et même qu'elles s'éloignent de plus en plus de la société politique telle qu'elle est. Le président français reste le plus privilégié des chefs d'État et des chefs d'exécutif. Son pouvoir se dilue et s'épuise cependant, sous la pression de pouvoirs concurrents ascendants, de circonstances contraires de plus en plus fréquentes et, surtout, de nouvelles contraintes qui pèsent de plus en plus lourdement sur sa couronne et sur son sceptre. Du coup, la question commence sérieusement à se poser de savoir comment préserver – en le modernisant certes – le pouvoir présidentiel français, qui peut, on le verra, devenir une chance, à condition de savoir évoluer. Et si, en cette fin de XXe siècle, un pouvoir exécutif suffisamment fort devenait un atout irremplaçable pour une démocratie moderne? Et si le nouveau risque était *a contrario* sa dilution?

Le propos peut sembler bizarre, voire paradoxal, alors qu'avec la fin du second mandat de François Mitterrand, rarement république aura eu un président au style aussi monarchique que la France d'aujourd'hui. François Mitterrand aura passé quatorze années de suite au palais de l'Élysée. Aucun chef de l'État français n'était resté aussi longtemps en place depuis Napoléon III. Aucun président d'une république française, à aucun moment, ni sous la IIIe République, ni sous la IVe République, ni sous la Ve République, n'a bénéficié d'un tel double septennat intégral. Quatorze ans de présidence – quatre législatures –, cela s'appelle une durée quasi royale.

De surcroît, il ne s'agissait ni d'une période banale ni d'une expérience insignifiante. François Mitterrand aura personnifié ce précédent absolu que fut l'élection d'un candidat de gauche à la tête de l'État et au suffrage universel direct. Là non plus, jamais auparavant l'histoire politique française n'avait connu semblable phénomène. L'homme de Latché aura démontré, pour la première fois, que la gauche pouvait accéder au palais de l'Élysée par la volonté démocratique des citoyens et accomplir un double mandat. Il a donc innové de deux manières. La montée de la crise, avec son cortège de chômage, d'anxiété, d'insécurité et d'insatisfactions, aura certes contribué à son élection phare, en 1981. Encore fallait-il prouver que la gauche était capable de profiter d'une telle conjoncture et que le scepticisme qu'elle inspirait pouvait être estompé et non pas accentué par la crainte des dérèglements économiques. En revanche, une fois installé au pouvoir, c'est bien son talent propre qui lui a permis de traverser une réélection, deux cohabitations, l'aggravation de la crise économique, des tempêtes monétaires, des bourrasques sociales, la déception d'une grande partie de son électorat et les attaques furieuses, plus d'une fois victorieuses, de ses adversaires.

Il y est parvenu grâce à son exceptionnel sens politique, probablement sans égal en France depuis la fin de la guerre – le général de Gaulle se situant, lui, au niveau de l'histoire et non pas de la politique –, grâce à sa faculté prodigieuse de rebondir après les pires échecs, les plus graves désillusions, les erreurs les plus dramatiques. Il n'a cependant pu le faire que grâce aux institutions de la Ve République, et en particulier au statut plus que favorable dévolu au président de la République.

Sans doute a-t-il accompli quelques grands gestes en politique extérieure, comme lors de l'épreuve cruciale des Pershing II – il fallait résister aux incroyables pressions soviétiques et ne leur concéder aucune suprématie nucléaire – ou lors du discours historique et prophétique, prononcé devant la Knesset, lorsqu'il a pris le risque d'inviter avec une amitié opiniâtre Israël à négocier avec l'OLP et à se résigner à l'existence, un jour, d'un État palestinien. Sans doute a-t-il aussi poursuivi avec constance et détermination un tout petit nombre d'objectifs précieux : la construction européenne, à laquelle il a substantiellement contribué, l'unité des Français, qu'il s'est toujours refusé à sacrifier à ses convictions idéologiques, la justice sociale, qu'il a cherché à préserver, fût-ce par des moyens archaïques, l'État de droit qu'il a renforcé et défendu, la solidarité occidentale enfin, à laquelle il s'est montré toujours fidèle, des Malouines à la guerre du Golfe.

En revanche, que de légèretés, de fautes, de contresens! Que d'erreurs de diagnostic et de thérapeutique économique! Que de fautes de gestion, de complaisances envers les défaillances des hommes de son camp et, depuis le début du second septennat, de maladresses en politique étrangère! Que de myopie sur les choix des individus (Édith Cresson nommée Premier ministre, Bernard Tapie membre du gouvernement), *a fortiori* sur le caractère de quelques-uns de ses propres amis personnels! Que de graves désenchantements enfin, provoqués chez les Français, qu'ils soient de gauche (échec de la politique sociale), du centre (partialité de l'État et de la justice) ou de droite (impasses économiques, insécurité). Le double septennat a fini par démoraliser les Français.

Et cependant, c'est bien en monarque républicain que François Mitterrand quittera le pouvoir. Il en aura eu la manière, moins épique, moins altière, moins fracassante que celle du général de Gaulle, mais avec des moments de grandeur (en politique étrangère et européenne, les dix premières années), avec une éloquence proprement souveraine (qui n'est pas négligeable dans un pays où le verbe compte tant), une capacité particulière à jouer de la durée, du calendrier et des échéances, une supériorité politique nourrie de culture historique et d'expérience personnelle, et, surtout à la fin, ce masque si aristocratique de qui a épousé depuis longtemps le pouvoir et sa nation. Du monarque à la française il aura d'ailleurs eu aussi ce mépris pour les règles que les hommes ordinaires doivent respecter dans leur vie matérielle et privée. Quatorze années de suzeraineté sur un peuple et d'influence sur le destin d'une nation ont fait de lui, pour le pire et pour le meilleur, un patriarche républicain.

Si sa politique lui appartient, son pouvoir, lui, est issu des institutions gaulliennes. Il les avait dans le passé dénoncées, rejetées, vilipendées, suspectées, le plus ouvertement et le plus acerbement du monde, d'atteintes à la démocratie, à l'équilibre du pouvoir et à l'État républicain. Les ayant honnies avec une virulence incomparable aussi longtemps qu'il fut dans l'opposition, il les a néanmoins endossées, employées et préservées dès qu'il fut au pouvoir. Il s'en défend en soulignant qu'il a rompu avec des mœurs qu'il déplorait (les poursuites pour offense au chef de l'État) ; qu'il a renforcé les pouvoirs locaux (par la décentralisation) ; qu'il a tout fait pour étayer le pouvoir du Conseil constitutionnel et des différentes instances de régulation (CSA pour l'audiovisuel, COB pour la Bourse, etc.) ; qu'il a joué le jeu sans broncher lors des deux cohabitations (ce qui est juridiquement vrai et politiquement juste avec Édouard Balladur, mais pas avec Jacques Chirac) ; qu'il a poussé à des réformes institutionnelles plus ambitieuses, que le Sénat et l'opposition de droite ont bloquées.

Reste néanmoins que s'il a agi en monarque républicain, il s'est aussi comporté en despote éclairé, ou croyant l'être. Bref, il a longuement employé les ressources d'une Constitution qu'auparavant il diabolisait. Avec lui, la gauche, parvenue au pouvoir suprême, s'est comportée de façon tout aussi monarchique que la droite. Et ce alors qu'elle s'en indignait lorsque le général de Gaulle, Georges Pompidou ou Valéry Giscard d'Estaing occupaient les mêmes fonctions.

Il y a donc débat sur le pouvoir présidentiel, quels que soient le chef de l'État, son itinéraire personnel, sa couleur politique, ses conceptions institutionnelles. C'est un fait avéré, démontrable, incontestable que le président de la Ve République est le chef de l'exécutif le plus puissant du monde démocratique, celui qui dispose des ressources institutionnelles les plus larges et des pouvoirs juridiques les plus étendus : d'où le mythe de son omnipotence.

Sa puissance apparaît effectivement unique, et son emprise légitime incomparable. Sous les républiques précédentes, les présidents français, élus par le Parlement, étaient respectés mais impuissants. Ils incarnaient certes la symbolique de la République et de l'État, ce qui leur valait une déférence lointaine et une affection distraite. Les revues du 14 Juillet, les voyages officiels, les timbres-poste et les œuvres de charité, les inaugurations et les enterrements en grande pompe, les signatures solennelles et les réceptions de souverains : le chef de l'État était en quelque sorte le grand maître des cérémonies républicaines, un profil de médaille, l'homme au haut-de-forme, à l'habit noir et au gilet blanc barré du grand cordon écarlate de la Légion d'honneur, le conseiller politique discret de la nation. C'était beaucoup dans l'ordre de l'apparence, assez peu dans l'ordre de la réalité.

La Ve République a bouleversé tout cela. La Constitution a délibérément accumulé les pouvoirs entre les mains du président. Le général de Gaulle en rêvait depuis toujours et avait longuement médité, avant même la guerre, sur ce que devait être le souverain républicain, qui, dans son esprit, participait à la fois du symbole, de l'arbitre et du maître. Avec le référendum d'octobre 1962, l'introduction de l'élection présidentielle au suffrage universel direct eut pour objectif d'enraciner, au-delà de sa personne, cette légitimité unique, supérieure à toute autre, qui vient du peuple tout entier. La tradition gaullienne était ainsi une légitimité spécifique au bénéfice du président élu.

Il faut, déclara Charles de Gaulle, lors d'une conférence de presse célèbre (31 janvier 1964), que « le pouvoir procède directement du peuple, ce qui implique que le chef de l'État, élu par la nation, en soit la source et le détenteur ». Il faut donc un président « garant du destin de la France et de celui de la République, chargé par conséquent de graves devoirs et disposant de pouvoirs étendus ». Et pour qu'aucune équivoque ne subsiste, il ajouta : « On ne saurait accepter qu'une dyarchie existât au sommet. Mais justement, il n'en est rien. En effet, le président, qui, suivant notre Constitution, est l'homme de la nation, mis en place par elle-même pour répondre de son destin [...], le président est évidemment seul à détenir et à déléguer l'autorité de l'État. » Le fondateur de la Ve République ne pouvait être plus clair et plus explicite. Pour que le destin de la France fût assuré, il fallait que le pouvoir suprême et la légitimité fussent concentrés entre les mêmes mains. Les juristes peuvent contester qu'en droit la légitimité du président soit supérieure à celle du Parlement et qu'une élection du peuple entier votant en une circonscription unique prévale sur l'élection de 577 députés élus le même jour dans autant de circonscriptions. Pourtant, telle est bien aujourd'hui la réalité française : le président dispose du prestige, du pouvoir et de l'autorité suprêmes.

Les textes organisent d'ailleurs cette prééminence qui confère au chef de l'État français un pouvoir supérieur à celui de ses homologues, même et surtout lorsqu'ils relèvent du régime présidentiel. Comme eux, le président français est élu au suffrage universel. Comme eux, il incarne la nation et l'État; comme eux, il est le chef de l'exécutif. Beaucoup plus qu'eux, il dispose cependant d'avantages et de privilèges qui assoient sa supériorité sur le Parlement et même sur l'Assemblée nationale élue au suffrage universel direct. Il n'y a pas en France séparation totale du pouvoir exécutif et du pouvoir législatif comme dans les régimes présidentiels classiques, mais bien plutôt supériorité recherchée, voulue et atteinte du président sur le Parlement.

Le chef de l'État français cumule en effet les prérogatives institutionnelles. Dans les circonstances exceptionnelles, il dispose, grâce à l'article 16, utilisé jusqu'ici une seule fois, en 1961, lors du putsch des généraux, de pouvoirs quasi consulaires. Il y faut certes une « menace grave et immédiate » sur les institutions, sur l'indépendance de la nation, sur l'intégrité de son territoire ou, ce que l'avenir peut rendre non négligeable, sur l'« exécution de ses engagements internationaux » voire, sait-on jamais, l'« interruption du fonctionnement régulier des institutions ». L'instabilité actuelle du continent européen, les scénarios incertains de la construction communautaire pourraient parfaitement faire un jour de l'article 16 un recours ou une tentation, donc un déséquilibre. Comme il s'agit là d'un pouvoir limité dans le temps mais conférant au président une autorité presque absolue, à peine contrôlée, cela représente un privilège constitutionnel inouï, éclatant, hégémonique, à la limite extrême de la démocratie, même si le Parlement siège alors de plein droit et si des consultations légales – mais de simples consultations – sont prévues. Tant que cet article 16-là n'aura pas été abrogé, le président français conservera une arme secrète, apparemment désuète, pour l'instant toute théorique mais que rien n'empêche de ressortir de l'arsenal constitutionnel. Oublié aujourd'hui, l'article 16 confère au président français la suprématie absolue en cas de crise grave. Ses homologues démocratiques ne possèdent rien de tel à leur disposition. Dans l'ordre des institutions, l'article 16 ressemble à quelque chose comme une arme nucléaire. Sur ce point précis, il y a bien omnipotence présidentielle.

Dans les circonstances ordinaires, en dehors des risques de guerre, de révolution, de crise suprême d'un nouveau type, le chef de l'État apparaît déjà plus que privilégié. Il concentre les prérogatives symboliques du pouvoir : il a, bien entendu, le pas sur tous, est le Grand Maître de l'ordre de la Légion d'honneur, accrédite et reçoit les ambassadeurs, ratifie les traités ; il est le chef des armées, préside les Conseils des ministres, les Conseils de défense, en théorie le Conseil supérieur de la magistrature. Il exerce le droit de grâce, cette survivance monarchique anachronique. En un mot comme en cent, il dispose de tous les signes formels du pouvoir. Il perpétue en cela la tradition des présidents français, dont il ne faut d'ailleurs pas sous-estimer l'impact psychologique. Il est l'État et il est la France.

Il est aussi, ce qui tranche sur les républiques précédentes, le chef réel de l'exécutif. Sur le plan militaire, il dispose d'une incontestable prééminence. Depuis un simple décret du 14 janvier 1964, il détient le pouvoir suprême de lancer l'arme nucléaire. Il est donc sans cesse relié au centre de commandement des forces nucléaires, même en voyage. Son aide de camp ne se sépare pas de la malette contenant les clés et les grilles nécessaires au déclenchement de l'apocalypse. Un PC souterrain spécial existe au palais de l'Élysée. Lorsqu'il se déplace, des moyens de communication ultra-protégés lui permettent de s'entretenir, en cas de besoin, avec les responsables de la défense nationale. Le président est le maître dantesque du feu nucléaire.

L'engagement de troupes françaises à l'extérieur du territoire – en Afrique ou sous l'uniforme des Casques bleus de l'ONU, par exemple – se fait selon ses ordres. On ne peut envoyer un porte-avions français au large des côtes de l'ex-Yougoslavie sans son accord. Si, comme cela s'est produit, la décision opérationnelle est prise sans qu'il en ait donné l'ordre formel, il la fait reporter, pour le principe. Les grands choix stratégiques, les arbitrages des principales dépenses militaires, les nominations de généraux, la sélection des grands programmes d'équipement, l'élaboration de la doctrine militaire française, tout cela passe obligatoirement par le palais de l'Élysée, quelles que soient les circonstances, cohabitation ou pas. Le Premier ministre, le ministre de la Défense nationale ont certes un rôle important : il passe après le sien. La défense nationale relève d'abord du président de la République.

Même chose sur le plan diplomatique : le chef de l'État, le président, est donc celui qui nomme (sur proposition) les ambassadeurs français en Conseil des ministres et accrédite les ambassadeurs étrangers. La présentation des lettres de créance de ces derniers constitue d'ailleurs l'un de ces rituels élyséens les plus anciens, les plus fastidieux, et, généralement, les plus inutiles. Le président ne ratifie pas seulement les traités en tant que chef de l'État, il les négocie surtout, comme le prévoit la Constitution, en tant que chef de l'exécutif. Cela signifie que, quelles que soient les circonstances, quel que soit le rapport des forces électorales du moment, le président apparaît incontournable en politique étrangère. Lorsqu'on songe à l'Acte unique européen ou au traité de Maastricht, aux traités de non-prolifération nucléaire ou aux engagements internationaux en matière d'écologie, on voit bien que le chef de l'État se trouve au cœur des décisions qui engagent l'avenir : guerre et paix, pollution ou écologie, accélération ou enlisement de la construction européenne, etc. C'est bien sous son autorité personnelle que tout cela s'élabore, se précise, se décide. De même que le chef d'état-major particulier du président se trouve être, dans la réalité, l'officier général le plus influent après le chef d'état-major des armées (encore le second est-il de plus en plus souvent passé auparavant par les fonctions du premier), de même le secrétaire général de l'Élysée est-il, après le ministre des Affaires étrangères, mais avant tous les membres du gouvernement et les hauts fonctionnaires, celui qui se mêle le plus des décisions extérieures.

D'ailleurs, il suffit d'observer la préparation et le déroulement des sommets internationaux et des quelques très rares prises de position sur le fond en politique étrangère, comme les discours devant l'assemblée générale des Nations unies. Dans tous les cas, c'est l'affaire du président. Il prononce en personne les textes de référence. Ses collaborateurs contribuent activement à préparer les sommets. Ceux-ci, qu'il s'agisse des Conseils européens bisannuels ou des sommets du G-7 (qui réunit les États les plus puissants du monde occidental), relèvent bien du chef de l'État. Il prépare les initiatives, propositions ou prises de position françaises. Il échafaude des stratégies (souvent en coopération étroite avec l'Allemagne, dans le cas de l'Europe), il les défend lui-même pendant les sessions officielles. Le président est le principal maître d'œuvre de la politique étrangère. Il peut même, à l'issue d'un Conseil européen ou d'un G-7, engager son pays à appliquer les décisions arrêtées, plus qu'aucun de ses homologues européens, américain ou japonais, en raison justement de ses prérogatives institutionnelles.

Le président français dispose aussi de pouvoirs considérables sur le plan intérieur, plus qu'aucun chef d'État démocratique, plus qu'aucun chef de gouvernement occidental. Ce qui est vrai de façon éclatante et ambiguë dans les circonstances extraordinaires le reste néanmoins de façon claire et plus conforme aux canons de l'État de droit dans les circonstances ordinaires. Le monarque républicain, élu au suffrage universel, rééligible, est constitutionnellement irresponsable (article 68), sauf cas de haute trahison. Le Parlement, le gouvernement, le Conseil constitutionnel, l'institution judiciaire ne peuvent rien contre sa personne, ne peuvent le dessaisir d'aucun de ses pouvoirs, d'aucune de ses prérogatives. Ils peuvent tenter de lui mener obliquement la vie dure, ils ne peuvent pas, constitutionnellement, l'affronter. C'est là une position privilégiée qui s'applique normalement aux chefs d'État sans pouvoir réel. Étant impuissants ou très faibles, ne détenant que des pouvoirs formels ou symboliques, ils bénéficient en revanche de l'irresponsabilité, à l'opposé des chefs de gouvernement qui, exerçant le pouvoir réel, sont politiquement responsables.

Le paradoxe est qu'en France, sous la Vᵉ République, le président cumule les privilèges. Il bénéficie de l'irresponsabilité, et cependant il possède des moyens d'action considérables. Il ne gouverne pas lui-même, mais il nomme, en droit, et il révoque, en fait, le Premier ministre. Certes, il est obligé de tenir compte du rapport des forces politiques et électorales. Lorsque ses adversaires gagnent les élections législatives, sa marge d'appréciation se réduit singulièrement. Le chef de l'État doit alors nommer, en pratique, celui qui, à un moment précis, au lendemain du vote, rassemble le consensus des vainqueurs. Ainsi François Mitterrand dut-il désigner sans le moindre plaisir Jacques Chirac à l'Hôtel de Matignon en 1986 et, sans en avoir vraiment le choix, Édouard Balladur en 1993. Encore les choses auraient-elles été différentes si aucun parti ne s'était imposé et ne s'était détaché au Parlement, si par exemple, en 1986 ou en 1993, le RPR et l'UDF avaient bénéficié d'un nombre de députés vraiment équivalent. Le chef de l'État aurait retrouvé une marge de manœuvre. Ce ne fut pas le cas et l'on peut même imaginer que, dans l'hypothèse d'une quasi-égalité, la nouvelle majorité parlementaire aurait tenté d'accorder ses violons et de s'entendre sur un nom pour que le chef de l'État ne puisse éviter de le désigner.

En dehors de cette situation de cohabitation, le président retrouve cependant toute son autorité, et cela reste statistiquement la norme : huit cas de concordance entre majorité présidentielle et majorité parlementaire sous la Vᵉ République, deux cas seulement de discordance. D'ordinaire, le président peut donc choisir le Premier ministre qui a sa préférence, même s'il n'est pas issu de la formation la plus nombreuse de la majorité : ainsi, en 1976, Valéry Giscard d'Estaing put-il nommer Raymond Barre à la tête du gouvernement. Cette possibilité de distinguer qui il juge personnellement le mieux placé constitue un pouvoir immense. Entre 1981 et 1995, François Mitterrand aura sélectionné tour à tour Pierre Mauroy, Laurent Fabius, Michel Rocard, Édith Cresson et Pierre Bérégovoy, de son plein gré et selon ses propres critères. Fixant ainsi son dévolu, le président exerce du coup une influence dominante sur la composition du gouvernement. Les ministres des Affaires étrangères, de la Défense nationale et de la Coopération, ceux qui sont appelés à travailler le plus directement avec lui, lui doivent toujours leur nomination, sauf en cas de cohabitation, où, cependant, il peut récuser un nom : François Mitterrand l'avait fait en 1986 à l'encontre de François Léotard, qu'il ne jugeait pas prêt pour les responsabilités de la Défense nationale. Il l'a accepté en revanche sans hésitation pour le même poste en 1993.

Au-delà de ces désignations manifestes, la plupart des ministres sont également issus du choix présidentiel. Michel Debré a raconté [1] comment le général de Gaulle lui avait imposé les titulaires des postes clés. Chaque gouvernement doit refléter les équilibres politiques, tenir compte des différences de sensibilités, de compétences, d'équilibres régionaux, ne négliger ni les femmes ni les hommes, ni les hiérarques ni les figures nouvelles, ni les sages ni les originaux. Tout compte fait, les préférences présidentielles s'imposent. Le Premier ministre accommode les restes. Le président compose ainsi l'essentiel de l'équipe gouvernementale, comme aux États-Unis dans un régime présidentiel classique avec séparation des pouvoirs.

1. Michel Debré, *Entretiens avec le général de Gaulle, 1961-1969*, Albin Michel.

Plus : bien que cela ne figure pas dans les textes constitutionnels, le président français s'arroge le pouvoir d'exiger la démission du Premier ministre dès qu'il juge bon de le remplacer. C'est le général de Gaulle qui a inauguré cette pratique. Elle n'a pas toujours été mise en œuvre sans pleurs ni grincements de dents. Ainsi, Jacques Chaban-Delmas, qui venait de se faire confirmer une confiance pleine et entière par une majorité écrasante de l'Assemblée nationale, dut-il, quelques jours plus tard seulement, remettre sa démission à Georges Pompidou. Impossible de marquer plus nettement la hiérarchie des responsabilités : le Premier ministre doit d'abord rendre des comptes au chef de l'État, ensuite seulement au Parlement. La Constitution ne prévoit rien de tel et indiquerait plutôt l'inverse. Il n'empêche : c'est ainsi que doit vivre le Premier ministre sous la Ve République. Lorsque François Mitterrand mit fin à ses fonctions pour le remplacer, humiliation supplémentaire, par Édith Cresson, Michel Rocard eut, selon sa propre expression, le sentiment d'être « viré ». Mais il obtempéra.

Cette suprématie présidentielle ne s'établit pas seulement au début et à la fin de la vie du gouvernement. Elle se vérifie quotidiennement tout au long de son existence. Pour ses actes essentiels, le Premier ministre a en effet, juridiquement et politiquement, besoin de l'accord du président de la République. Les décisions majeures doivent être arrêtées en Conseil des ministres siégeant sous la présidence du chef de l'État. Ainsi les projets de loi gouvernementaux sont-ils obligatoirement adoptés en Conseil des ministres avant d'être présentés au Parlement. Comme de surcroît l'ordre du jour du Conseil des ministres est établi en coopération par les deux grandes maisons de l'exécutif, le palais de l'Élysée, rive droite de la Seine, et l'Hôtel de Matignon, rive gauche, il ne peut y avoir discorde durable entre le chef de l'État et le Premier ministre. Ce qui vaut pour l'initiative législative vaut pour l'engagement de responsabilité du gouvernement devant l'Assemblée nationale. Il ne peut être décidé qu'en Conseil des ministres. Même chose pour les nominations des plus hauts fonctionnaires (préfets, ambassadeurs, recteurs d'académie, généraux et directeurs d'administration centrale, etc.), pour les présidents des entreprises nationalisées et pour les promotions des plus hauts magistrats et des membres des grands corps de l'État. Il y faut obligatoirement le seing présidentiel. Si le Premier ministre est bien le premier des ministres, le vrai chef de gouvernement est, dans les circonstances ordinaires, le chef de l'État lui-même.

Chef de l'exécutif et cependant irresponsable, le président dispose de surcroît de trois autres armes essentielles : il nomme librement trois membres du Conseil constitutionnel sur neuf, dont son président. Cela revient à un large pouvoir d'influence sur une institution qui se doit d'être indépendante et contrôle la constitutionnalité des lois, des lois organiques, des règlements des assemblées, ainsi que la validité des opérations électorales principales. Ainsi exerce-t-il une emprise indirecte sur l'organe du contrôle constitutionnel.

Il dispose également, en concurrence avec le Parlement et sur proposition du Premier ministre, du droit d'initiative en matière référendaire ou constitutionnelle. Comme jamais un référendum issu du Parlement n'a vu le jour depuis 1958, en près de quarante ans, cela signifie concrètement que l'initiative référendaire est essentiellement une autre prérogative présidentielle. Il y faut certes l'accord du Premier ministre. Le président est cependant le maître de la formule (référendum direct devant le peuple ou adoption par la voie rapide du Congrès parlementaire), du moment et, compte tenu de sa supériorité hiérarchique sur le Premier ministre, de l'opportunité.

Or, il s'agit là d'un pouvoir essentiel, qui peut revenir, dans certaines conditions (article 11), à passer outre à la volonté parlementaire sur un terrain crucial, ou bien à provoquer un choc psychologique chez les Français, par exemple pour sortir d'une crise sociale ou pour triompher des blocages de la société. Le verdict référendaire s'impose alors à tous et, s'il est bien employé, bénéficie grandement au chef de l'État.

Le président possède ainsi un pouvoir de blocage (sauf en matière de révision constitutionnelle, sujet sur lequel, en théorie, le Parlement dispose de droits symétriques aux siens) et d'initiative, avec l'accord du Premier ministre. Dans le cas le plus habituel, celui de la concordance des majorités présidentielle et parlementaire, il est une fois de plus le maître de manœuvre. Sa supériorité constitutionnelle, sa prééminence politique, son ascendant psychologique se conjuguent ainsi pour lui permettre d'en appeler au peuple, à son heure et, très largement, sur le terrain diplomatique (voir Maastricht), constitutionnel (comme en 1962) ou mixte (comme en 1969). Cette arme-là, bien employée, constitue une ressource redoutable.

Enfin, le droit de dissolution de l'Assemblée nationale (article 12) lui assure définitivement l'avantage sur le Parlement – devant qui il n'est pas responsable – et achève de déséquilibrer les pouvoirs en sa faveur. Dans les régimes présidentiels, avec séparation des ordres constitutionnels, si le président n'est pas responsable devant le Parlement, il ne peut en revanche le dissoudre. En France, il cumule les prérogatives et possède donc la prééminence. Utilisé par le général de Gaulle (en 1962 et 1968) et par François Mitterrand (en 1981 et 1988, après son élection et sa réélection), ce droit a toujours donné la victoire aux présidents qui l'employaient. C'est dire si sa menace peut intimider ou contraindre l'Assemblée nationale. C'est dire aussi que le chef de l'État dispose au total d'une panoplie constitutionnelle incomparable en régime démocratique.

Si l'on tient compte, en prime, des facteurs psychologiques et politiques, on constate que la réalité quotidienne amplifie encore cet avantage constitutionnel. Par la force des choses, le monde politique, constatant la supériorité présidentielle – même la cohabitation, le cas le plus ingrat, ne peut pas l'abattre –, tend à modeler son comportement sur cette réalité. Puisque le président arbore non seulement les signes extérieurs de la puissance mais, presque toujours, les armoiries du vainqueur, beaucoup s'inclinent chapeau bas et cherchent avant tout à plaire pour être distingués, promus ou protégés. Le rang protocolaire et le pouvoir politique réel unissent ici leurs effets : le monarque fait les courtisans.

Dès qu'il y a suprématie solidement enracinée du pouvoir présidentiel, il y a phénomène de cour, avec ses amplifications psychologiques, ses modes et ses conformismes, ses faveurs et ses vengeances. Trop de primauté du monarque républicain modifie le comportement des hommes – élus, hauts fonctionnaires, dirigeants de tous ordres – qui, devant compter avec lui, plient souvent l'échine, anticipent les volontés présidentielles pour s'attirer sa bienveillance, satisfont avec un zèle exagéré ses désirs réels ou, plus pervers encore, ceux qui lui sont prêtés, notamment par son entourage immédiat. L'étendue de ses pouvoirs de nomination accentue le phénomène. Cette pente-là, toujours dangereuse, s'affiche tout particulièrement en France, où le respect de l'autorité et de la hiérarchie, ainsi que l'emprise de l'État unitaire – les choses sont d'ailleurs liées – s'épanouissent plus que dans les autres démocraties. La primauté présidentielle débouche sur un système politique beaucoup plus déséquilibré que dans les régimes spécifiquement présidentiels.

Et cependant, il y a bel et bien mythe de l'omnipotence présidentielle. C'est d'abord que le pouvoir du chef de l'État, tout impressionnant qu'il soit, n'est pas irrésistible. C'est surtout que ce pouvoir plus que présidentiel, quasi royal et de style si monarchique, tend, malgré sa terrible réputation, à s'effilocher. Le chef de l'État est un monarque républicain ; ce n'est pas, c'est de moins en moins, un monarque absolu. De multiples raisons, politiques et internationales, économiques et sociologiques, tendent à borner chaque jour davantage les limites de sa puissance. Le pouvoir présidentiel français est en déclin, alors que le Parlement, notamment sous l'égide de René Monory et Philippe Séguin, retrouve de la vigueur. Le mythe de son omnipotence ressemble donc à une illusion anachronique, voire rétrospective. Il est même temps de s'interroger sur la nécessité de préserver sa marge d'autorité et d'étayer démocratiquement son influence. La monarchie républicaine est un monument historique en péril.

Le pouvoir du président est en effet attaqué et rogné de toutes parts aujourd'hui. Il l'est, c'est une évidence aisément vérifiable actuellement, en période de cohabitation. Deux expériences de deux années chacune constituent le début d'une coutume : la France dispose décidément d'une Constitution à deux vitesses. En période ordinaire, lorsque la majorité parlementaire reflète, prolonge et complète la majorité présidentielle, le chef de l'État possède la prééminence, tant intérieure qu'extérieure, tant institutionnelle que politique, tant juridique que psychologique. Quand, en revanche, comme cela faillit bien être le cas en 1967 pour le général de Gaulle, ou en 1978 pour Valéry Giscard d'Estaing, et comme cela l'aura bel et bien été à deux reprises pour François Mitterrand (1986-1988, 1993-1995), l'Assemblée bascule dans l'opposition, alors tout change. Le président reste le président en politique extérieure, mais il partage ce pouvoir avec le Premier ministre et le ministre des Affaires étrangères. Ainsi Jacques Chirac voulut-il être étroitement mêlé à la préparation des sommets européens et du G-7, ce qui était tout à fait légitime de sa part, même si le résultat fut parfois quelque peu chaotique. Ainsi Édouard Balladur mena-t-il largement lui-même, avec Alain Juppé et une poignée de ministres et de hauts fonctionnaires, la bataille décisive du GATT. François Mitterrand était certes scrupuleusement informé et consulté, et il n'aurait pas concédé au Premier ministre cette marge d'autonomie substantielle s'il n'avait approuvé ses objectifs et, largement, sa méthode. Il n'empêche, les sphères diplomatique et militaire deviennent un domaine partagé.

Sur le plan intérieur, la pente est bien la même, mais beaucoup plus accentuée. La cohabitation débouche alors, irrésistiblement, sur la version parlementaire de la Constitution, celle dont rêvait Michel Debré, mais que n'accepta jamais le général de Gaulle, celle que récusèrent à sa suite Georges Pompidou et Valéry Giscard d'Estaing, celle qui pourtant correspondait indubitablement le mieux à l'esprit et au texte des institutions de 1958. La cohabitation rétablit en somme provisoirement la Ve République telle qu'elle aurait dû être si, dans ce pays, le rapport des forces politiques et la révérence vis-à-vis du pouvoir ne faisaient passer la pratique avant les formes de la loi, même suprême. Quoi qu'il en soit, dès que la majorité parlementaire cesse de correspondre à la majorité présidentielle, on change d'interprétation, de climat et de comportement. C'est le Premier ministre qui gouverne, c'est lui qui élabore réellement les projets de loi, c'est lui qui arrête les choix et les priorités budgétaires, c'est lui qui conduit la majorité parlementaire.

Certes, il respecte les formes et tient au courant le président de la République, qu'il rencontre plusieurs fois par semaine, informe, consulte et écoute. Certes, l'ordre du jour du Conseil des ministres, et donc l'adoption des décisions pratiques, implique une concertation entre l'Hôtel de Matignon et le palais de l'Élysée. Certes, le chef de l'État peut toujours exprimer des réserves, gagner du temps et surtout, si un conflit grave survenait, dissoudre l'Assemblée nationale ou présenter sa propre démission. Le président reste toutefois le maître du calendrier, le détenteur de la foudre électorale. Ce pouvoir d'appel aux Français est complété par sa totale liberté d'expression, au jour le jour, depuis les confidences soigneusement distillées aux visiteurs jusqu'aux multiples occasions de discours officiels, aux voyages, toujours suivis de près par la presse, aux interviews et aux interventions à la radio et à la télévision. En période de cohabitation, le président est le contraire même du muet du sérail. Il dispose en permanence d'un pouvoir d'influence et d'un pouvoir d'appel.

Reste que, dans ces circonstances-là, l'élaboration, la formulation, la sélection et l'adoption de la politique intérieure – les Anglo-Saxons diraient de la politique « domestique » – appartiennent bel et bien au chef du gouvernement. Les choix économiques – privatisations, fiscalité, etc. –, les orientations sociales – financement de la Sécurité sociale, augmentation des traitements publics, réformes du régime des retraites, etc. –, les décisions en matière d'Éducation nationale ou d'ordre public, tout cela revient, beaucoup plus librement, au chef du gouvernement.

S'il en fallait encore une preuve supplémentaire, les conditions de nomination des hauts fonctionnaires et des présidents d'entreprises publiques les fourniraient. Habituellement, quand il y a concordance et parallélisme entre les pouvoirs, c'est le chef de l'État qui impose ses préférences. Le Premier ministre et les ministres concernés disposent d'un pouvoir de présentation, de sélection, de marchandage, mais nul ne résiste au président, s'il est vraiment déterminé sur tel ou tel nom.

En régime de cohabitation, c'est une tout autre affaire. Le chef de l'État et le Premier ministre négocient âprement, argumentent et, disposant l'un contre l'autre d'un pouvoir de blocage, parviennent à des compromis, parfois après de longs marchandages. En règle générale, le pouvoir essentiel revient alors à l'Hôtel de Matignon, le palais de l'Élysée disposant d'un pouvoir de veto et arrachant quelques compensations. Lorsque la majorité parlementaire reflète celle du président, le chef de l'État est le vrai chef du gouvernement, et le Premier ministre le premier de ses ministres. En période de cohabitation, le Premier ministre devient le véritable chef du gouvernement, le président de la République se cantonnant à son rôle de chef de l'État.

Ce serait cependant une illusion et une naïveté de croire qu'en période normale le monarque républicain serait irrésistible. Il ne l'a jamais été, il l'est de moins en moins. La France devient progressivement un vrai État de droit. Au début de la Ve République, elle ne l'était pas tout à fait. Le général de Gaulle, compte tenu de sa stature historique, de son tempérament et de l'extrême difficulté des circonstances, prenait parfois des libertés avec les textes. Il passait outre à tel article de la Constitution (à propos du référendum, par exemple, ou de la convocation du Parlement en session extraordinaire), il bousculait le Conseil d'État, il créait des juridictions d'exception pour juger les militaires qui avaient combattu ses décisions. Aujourd'hui, de telles mœurs ne sont tout simplement plus imaginables, quelle que soit la couleur politique du président de la République. Il n'y a plus de président-fondateur ou d'homme-Constitution, comme à l'époque gaullienne.

Le Conseil constitutionnel, renforcé fort judicieusement dans ses prérogatives par Valéry Giscard d'Estaing, joue pleinement son rôle et le fait désormais avec l'autorité de décisions et de censures frappant tantôt la gauche, tantôt la droite. Le Conseil supérieur de la magistrature, réformé lui aussi, se renforce et se fortifie. La Cour européenne de justice intervient souverainement dans des domaines de plus en plus vastes, au fur et à mesure que progresse la construction européenne. Le monarque républicain doit donc compter avec l'État de droit.

La logique de ses propres décisions le dessaisit également de pans entiers de son influence antérieure. Cela se produit à la fois par le haut et par le bas, à travers les progrès de l'Union européenne et par l'enracinement de la décentralisation. La France était jadis une république jacobine, unitaire et nationale, elle devient une république girondine, européenne et décentralisée. Comment imaginer un seul instant que ces métamorphoses puissent rester sans effet sur les pouvoirs du président de la République...

La France prend toute sa part à l'édification trop lente et trop partielle de l'Union européenne [1]. Elle y gagne en influence réelle et en perspectives économiques. Elle y perd automatiquement en autonomie formelle. Chaque politique commune – agricole, commerciale, régionale, monétaire demain, militaire après-demain – dessaisit obligatoirement la France d'une fraction d'indépendance. C 'est le principe même de la cohésion et de la force de l'Union européenne. Chaque décision prise à Bruxelles – en Conseil des ministres ou bien au sein de la Commission –, chaque vote du Parlement de Strasbourg, chaque orientation adoptée par le Conseil européen des chefs d'État et de gouvernement correspond mécaniquement à un transfert de pouvoirs, à un partage de souveraineté. Les avantages l'emportent heureusement sur les inconvénients, mais il faudrait être volontairement aveugle et

1. Voir chapitre VIII, « Le mythe de l'Europe contre la nation ».

sourd pour ne pas voir et entendre les changements qui se produisent et les transformations qui s'annoncent.

Sur bien des plans, la construction européenne équivaut à une diminution des pouvoirs présidentiels. Comment pourrait-il y avoir omnipotence d'un président de la République qui participe deux fois par an aux Conseils européens, qui multiplie les sommets de concertation et de coordination avec l'Allemagne, l'Italie, l'Espagne et même la Grande-Bretagne? Il va de soi que, là aussi, il y a bien apparition et développement d'un pouvoir partagé. Lorsque la France et l'Allemagne, rejointes par la Belgique et, symboliquement, par l'Espagne et le Luxembourg, mettent sur pied un Eurocorps, embryon d'une force d'intervention européenne, le président, chef des armées, accepte ainsi de partager une fraction de son pouvoir. Lorsque, dans des domaines sans cesse croissants, des votes à la majorité qualifiée interviennent en Conseil des ministres européen, l'indépendance devient une fleur de rhétorique et le chef de l'État un despote aux pouvoirs singulièrement émoussés. La mécanique de l'Union européenne, collective et démocratique, ne contredit évidemment pas les intérêts de la France, mais elle diminue les prérogatives de son monarque républicain. Il n'y a pas d'omnipotence présidentielle au sein de l'Union européenne.

Même raisonnement, même constatation et même évolution à propos de la décentralisation et des pouvoirs locaux. La France découvre petit à petit le charme de la démocratie locale. Dans une société moderne, pluraliste, cet apprentissage apparaît bizarrement tardif. La tradition unitaire de l'Hexagone, par-delà les changements de régimes et de républiques, freinait cette métamorphose. Aujourd'hui, les lois de décentralisations de 1982 produisent pleinement leurs effets. Elles ont certes grand besoin d'être complétées par une réforme de la fiscalité locale. Malgré tout, telle qu'elle est, avec ses faiblesses et ses limites, la décentralisation à la française inaugure une période nouvelle dans l'histoire de la République. Le maire, élu à la tête d'une liste assurée d'une ferme majorité, dispose de pouvoirs importants. Le département surtout, et son président du conseil général, a vu ses responsabilités s'accroître largement, dans le domaine scolaire par exemple. La région continue d'inspirer en France une méfiance anachronique au pouvoir central.

Le président de la République – les présidents de la République – se défie instinctivement des grands feudataires qui apparaîtraient si la région obtenait une influence accrue. Un duc de Bourgogne ou de Bretagne, de Lorraine ou de Normandie, un comte d'Auvergne, de Champagne ou de Toulouse, c'est le cauchemar des chefs de l'État, qui tentent ainsi de ralentir le mouvement de l'histoire. Il est douteux qu'ils y parviennent durablement tant, partout en Europe, la région semble naturellement complémentaire de la construction communautaire. Quoi qu'il en soit, les pouvoirs locaux disposent aujourd'hui en France d'une influence sans précédent sous la République. L'action sociale, l'équipement, l'éducation, l'action culturelle, le logement et la santé passent de plus en plus par eux. Face au président de la République se dressent désormais les bornes des autorités locales, dûment renforcées.

Subordonné aux lois internationales toujours plus nombreuses, respectueux de l'État de droit républicain, dépossédé d'une partie de son pouvoir par les autorités communautaires de Bruxelles, limité dans son emprise nationale par les collectivités locales, le chef de l'État doit aussi davantage compter avec les forces économiques et culturelles. Il ne les a jamais vraiment ignorées, mais elles ont pris depuis vingt ans un poids, une assurance et une autonomie dont elles ne disposaient pas auparavant.

C'est l'évidence en ce qui concerne l'audiovisuel. L'émancipation des radios et des télévisions, voulue par François Mitterrand, possède désormais sa propre logique et obéit à sa propre dynamique. Si le pouvoir politique conserve des moyens d'influence non négligeables [1], il est difficile de nier l'évolution spectaculaire des rapports entre les médias et le président de la République. Outre, là encore, le poids spécifique des deux cohabitations et surtout des quatre alternances survenues en une douzaine d'années, la métamorphose des mœurs modernise, démocratise, donc banalise le fonctionnement de la société politique française. Il y avait, en ce qui concerne l'audiovisuel, une exception française. Dépendance juridique et financière, résidus monarchiques, sous-développement démocratique, tout jouait pour entretenir en France un certain conformisme, une certaine révérence, une certaine complaisance des médias à l'égard du pouvoir, notamment celui du président de la République. Cela était presque monolithique sous le général de Gaulle, encore massif sous Georges Pompidou, plus subtil mais toujours persistant sous Valéry Giscard d'Estaing, flagrant après l'arrivée au pouvoir de François Mitterrand.

Aujourd'hui, changement d'univers : le président de la République, bien loin d'être préservé, encensé, protégé, n'est plus épargné et reçoit coups et critiques en proportion de son pouvoir. Radios et télévisions françaises ne se montrent pas encore aussi belliqueuses et pugnaces, entreprenantes et parfois provocatrices que leurs consœurs américaines vis-à-vis du président des États-Unis. On ne peut tout de même pas prétendre que François Mitterrand ait été épargné. Les commentaires politiques le traitent, ce qui constitue un progrès, comme un objet de critiques naturelles et légitimes. Les enquêtes le serrent d'assez près et ne l'abandonnent pas. Le président n'est plus tabou pour l'audiovisuel. Les

1. Voir chapitre IV, « Le mythe de la dictature de la télévision ».

controverses fréquentes entre le palais de l'Élysée et les médias – au demeurant classiques dans toutes les démocraties – le prouvent bien. La presse écrite n'est pas en reste, tant s'en faut.

Le chef de l'État est désormais regardé en responsable de l'exécutif dans un régime pluraliste, et non plus en monarque républicain dans un système politique baroque et, sur ce plan, anachronique. Le voici donc descendu de l'estrade où il trônait majestueusement pour être traité comme un simple mortel, sans sceptre ni couronne, sans privilège royal ou manteau d'hermine. S'il y a irresponsabilité constitutionnelle du président de la République, il y a en revanche responsabilité politique devant l'opinion, à travers les médias, comme partout dans le monde. Sous cet angle-là aussi, l'omnipotence présidentielle est bel et bien devenue un mythe en vingt ans.

Enfin, et ce n'est pas la moindre des évolutions, la France est entrée de plain-pied, surtout depuis le début de la crise, dans la logique de l'économie de marché. Le chômage et la récession, l'arrivée au pouvoir de la gauche et la concurrence internationale chaque jour plus brutale et parfois sauvage auraient pu déboucher sur un repli et sur l'édification de barricades. C'est l'inverse qui s'est produit. La France a choisi le grand large et l'économie de marché. Comment croire que le président de la République ait pu rester à l'écart de cette évolution essentielle? Son statut et ses pouvoirs s'en trouvent immanquablement affectés et contestés. La mécanique du marché se moque bien des prérogatives constitutionnelles et des traditions politiques nationales.

Sur le plan intérieur, les lois du marché pèsent plus lourd que les lois du Parlement. Les premières donnent même, depuis vingt ans, le sentiment de s'imposer aux secondes, comme une mécanique implacable. La gauche, en arrivant au pouvoir, a voulu étendre substantiellement le champ des nationalisations. C'était son programme, son ambition et sa promesse. Il lui a vite fallu déchanter. Le Conseil constitutionnel a imposé des indemnisations plus coûteuses que prévu. L'État de droit l'emportait ainsi sur la volonté politique. Puis les gouvernements socialistes ont dû marquer des pauses. L'alternance libérale de 1986 a reprivatisé. Michel Rocard Premier ministre a voulu assouplir ensuite le statut des entreprises encore nationalisées, leur donner plus d'autonomie et d'initiative, leur permettre des privatisations partielles. La dernière alternance libérale a, sous la houlette d'Édouard Balladur, derechef privatisé, sur un rythme sans précédent. Nombre des fleurons du secteur public sont revenus au secteur privé et les entreprises toujours nationales observent de plus en plus les canons de la concurrence. Quelle que soit la détermination du président de la République (champion des nationalisations au début de son premier mandat, puis du *statu quo* – le fameux « ni-ni » – au commencement du second), le mouvement de privatisation a été le plus fort. La mécanique du marché a vaincu l'énergie politique.

Bien d'autres exemples vont dans ce sens. Le plus illustre concerne le statut de la Banque de France. Cette vénérable institution, symbole même du dirigisme à la française – le gouverneur, nommé par le gouvernement, devant suivre ses instructions, qu'il s'agisse des parités de la monnaie nationale ou du niveau des taux d'intérêt –, a connu une évolution spectaculaire. La logique des marchés internationaux l'exigeant pour la stabilité et la vigueur du franc, la construction du grand marché unique européen l'impliquant clairement, la signature du traité de Maastricht y engageant explicitement la France, celle-ci s'est résolue à lui concéder son indépendance. Pierre Bérégovoy l'avait annoncée, Édouard Balladur l'a réalisée. La force des marchés, l'internationalisation de l'économie ont aligné le statut de la Banque de France sur les critères libéraux les plus classiques. Au départ, la gauche ne le souhaitait pas, François Mitterrand n'y songeait pas. L'impact de la logique économique libérale l'a emporté sur la détermination dirigiste des gouvernants et donc, au premier rang d'entre eux, du président. En matière économique, financière et monétaire, le président propose et le marché dispose.

D'ailleurs, sur le plan international, on le constate chaque jour, que pèse un président de la République française – ou même américain – face aux mouvements internationaux de capitaux? S'il s'agit du franc, une entreprise de spéculation peut l'ébranler assez pour qu'il faille suspendre le système monétaire européen et adopter des mesures de transition exactement contraires aux intentions des politiques. S'il s'agit des taux d'intérêt, toute l'habileté et la virtuosité des techniciens du Trésor et de la Banque de France n'y peuvent rien. A terme, c'est toujours le verdict du marché international sur les perspectives de l'économie française qui impose l'évolution des taux. Le président de la République ne peut, devant de tels flux et de telles forces, qu'être un illustre spectateur. On ne change pas une économie par décret. C'est le marché qui impose sa volonté finale au législateur et à l'exécutif.

L'organisation même de la société internationale tend à échapper à l'emprise des gouvernants, et donc, en France, à celle du président de la République. La France a toujours voulu – depuis le général de Gaulle – un autre équilibre des rapports nord-sud. Elle y a toujours échoué et les seuls progrès effectués pour venir en aide aux pays sous-développés l'ont été par le canal de la Communauté européenne et des accords de Lomé. La France maintient un niveau d'aide publique honorable par rapport à la moyenne internationale, mais tragiquement insuffisant par son volume et par sa solitude. Les pays industriels les plus libéraux (anglo-saxons, Asie du Sud-Est) se refusent à une politique concertée des États et ne font confiance qu'au développement spontané par le marché, même là où, comme en Afrique subsaharienne, cela se traduit par le martyre des peuples.

Symétriquement, tous les présidents français ont, sous la Vᵉ République, plaidé pour une remise sur pied du système monétaire international, sabordé par les Américains. En vain : face aux forces du marché qui imprègnent la philosophie et la psychologie des économies dominantes, quel est le poids d'un chef de l'État français ? Plus il y a internationalisation de l'économie, plus il y a mondialisation de la culture ; plus il y a formation d'une société internationale unique, avec ses disparités et ses inégalités mais aussi avec ses règles et ses forces, ses enceintes internationales et ses grandes négociations, plus le président de la République française ressemble au souverain local d'une république intégrée, entraînée par des mouvements bien plus vastes et autrement puissants que ses lois intérieures. A la fin du xxᵉ siècle, l'orgueilleux monarque français devient un simple baron provincial.

Respectueux des règles du droit et soumis aux lois du marché, obligé de transférer vers l'Europe des pans de souveraineté pour sauvegarder l'influence de la France, et vers les pouvoirs locaux des morceaux de son autorité pour permettre une meilleure gestion et plus de démocratie, ayant affaire de surcroît à des mass media moins flexibles et à des citoyens plus rudes, le président est donc devenu le contraire d'un tyran tout-puissant, d'un despote éclairé ou d'un monarque omnipotent. Son emprise faiblit, son pouvoir s'effiloche, une fraction sans cesse croissante de son autorité lui échappe. La France ne vit plus en présidence absolue mais en présidence relative.

La question devient donc de savoir si la priorité n'est pas dorénavant de préserver le pouvoir du président de la République. Il ne s'agit évidemment pas de l'enraciner dans ce que les formes traditionnelles de son autorité peuvent avoir d'archaïque, mais bien plutôt de moderniser son statut pour consolider son influence. En démocratie, il est essentiel qu'un pouvoir issu du peuple souverain – le président est élu au suffrage universel direct – puisse mettre en œuvre ses options, tenir ses engagements, exercer visiblement son autorité. A l'époque des fax, des communications en temps réel et de l'internationalisation des enjeux et des forces, celle-ci ne peut plus se concevoir comme à l'époque des DS officielles noires, de la chaîne de télévision unique et des Caravelle. L'objectif n'est pas de restaurer les formes évanouies du pouvoir ou de perpétuer des simulacres d'autorité dans des domaines où celle-ci ne s'exerce plus. La présidence gaullienne est morte et avec elle l'État jacobin, le colbertisme national, l'indépendance sacralisée, l'étiquette sociale figée. Le pouvoir politique du président de la République s'exerce au sein d'une autre société, sinistrée par la crise, d'un autre univers, d'une autre Europe, d'une autre économie mondiale.

L'effacement du pouvoir présidentiel ne serait donc pas une modernisation mais un renoncement, un risque de déséquilibre social et même une chance gâchée. Tous les pays d'Europe connaissent en effet la même relativisation du pouvoir exécutif, la même probabilité d'une autorité politique peau de chagrin. Quelles que soient les institutions, toutes sont soumises, comme celles de la France, à la concurrence de plus en plus âpre et dominatrice des pouvoirs locaux, régionaux et supranationaux, à des forces et à des logiques économiques et culturelles de plus en plus impérieuses.

La part d'influence du pouvoir politique – exécutif en premier lieu – tend ainsi à s'effriter, à se recroqueviller, à s'étioler. Le débat politique et électoral s'organisant désormais sous le regard simplificateur et grossissant des projecteurs et des caméras de télévision, on assiste à des contestations toujours plus spectaculaires, portant sur des enjeux chaque fois moins significatifs. Cette pente-là est redoutable, car elle tend à la fois à infantiliser le débat politique, à entraver le pouvoir exécutif et à priver le citoyen du sens réel de sa participation. De plus en plus de bruit, de moins en moins d'effet : cette évolution serait, si elle allait jusqu'au bout de sa logique, proprement suicidaire, car il faut, en démocratie, qu'un pouvoir légitime puisse prendre des décisions et que celles-ci soient suivies d'effets.

La France dispose encore de cette possibilité grâce à l'institution présidentielle. Même si la sphère politique tend à se réduire, même si l'autorité du chef de l'État n'est plus et ne peut plus être ce qu'elle était, le président reste un acteur et un symbole, encore capable d'incarner la synthèse républicaine et la volonté de la France. Les autres États de l'Union européenne ne bénéficiant pas de pareilles responsabilités, l'influence française, si elle est habile, peut ainsi espérer se consolider, s'étendre et rester plus que proportionnelle à l'importance strictement matérielle de notre pays. En période de déclin du politique, l'institution présidentielle reste une garantie et un instrument particulièrement efficace. Elle donne son sens au choix démocratique et sa chance aux ambitions françaises.

Encore faut-il, évidemment, que l'instrument présidentiel soit adapté à des circonstances différentes de ce qu'elles étaient lorsqu'il fut forgé. Le pouvoir présidentiel, pour demeurer un atout et une garantie, a besoin de se transformer. L'article 16 n'est évidemment pas compatible avec une démocratie authentique : qu'il ne soit pas employé ne suffit pas à justifier sa persistance. Les résidus monarchiques, comme le droit de grâce ou l'offense au chef de l'État, relèvent d'une autre époque et d'une autre société. Leur maintien embarrasse. C'est cependant la durée du mandat – le principe du septennat, renouvelable de surcroît – qui paraît le plus anachronique. Elle décuple les risques de cohabitation par la discordance automatique de la durée des deux majorités, présidentielle et parlementaire. Or, si la cohabitation, après deux expériences, n'apparaît pas comme un drame mais comme un compromis démocratique honorable, elle n'en complique pas moins, de toute évidence, les prises de décision et les options qui engagent. Si l'on souhaite un pouvoir présidentiel substantiel, on ne peut se résigner à la banalisation de la cohabitation – donc à l'affaiblissement du chef de l'État.

Par ailleurs, à une époque où le temps s'accélère et où le citoyen est soumis à un bombardement d'informations quotidiennes, il serait naturel et souhaitable qu'il puisse contrôler lui-même directement plus souvent le bilan du président de la République. Le quinquennat apparaît donc comme la solution la plus actuelle. Il ne dessaisit pas le chef de l'État de son pouvoir de dissolution en cas de crise grave entre l'exécutif et le législatif. La concordance naturelle du temps présidentiel et du temps législatif limite cependant, autant que faire se peut, les risques de conflit. Il débouche inévitablement sur une limitation du rôle du Premier ministre. Encore cette primauté présidentielle consolidée par la réduction de la durée du mandat ne ferait-elle qu'officialiser la pratique. Sous la Ve République, sauf cohabitation, le président décide et le Premier ministre exécute. L'un écrit la musique, l'autre dirige l'orchestre. L'adoption du quinquennat consoliderait cette répartition des rôles : les grands choix et les grandes orientations au chef de l'État, la mise en œuvre quotidienne au Premier ministre. Celui-ci demeurant responsable devant le Parlement, et le président devant rendre compte au pays tous les cinq ans, le contrôle s'exercerait plus complètement.

Certains bons esprits se demandent si, pour pousser jusqu'au bout la logique du quinquennat, il ne faudrait pas supprimer carrément le poste de Premier ministre, la responsabilité du gouvernement devant le Parlement et, pour faire bonne mesure, le droit de dissolution du chef de l'État. Cela s'appellerait un régime présidentiel à l'américaine. Il débouche tout droit sur un renforcement substantiel du pouvoir du Parlement et sur de fortes probabilités de conflits entre un exécutif et un législatif indépendants l'un de l'autre et sans prise l'un sur l'autre. Cette solution géométrique a l'avantage de la simplicité apparente. Elle présente l'inconvénient de provoquer des guerres de tranchées perpétuelles entre le chef de l'exécutif et le législatif, comme le démontre amplement l'exemple américain. Au total, sous couvert de cohérence logique, on facilite l'apparition des crises et le déclin du pouvoir présidentiel.

En cette fin du XXe siècle, lorsqu'on prend conscience de ce que l'omnipotence présidentielle constitue largement un mythe et le pouvoir présidentiel une chance, pourquoi ne pas se montrer pour une fois pragmatique et, en optant pour le quinquennat, moderniser l'institution, démocratiser son contrôle, tout en préservant son autorité à un moment où elle s'avère précieuse ? Et si la France apprenait à être réaliste et à utiliser ses propres atouts ?

CHAPITRE III

Le mythe de la corruption politique

C'est le mythe le plus populaire de tous, le plus répandu, le plus à la mode, le mieux enraciné, le mythe suprême des années quatre-vingt-dix : la société politique française est corrompue, l'argent a perverti les hommes, le système du pouvoir est tout entier gangrené, la Ve République est devenue un régime de voleurs. La crise a déréglé les mœurs, balayé les principes, disloqué la morale, multiplié les tentations. Hélas! trois fois hélas! les vertueux et les intègres, les honorables et les incorruptibles constituent des exceptions. Du haut en bas du système politique, tout le monde touche, tout le monde trafique, tout le monde magouille.

Il y a, dans l'histoire de la France, des périodes maudites qui virent ainsi les piliers mêmes de la société se creuser et se fissurer, chanceler et parfois s'effondrer sous les atteintes de l'immoralité, de la concussion et de la prévarication. Ce fut le cas sous la Régence et sous le Directoire, à la fin du Second Empire et durant l'adolescence de la IIIe République, puis au tournant des années trente ou à l'agonie de la IVe République, enfin à l'époque du gaullisme immobilier. Nous voilà, paraît-il, retombés dans l'une de ces phases de cloaque et d'ignominie où les affaires succèdent aux affaires, et les révélations aux révélations. La France politique est malade de l'argent qui achète les dirigeants, truque des marchés publics, manipule les élus, finance les partis, corrompt les fonctionnaires. Personne n'est au-dessus des soupçons, beaucoup ont chuté et fauté, tant d'autres se sont faits les complices, actifs ou passifs, de ces trahisons de la vertu républicaine. La morale a perdu, la corruption a gagné. La France est devenue une république bananière.

Voilà ce qui se dit, voilà ce qui se lit, s'entend et se voit. La thèse est désormais tellement intégrée, le thème est devenu si évident et si obsessionnel que prendre seulement des distances, le mettre en doute, le critiquer, l'examiner sans condamner catégoriquement dès le départ le prévenu – c'est-à-dire l'homme politique – est regardé comme suspect, ambigu, voire provocateur. Si vous ne décrétez pas la classe politique tout entière corrompue, si vous n'admettez pas, *a priori*, la dégradation profonde des mœurs publiques vis-à-vis de l'argent, si vous ne vous joignez pas au chœur des imprécateurs et des inquisiteurs, alors c'est que vous manquez de courage ou d'indépendance, que vous craignez de blâmer les puissants et d'affronter les importants, que vous êtes au choix un candide ou un comparse, un couard ou un complaisant. Il y a aujourd'hui procès en sorcellerie contre le monde politique dans un climat de passion, de démesure et d'irrationalité qui balaie les objections, ignore les faits et rejette toute argumentation.

En réalité, le monde politique doit être malhonnête puisque les Français sont malheureux. Le pouvoir doit être corrompu puisque la société est sinistrée par le chômage et déséquilibrée par les dérèglements qu'il entraîne. A partir du moment où la société est en crise, les politiques doivent être condamnés. Comment le seraient-ils mieux que par la certitude de leur déchéance, le mythe de leur corruption? Le monde politique a collectivement succombé au culte de Mammon. Si vous n'en convenez pas, c'est que vous êtes vous aussi un adorateur du Veau d'Or, un complice ou un obligé.

Et pourtant, ce thème de la corruption de la société politique française est une simplification grossière, un amalgame abusif et outrageant, une généralisation démagogique et poujadiste. Des dizaines de livres, des milliers d'articles, des centaines de titres à la télévision accréditent, enracinent, établissent l'idée reçue de la malhonnêteté du monde politique? Des douzaines et des douzaines d'affaires se succèdent implacablement, comme un manège diabolique tournant de plus en plus vite, pour en garantir la certitude? Des campagnes électorales entières, menées par de grands justiciers autoproclamés, obtiennent des effets de séance et des succès d'audience en enfonçant implacablement le clou de la vertu outragée face à la dépravation et à la débauche des mœurs politiques? Les Français – tous les sondages le confirment, tous les propos de cafés l'illustrent, toutes les conversations en témoignent – s'en sont massivement convaincus à leur tour. Ils condamnent, sans équivoque et sans appel, la corruption de la République. Tant d'enquêtes et d'éditoriaux, tant de livres triomphants et d'émissions à grand spectacle les incitent à le faire : comment résisteraient-ils? Chacun doit l'admettre, tout le monde doit le reconnaître, la politique et l'argent forment en France la plus sulfureuse des liaisons. La Politique et le Pouvoir, c'est désormais comme Sodome et Gomorrhe.

Et pourtant non : même s'il est, depuis quelques années, « politiquement correct » de décréter incorrecte la politique, le conformisme n'a pas forcément raison, et la dénonciation véhémente et systématique peut se tromper de cible, même lorsqu'elle est plébiscitée. Une forte majorité de Français est persuadée – s'est persuadée, a été persuadée – que la Ve République est corrompue, que le personnel politique est malhonnête, qu'il existe aujourd'hui une profonde dégradation des mœurs ? Cela ne prouve en rien qu'ils aient raison, cela ne constitue même pas une présomption. La presse et les médias audiovisuels leur rebattent les oreilles avec les « affaires », en martelant inlassablement, jour après jour, heure après heure, le moindre rebondissement, la plus fragile anecdote, parfois sans la moindre précaution et sans le moindre esprit critique, amalgamant, généralisant, soupçonnant tout le monde d'office, condamnant avant même le procès.

Comment les citoyens n'en seraient-ils peu à peu imprégnés, impressionnés et même intoxiqués ? Comme de surcroît, chacun le sait, les Français ont toujours entretenu des relations équivoques avec le pouvoir politique, le révérant et le craignant, l'adulant et le raillant, lui prêtant plus qu'il ne peut donner et attendant donc trop de lui, le terrain du scepticisme et de la frustration était largement balisé. Les Français entretiennent des rapports d'amour/haine avec le pouvoir. Ils étaient donc tout disposés à le condamner d'office, à le décréter criminel, à exiger des châtiments sans autre précaution, sans autre forme de procès. C'est ici véritablement un mythe au sein du mythe : le pouvoir étant par nature et par tradition locale fortement soupçonné, l'antienne de la corruption trouvait ici un accueil trop privilégié. Les Français étaient, en quelque sorte, convaincus d'avance, et sans même le savoir, sans même se rendre compte, des turpitudes du pouvoir, puisqu'il est le pouvoir.

Ils le sont d'autant plus qu'en période de crise le pouvoir est le bouc émissaire le plus naturel, le plus instinctif, le plus mécanique. Après deux décennies de montée du chômage, deux décennies d'augmentation de l'insécurité et de la consommation de drogues en tout genre, deux décennies de malaise dans les banlieues, de désespoir dans les quartiers déshérités, d'accablement dans les campagnes pauvres, il faudrait que les citoyens soient devenus de véritables stoïciens pour qu'ils n'en veuillent pas terriblement à tous les responsables, à tous les dirigeants, à tous les symboles de la puissance. Comme il se trouve qu'en France l'irruption de la crise a coïncidé – concomitance fâcheuse – avec le retour de l'alternance, il en est né un scepticisme général et une défiance ambiante. Jamais les Français ne sont mieux disposés à condamner les hommes politiques qu'en période de chômage et d'angoisse, jamais ils ne sont plus prêts à en penser pis que pendre et à adhérer aux accusations les plus grossières et aux amalgames les plus primaires.

Si en prime on fait tout pour les en convaincre, comment résisteraient-ils? Le pouvoir est en France un phénomène quasi religieux et la politique un territoire où le sacré croise l'irrationnel. Lorsque la société se porte bien, que la France se renforce, que son rôle dans le monde s'épanouit, il en naît parfois de la révérence et de la dévotion. Quand tout va mal, lorsque les circonstances sont critiques, il y a de l'abjuration et même de la profanation dans l'air. Tout républicains qu'ils soient devenus depuis longtemps, les Français n'en demeurent pas moins inconsciemment régicides. Lorsque le climat s'y prête et que la mode les y encourage, ils sont disposés à discréditer leurs élus, à condamner leurs dirigeants, à donner foi aux pires rumeurs et aux insinuations les plus infamantes. A peine la malheureuse Yann Piat, député du Var, était-elle crapuleusement assassinée que l'opinion publique se montrait prête à considérer que les commanditaires du crime ne pouvaient être que des élus locaux et des hommes politiques du cru. Si l'enquête prouve, quelques mois plus tard, que cela n'est pas établi et qu'ils ont en somme calomnié de bon cœur, ils n'ont pas mauvaise conscience pour autant. Quand la crise fait rage et que la société se dérègle, les Français sont avides de croire que les hommes politiques sont corrompus. Un pouvoir qui échoue est un pouvoir malfaisant, suspect et blâmable. Pour lui faire expier son impuissance, quoi de plus drastique que de mettre en cause son honnêteté et de suspecter son intégrité?

Et cependant, malgré cette coalition des informés et des crédules, des médias et des électeurs, des populistes et des apolitiques, malgré les assertions et les amalgames, il est faux, il reste archifaux que la société politique soit tout entière gangrenée, que le système politique français soit globalement contaminé, que la corruption soit devenue la règle, et la vertu l'exception. La Ve République n'a rien à voir avec la Colombie, ni son personnel politique avec celui de l'Italie à l'époque de Bettino Craxi. Il n'y a pas de culpabilité collective, pas de dégradation générale de l'éthique et des mœurs financières au sein du monde politique. On compte en France plus de cinq cent mille élus (des conseillers municipaux au président de la République). Combien font chaque année l'objet de poursuites judiciaires, combien le mériteraient? Quelques dizaines sans doute, une centaine tout au plus, beaucoup moins d'un sur mille en tout cas. Comme il s'agit justement de ceux qui, au sein de la société, sont par nature les plus exposés à la tentation, parce qu'ils rendent des services, prennent de multiples décisions, possèdent des pouvoirs dont les effets concernent les collectivités, grandes ou petites, l'ordre de grandeur apparaît plutôt flatteur, respectable, honorable.

Quant aux parlementaires, hommes politiques à plein temps, législateurs par principe, familiers des puissants, ils font l'objet de sollicitations incessantes, de demandes d'intervention, de suppliques ou de propositions. Ils ont accès à maints renseignements confidentiels, peuvent se faire recevoir partout, disposent d'un pouvoir d'influence substantiel et, le cas échéant, d'un pouvoir de nuisance ou de bienveillance. Nul n'est plus harcelé qu'eux, nul n'est plus accablé de lettres, d'appels, de rendez-vous pour les adjurer de s'entremettre, de s'interposer, de dissuader ou au contraire de simplifier, d'accélérer, de faciliter. Ils sont regardés comme les assistantes sociales de leur circonscription, les ambassadeurs de leur département, les envoyés spéciaux de leur province à Paris. On leur fait miroiter mille propositions, gratifications, remerciements indus. Combien y cèdent, combien se laissent aller, combien versent dans la corruption? Ils sont un bon millier, sénateurs et députés réunis. En quinze ans, une quarantaine ont été mis en cause pour les motifs les plus variables, parmi lesquels les cas de corruption personnelle caractérisée n'ont pas été les plus nombreux.

Et les ministres? Depuis 1981, ils ont été une centaine en près de quinze ans maintenant, gauche et droite additionnées. Ils sont, eux, les symboles mêmes du pouvoir, de ses tentations et de ses facilités. Un mot d'eux ouvre des portes, un froncement de sourcils les referme. Un coup de téléphone sur l'interministériel accélère puissamment une affaire, une simple indifférence, une indolence de caractère peut la compromettre inexorablement. Ils commandent à une armée de fonctionnaires, peuvent prendre des décisions d'ordre réglementaire presque quotidiennement. Ils président, coordonnent et décident. Combien ont été mis en cause dans l'exercice de leurs fonctions, non pas en tant qu'élus locaux, parlementaires ou responsables d'un parti, mais comme chefs d'une administration, responsables d'un ministère, disposant donc de la capacité de faire des choix et d'être obéis? On les compte sur les doigts d'une seule main.

En fait, malgré la légende, malgré les circonstances, malgré les préventions, les campagnes, les fixations, il est faux et injuste d'appliquer à la société politique française en tant que telle le mythe de la corruption. Même s'il existe évidemment des exceptions fâcheuses – on y reviendra –, même si la société politique française a forcément des faiblesses – on les examinera –, sur ce terrain précis il n'est pas équitable de la mettre en cause globalement. Il y a en France comme partout (plutôt moins que dans la plupart des autres pays) des fonctionnaires corrompus. L'administration française n'est pourtant pas malhonnête, les « bakchichs » y sont très rares, les prévarications peu banales. Les élus politiques ne forment certes pas une cohorte céleste d'archanges, d'anges et d'angelots. La plupart d'entre eux sont pourtant des hommes et des femmes intègres, dévoués, et qui n'entrent sûrement pas dans l'arène électorale dans l'intention d'y faire fortune. Ils sont parfois irritants ou frustrants, à force de partialité, de myopie, de méconnaissance de certains dossiers. Néanmoins, ils travaillent dur, croient à ce qu'ils font, se donnent du mal pour les autres et espèrent sincèrement agir dans l'intérêt de leurs électeurs et de la nation. Ils ne peuvent évidemment pas tous avoir raison à la fois. Ils s'illusionnent quelquefois sur leur rôle, véhiculant des idées fausses, n'agissant pas aussi positivement qu'ils l'espèrent. Au moins sont-ils généralement sincères et attentifs, actifs et passionnés. Malhonnêtes, corrompus, avides? Cela arrive parfois – on le verra – mais pas souvent. La corruption n'est en tout cas pas leur défaut le plus fréquent ni leur vice le plus répandu, tant s'en faut. En réalité, la corruption reste en France, au sein de la société politique, une exception et un dysfonctionnement du système, pas une logique ou une habitude, encore moins une règle.

En Italie, la fusion de tous les pouvoirs, l'imbrication absolue des responsabilités politiques et financières, du Parlement et des emplois publics, du secteur nationalisé et des contrats de l'État avec les partis a débouché sur une crise aiguë du système, un rejet de la classe politique, une opération « mains propres » à grand spectacle, avec des centaines d'inculpations parmi les élus, les hauts fonctionnaires, les banquiers et les chefs d'entreprise. C'est le système lui-même, avec répartition des postes à la proportionnelle politique, parrainage des fonctionnaires par les formations, commissions généralisées sur les marchés publics avec des clés de répartition entre partis politiques, qui avait abouti à la corruption du régime lui-même et de trop de ses dirigeants. Au Japon, un système aberrant de clans et de factions, avec gratifications financières obligatoires aux électeurs, financements clandestins illégaux des partis et irrégularité permanente des mœurs politiques, a, là encore, mis en cause l'essence du système politique lui-même. En France, ce n'est pas le cas. Le système a ses défauts et les hommes des faiblesses. La corruption y reste une transgression et non pas une pente, un accident et non pas une norme.

Il ne s'agit évidemment pas de nier la corruption lorsqu'elle existe, ni surtout de disculper ceux qui y ont succombé. Les hommes et les femmes politiques, les élus et leurs principaux collaborateurs ont choisi la scène publique et prétendent en diriger, en influencer ou en contrôler les affaires. Ils sont donc, de leur propre gré, ceux qui exercent les plus grandes responsabilités dans ce pays. Ils incarnent la nation, en définissent les règles, en symbolisent les valeurs et en prennent les décisions. Ils se doivent d'être irréprochables, autant que faire se peut, et notamment de ne pas être critiquables sur le registre de l'argent. A partir du moment où l'on aspire au pouvoir politique, où l'on détient une fraction de la puissance publique, où l'on concourt à fabriquer les lois et à conduire le pays, on s'oblige à la vertu financière. L'élu, les dirigeants, leurs collaborateurs ne doivent en aucun cas pouvoir être soupçonnés de corruption. Il est logique, il est démocratique d'être plus exigeant avec eux qu'avec tous les autres Français. Il est légitime de contrôler ce qui peut l'être, de sanctionner ce qui doit l'être. On le sait depuis Montesquieu, la république se fonde sur la vertu et s'il est un domaine où elle ne peut souffrir d'être au-dessus d'elle-même, c'est bien celui-là.

Que la réalité ne se montre pas toujours, sur ce plan comme sur les autres, à la hauteur des principes, cela va de soi. Qu'il existe maints exemples de défaillances, de compromissions, de malhonnêtetés financières caractérisées, d'illégalités manifestes, on ne peut assurément pas le contester. Aucun régime n'est sans défaut, pas plus celui de la Ve République qu'un autre, aucune majorité n'est au-dessus des défaillances, aucun parti ne peut se vanter de ne compter aucun mouton noir, aucune société politique ne peut se proclamer collectivement irréprochable. Les années quatre-vingt et quatre-vingt-dix n'ont donc pas manqué d'« affaires » et de mises en cause, de fautes et de déchéances.

Ainsi Bernard Tapie représente-t-il le symbole même du malaise et du doute que trop de dossiers contestés ont fini par provoquer. Ayant été ministre, même fugitivement, il constitue un cas significatif. Bénéficiant d'une grande popularité auprès d'une fraction des Français, il doit par conséquent assumer une responsabilité particulière. La notoriété crée des devoirs, le statut de star des contraintes spécifiques, *a fortiori* en politique. Relevant de la gauche, revendiquant lui-même la défense et la représentation des plus faibles et des plus déshérités, il devrait s'imposer un comportement qui ne plaisante pas avec la morale publique, la justice et la loi. S'adressant volontairement aux plus jeunes, il sait bien qu'il leur sert parfois de modèle, de référence, voire de rêve.

Or, le député de Marseille ne s'est, pour formuler sobrement les choses, pas comporté comme un prix de vertu. Il accumule les poursuites et les instructions, les levées d'immunité parlementaire et les mises en examen. Il n'y a pratiquement pas un domaine auquel il touche qui ne soit un sujet de contestation. Son style flamboyant, son goût de la provocation, son humeur batailleuse et son éloquence pittoresque mettent certes en évidence, exposent même à la lumière crue le moindre de ses actes, la plus anodine de ses initiatives. Bernard Tapie est un marchand de passion, un fabricant d'électricité, dont chaque geste devient un événement public.

Il n'empêche : s'aventure-t-il dans le football ? Dieu sait si, en tant que président de l'OM et premier Français à avoir mené une équipe à la victoire en Coupe d'Europe, il l'a fait mieux que n'importe quel autre homme politique de ce pays, et aussitôt le voici accusé d'abus de biens sociaux dans la gestion de son club, l'achat de ses joueurs étrangers, la trésorerie et les primes versées aux uns et aux autres. Bénéficie-t-il d'un prêt bancaire pour les entreprises qu'il contrôle ou contrôlait ? Son emploi et les conditions de son attribution font aussitôt l'objet de controverses infinies, d'accusations publiques et finissent par lui valoir, une fois de plus, des démêlés avec la justice. Jouit-il du privilège spectaculaire que constitute le *Phocéa* – sans doute le plus beau yacht de France – que l'administration fiscale en conteste durement la gestion et le traîne derechef devant les tribunaux. Fait-il l'objet de mesures conservatoires – hypothèques, gages, nantissements – qu'on le surprend faisant transporter nuitamment, en toute illégalité, des meubles de grande valeur. Est-il convoqué par le juge pour se faire signifier officiellement une mise en examen que la descente de police devient un western juridique, avec échange de noms d'oiseaux, polémiques et contraventions. Bernard Tapie ne fait décidément rien comme personne et doit être fâché avec la logique judiciaire. D'ailleurs, les accusations qu'il lance contre certains magistrats lui valent d'autres procès.

L'ancien ministre de la Ville, symbole de la fortune vite acquise (en dehors de ses fonctions politiques), revanche emblématique de la France exposée et traumatisée par la crise, n'entretient assurément pas des relations ordinaires avec l'argent. Son statut politique devrait donc lui valoir la défiance générale. Eh bien, pas du tout! Si une fraction majoritaire des Français ne croit pas à ses dénégations véhémentes, si la plupart des adultes le tiennent pour un virtuose dans l'art de jongler avec les lois et avec les règlements, de tourner les codes et d'exploiter les failles du droit commercial, si beaucoup voient en somme en lui un aigrefin charmeur et cynique, une minorité non négligeable est d'un avis tout différent : des jeunes et des salariés modestes, notamment, lui vouent un véritable culte, en font une sorte de héros persécuté par les institutions en place, harcelé par la justice, étranglé par les banques, maltraité par les autorités sportives, calomnié par le monde politique.

Cette réaction étrange, à première vue paradoxale, en dit long sur la psychologie d'une partie des Français après vingt ans de crise et quatre alternances : c'est le système qui est coupable, c'est le système qui doit être condamné. Bernard Tapie ruse avec lui, le provoque, le défie, le conteste, le tourne dès qu'il le peut? Il a raison et il incarne ainsi la revanche des malheureux, des maltraités, des laissés-pour-compte. Les responsables en place, les institutions établies seuls doivent payer, faute de parvenir à juguler la crise. Bernard Tapie incarne pour cette minorité protestataire le combat solitaire d'un Robin des Bois moderne contre les forces du mal. C'est à leurs yeux le régime qui est forcément corrompu, puisque le chômage est cruel. Le président de l'OM, qu'il fasse front ou qu'il esquive, se défend avec les armes dont il dispose. C'est Gavroche contre les Rougon-Macquart.

Les Français peuvent ainsi se montrer doublement injustes : trop sévères pour le monde politique dans son ensemble, trop indulgents pour Bernard Tapie en particulier. Le député de Marseille n'est certes pas le seul à pouvoir être mis en cause. Sans prétendre dresser une liste exhaustive, les scandales, les procès, les « affaires » n'ont pas manqué en France depuis quelques années. Certaines provinces semblent beaucoup plus touchées que d'autres. La chambre régionale des comptes de Provence a ainsi, dans un rapport fracassant, affirmé que les fonctionnaires et les hommes politiques de la région étaient soumis à un véritable harcèlement de la part des corrupteurs, que tous n'y résistaient pas et qu'il existait des filières et des procédures en matière de marchés publics et de parcs immobiliers dont la réalité ne faisait pas de doute à ses yeux. Ainsi, une partie du territoire serait en somme menacée du « mal italien », même si, selon plusieurs sources policières chargées de ces dossiers, l'implication de la Mafia ne serait pas avérée ou resterait ici marginale.

La corruption et les liaisons dangereuses entre la politique et l'argent ne sont évidemment pas une exclusivité provençale. Le financement des partis politiques et des campagnes électorales a, jusqu'au milieu des années quatre-vingt-dix, constitué un perpétuel talon d'Achille. L'évolution de la communication politique et du marketing électoral a en effet subitement multiplié les besoins d'argent des partis et des candidats depuis les années soixante-dix. Les formes modernes de la publicité politique coûtent de plus en plus cher. Les meetings des principales campagnes, drainant des foules, exigeant de vastes salles ou des chapiteaux immenses, requérant des services d'ordre nombreux et des sonorisations spectaculaires, comportant une partie audiovisuelle très professionnelle et donc très dispendieuse, ont changé la nature des dépenses. Les budgets ont soudain explosé. Simultanément, les appareils des partis ont dû, eux aussi, changer de style et de méthode. A l'époque de la télévision et de la publicité sophistiquée, il a fallu des locaux plus attractifs, des hôtesses d'accueil, du matériel de propagande infiniment plus séducteur, des sondages et des experts, des cassettes et des vidéos. Impossible de résister à cette évolution qui submergeait la société tout entière. La politique ne pouvait pas, ne devait pas demeurer à l'écart du mouvement comme une île archaïque.

Du coup, il a fallu trouver des moyens de financement. Or, jusqu'à une période récente, leur réglementation et leur officialisation n'existaient tout simplement pas. Les trésoriers des partis politiques et les directeurs de campagne des candidats ont dû faire face à des dépenses accablantes, alors qu'aucun financement n'était organisé ni même prévu. Cette situation, absurde et téméraire, a provoqué des désastres. Il a fallu agir dans l'illégalité et se procurer des ressources théoriquement invisibles. C'était inciter les responsables politiques à tricher, à camoufler, à truquer. Tous ont dû plus ou moins s'y résoudre, bon gré, mal gré, avec ou sans état d'âme, avec savoir-faire ou pas. Les dirigeants gouvernementaux de l'époque – de droite, puis de gauche – qui ont laissé se créer ce vide juridique-là et ont précipité le système politique dans l'illégalité ont fait preuve de beaucoup de légèreté, d'inconscience, pour ne pas dire d'aveuglement.

Le résultat ne s'est pas fait attendre. Les trésoriers ont dû tourner les lois. C'est à cette époque-là que se sont multipliés les bureaux d'étude et les officines parallèles, les intermédiaires et les spécialistes de commissions en tous genres. Certains s'y sont pris habilement et n'ont jamais été inquiétés. D'autres ont été moins expérimentés ou plus naïfs, et ont centralisé et organisé leurs moyens de financement comme s'il s'agissait d'opérations légales. D'autres encores ont été dupés ou manipulés par des escrocs ou des affairistes. Les socialistes se sont distingués par leur maladresse et leurs pulsions bureaucratiques. L'origine des fameuses affaires URBA, SAGES, Luchaire et autres ne doit pas être cherchée ailleurs. Il fallait de l'argent pour le parti et pour les campagnes électorales. Il s'agissait de rentabiliser les carnets d'adresses et les influences politiques en facilitant des rencontres, des accès aux marchés et aux décisions. Tout cela était candidement et minutieusement enregistré, par exemple sur les fameux carnets Delcroix, du nom d'un de ceux qui servaient en somme de courtiers en financements politiques. Beaucoup le faisaient, comme Gérard Monatte, de façon tout à fait désintéressée.

On n'en vivait pas moins dans un système aberrant et même surréaliste qui s'exposait en permanence à tous les dérapages, à tous les chantages, à toutes les malhonnêtetés. D'autres partis politiques se trouvent eux aussi fortement embarrassés aujourd'hui – comme le Parti républicain – par des méthodes ayant le même objectif. Il reste après coup presque invraisemblable qu'autant d'hommes politiques de bonne qualité n'aient pas compris aussitôt le piège mécanique que constituait ce système de commissions, de détournement d'influences, de clandestinité et de financements parallèles. On taxe souvent les hommes politiques de cynisme ou d'esprit retors. En l'occurrence, ils ont surtout fait preuve d'irréflexion et d'inconscience.

D'autres scandales ont pris un tour beaucoup plus individuel et même privé. Qu'il s'agisse à droite de l'ex-député-maire de Nice, Jacques Médecin, ou à gauche de l'ex-député-maire d'Angoulême, Jean-Michel Boucheron, ces élus, notables et notoires, ont confondu un peu trop aisément deniers publics et deniers privés, promotion de leur ville et aménagement de leurs résidences, frais de représentation et ressources personnelles (voitures ou piscines, voyages et même argent liquide). Ces deux exemples extrêmes ne sont pas les seuls du genre. Ils se répartissent entre gauche non communiste et droite parlementaire de façon très comparable, comme une enquête minutieuse et impartiale du *Point* l'a établi. Leur fréquence n'a pas particulièrement augmenté ces dernières années. Ils choquent cependant plus, en raison de la dureté des temps, de la persistance de la crise et de l'appauvrissement d'une fraction de la population. Quand une partie des Français souffre, se voit menacée d'exclusion ou de marginalisation, peine pour payer son loyer, son électricité, les frais scolaires de ses enfants, les élus doivent se comporter d'une manière qui ne souffre aucun soupçon. C'est la moindre des choses. Le détournement de fonds publics à usage privé pour des investissements de luxe, des voitures de prestige ou des voyages onéreux n'est pas admissible. Il l'est encore moins dans ces circonstances-là.

D'autres controverses encore ont éclaté à propos d'enrichissements spéculatifs, ce que l'on nomme des délits d'initiés : l'accès à des informations confidentielles permettant de réaliser sans grands risques des profits financiers substantiels. En l'occurrence, il ne s'agissait pas d'hommes politiques ou d'élus, mais plutôt d'amis, de collaborateurs ou d'entourages de hautes personnalités. A propos de la Société générale ou de Péchiney, des fuites ont incontestablement eu lieu et des familiers de Pierre Bérégovoy ou de François Mitterrand ont ainsi eu l'occasion d'en profiter. Malgré les enquêtes et les procès, il reste très difficile d'établir qui ont été les fautifs et s'ils ont agi par pure imprudence. Faute de preuves, il ne peut y avoir que des soupçons, parfois des présomptions. Deux ex-directeurs de cabinet de l'ancien ministre des Finances ont ainsi été mis en cause, mais rien n'a pu être retenu à l'encontre de l'un, et les tribunaux sont d'opinions divergentes à propos de l'autre. L'argent facile, acquis frauduleusement, à proximité des principaux personnages de la République, crée obligatoirement – et comme légitimement

– une vive émotion. Les fautifs ont peut-être appartenu eux-mêmes à l'entourage officiel, mais rien ne prouve qu'ils n'aient pas été des proches des états-majors des sociétés qui négociaient. Les bénéficiaires, eux, étaient des familiers des hommes d'État et cela ne peut qu'alimenter rumeurs et malaises. Il y a eu au moins manque de discernement dans le choix de certaines amitiés avec des personnages ambigus – affairistes ou intermédiaires – et cela ne peut que nuire à l'image de la politique, même si le président ou le ministre des Finances de l'époque n'étaient pas directement en cause. Plus les fonctions occupées sont élevées, moins l'entourage doit pouvoir être soupçonné.

Or justement, un autre aspect trouble des rapports entre la politique et l'argent concerne les plus hautes autorités de l'État. Il est forcément embarrassant, équivoque et même inquiétant que l'on découvre dans l'entourage immédiat des symboles de la République des amis ou des proches aux prises avec la justice. L'affaire Roger-Patrice Pelat, ami ancien et intime de François Mitterrand, dont on apprend que les voies et les moyens de la fortune ne furent pas en conformité avec le droit et la justice, ne peut que jeter le trouble. Certes, il s'agissait d'une très longue et très ancienne amitié, remontant à la guerre et dont la fidélité n'avait jamais fléchi; certes, on sait le chef de l'État toujours solidaire des siens, notamment quand ils se trouvent en difficulté; certes, la disparition prématurée de Roger-Patrice Pelat, emporté par la maladie, a clos l'action judiciaire le concernant. Il n'est pas agréable ni édifiant pour autant qu'un authentique intime du président de la République ait pu être accusé de délit d'initié. Le simple fait d'être notoirement proche du chef de l'État suscitait, parmi les collaborateurs de celui-ci, une confiance spontanée dont on ne peut manquer de se demander après coup si elle n'était pas dangereuse.

D'ailleurs, la fin tragique de Pierre Bérégovoy, qui a attenté à ses jours notamment parce qu'il ne supportait pas le reproche qu'on lui faisait sans relâche d'avoir accepté un prêt sans intérêt du même Roger-Patrice Pelat, en fournit la plus dramatique des illustrations. Pierre Bérégovoy était un homme intègre et scrupuleux. Le fait que, sexagénaire, plusieurs fois ancien ministre à des postes clés, il ait dû recourir à des emprunts pour financer l'achat d'un appartement banal, constituant de surcroît l'essentiel de son patrimoine, prouve mieux que tout sa probité. Ne disposant pas des ressources nécessaires, il s'est tourné vers sa banque habituelle pour une somme raisonnable, puis a cédé aux instances réitérées d'un ami proche lui proposant, à maintes reprises, un prêt sans intérêt d'un million de francs. Celui-ci fut dûment enregistré et notifié au fisc. Tout cela aurait été insignifiant et indifférent à tous, si par malheur l'ami en question n'avait été le même Roger-Patrice Pelat, que Pierre Bérégovoy appréciait beaucoup et dont il ignorait, à l'époque de l'emprunt, qu'il ferait plus tard l'objet de poursuites judiciaires.

La conscience de Pierre Bérégovoy n'avait donc pas à être mise en cause. Il se trouve malheureusement que la fureur et la passion de l'époque – on entrait en campagne électorale, l'alternance toute proche se précisait, les socialistes allaient être battus – ont fait se multiplier les attaques personnelles contre le Premier ministre, lequel, harassé et désemparé, ne les a pas supportées et s'est donné la mort. L'affaire du prêt n'était sans doute pas le seul motif de cette fin tragique, à l'issue d'une période exténuante et stressante, alors que Pierre Bérégovoy, qui, depuis des années, ne ménageait pas sa peine, voyait soudain la gauche balayée, le chômage submerger la société et les socialistes se déchirer. L'accusation de malhonnêteté, injuste et répétée, a cependant à coup sûr beaucoup compté.

De même, le suicide, sans un mot d'explication et à l'intérieur de l'Élysée, d'un autre ami ancien de François Mitterrand, François de Grossouvre, a pesé lui aussi dans le climat de suspicion et de décomposition morale supposée. Il ne s'agissait pourtant pas, pour autant qu'on le sache, d'une question personnelle d'argent ou de corruption. Grossouvre avait cependant été jadis chargé de questions de sécurité, de dossiers des services secrets. Depuis quelques années, il se répandait en accusations amères contre l'Élysée (où il ne jouait plus qu'un rôle très marginal) et mettait en cause avec violence la moralité et l'intégrité de certains familiers du président, dont, justement, Roger-Patrice Pelat. Ces morts tragiques, ces haines de familiers, ces réquisitoires de proches ont contribué à créer une atmosphère sulfureuse, propice à toutes les généralisations abusives et à tous les amalgames délibérés. Cela n'a évidemment pas manqué. Les fins de règne, après un long principat – le plus long de l'histoire des républiques françaises –, sont souvent exposées à ces rumeurs mortelles. Le pouvoir comporte une face tragique, suscite des ressentiments et des vindictes irrépressibles. En période de crise et d'anxiété, la psychologie des peuples se prête à toutes les formes de diabolisation. En France, où l'exécutif domine plus qu'ailleurs, la tentation de la diabolisation est encore plus forte.

Au-delà des princes qui gouvernent la Ve République, cette tentation a également guetté le personnel politique tout entier en raison de l'énorme maladresse, de la bévue historique qu'a constitué ce qui est appelé, d'ailleurs improprement, la loi d'amnistie. Il s'agit en fait de l'article 19 de la loi, excellente par ailleurs – on y reviendra –, qui, adoptée le 15 janvier 1990 sous le gouvernement Rocard, organisait enfin le financement légal de la vie politique. Comme cela se pratique généralement lorsqu'on modifie radicalement le régime légal d'un type d'activités sensibles – c'était évidemment le cas, ici plus qu'ailleurs –, la loi nouvelle s'accompagne d'une amnistie pour les délits liés au statut antérieur. C'était, cela ne fait plus de doute aujourd'hui, un pas de clerc gigantesque d'appliquer cettc recette aux rapports entre la politique et l'argent. Même si elle ne couvrait en aucun cas les enrichissements personnels, même si elle ne jouait pas en théorie pour les parlementaires qui la votaient (en fait, elle pouvait intervenir à travers des mandats locaux), elle fut ressentie aussitôt comme une autodisculpation collective.

Ainsi, il existait une justice à plusieurs vitesses ; ainsi, les législateurs s'acquittaient eux-mêmes (à titre rétroactif) des délits qu'ils avaient pu commettre sur ce terrain déjà si mouvant ; ainsi, les simples citoyens pouvaient être traités impitoyablement par la justice, parfois pour de véritables peccadilles, alors que les députés et sénateurs votaient leur propre innocence ; ainsi enfin, les politiques s'exonéraient de leurs responsabilités passées, alors que les chefs d'entreprise et leurs collaborateurs qui avaient été mis à contribution continuaient, eux, à encourir les foudres de la loi. C'en était trop. Les Français, toujours très chatouilleux sur le chapitre de l'égalité, toujours prompts à s'émouvoir à propos des privilèges des puissants, ne pouvaient supporter pareille provocation. Cela fut aussitôt ressenti – les démagogues et les populistes de tout poil y prêtèrent ardemment la main – comme l'aveu d'une responsabilité collective et la reconnaissance implicite de turpitudes innombrables et infâmes à escamoter.

Il n'en était rien, et l'article d'amnistie ne cherchait, classiquement, qu'à éviter que soient poursuivis ceux qui, avant le vote de la nouvelle loi, devaient trouver des expédients absurdes et dangereux pour financer campagnes et budgets. Peu importe : il en est né, il s'en est en tout cas répandu à une vitesse saisissante et avec une ampleur impressionnante une présomption de corruption touchant l'ensemble du personnel politique.

C'était – c'est toujours – absurde et injuste. C'est néanmoins ainsi. Puisque, dans les circonstances actuelles, la défiance à l'égard du monde politique est quasiment instinctive et le soupçon permanent, il faut savoir en tirer les conséquences pratiques et se prémunir contre toute accusation. La femme de César ne doit pas être soupçonnée, et moins encore César lui-même. C'est bien pourtant ce qui s'est produit, tant à propos de l'exécutif que des parlementaires.

En fait, dans les rapports complexes et tumultueux entre les Français, la politique et l'argent, beaucoup de facteurs ont changé depuis le début des années quatre-vingt-dix. Le climat s'est modifié, les comportements de la justice, de la police et de la presse ont évolué et – surtout – la législation, donc la réalité des situations, s'est métamorphosée. Les Français sont devenus beaucoup plus attentifs, exigeants et soupçonneux. L'enracinement de la crise, la persistance de la souffrance sociale, la rigueur des sacrifices, la montée du désespoir dans une fraction de la population, menacée de marginalisation, tout cela s'est coalisé, s'est ligué pour abaisser brusquement et somme toute légitimement le seuil de tolérance. La tradition de cynisme railleur vis-à-vis des rapports entre le monde politique et l'argent s'est soudain chargée de gravité, de colère et de ressentiment. Puisque, décidément, les gouvernements de gauche comme de droite ne parvenaient pas à faire reculer le chômage et à maîtriser la crise ; puisque, décidément, les plus pauvres, les moins qualifiés, les moins intégrés, les plus déshérités payaient d'un prix exorbitant les désordres économiques et monétaires ; puisque, enfin, ceux dont c'est la vocation et la justification paraissaient impuissants, dépassés par les événements, alors il n'était pas question de leur passer plus longtemps la moindre défaillance, la moindre faiblesse, la moindre équivoque. Devant la profondeur, la durée, la généralisation de la crise, l'intégrité des hommes politiques, des élus, des gouvernants devenait une exigence absolue, un critère impérieux.

C'était assez logique et même assez souhaitable, à condition bien sûr de ne pas tomber dans les mauvais procès et de ne pas attribuer à tous les défaillances de quelques-uns, de ne pas convertir sur-le-champ en culpabilité les mises en cause (parfois très polémiques, parfois très peu fondées), bref de ne pas transformer le personnel politique dans son ensemble en accusé perpétuel et en criminel collectif.

Or, de ce point de vue, les changements de climat ont retenti brusquement, parfois exagérément et même injustement, sur les comportements de la police, de la justice et des médias à l'égard du monde politique. Pendant longtemps – trop longtemps – la tolérance, parfois localement la connivence avaient été la règle et la tradition. Les magistrats se montraient prudents et précautionneux envers les puissants, au premier rang desquels prenaient tout naturellement place les élus et les dirigeants politiques qui en étaient le symbole même. La police, obéissant à sa hiérarchie, se montrait discrète et patiente. La presse, enfin, ne troublait pas profondément cette équanimité ou cette indifférence générale. Il est vrai que, globalement, le personnel politique faisait preuve de probité, que les dépenses électorales et partisanes n'ont augmenté sensiblement que depuis le début des années soixante-dix et que, faute de réglementation, la facilité discrète et l'inconscience générale étaient alors dans les mœurs. Tout cela a complètement changé.

Aujourd'hui, c'est en effet la situation inverse qui prévaut. Les magistrats ne se sont pas seulement enhardis mais réellement mobilisés. Il n'y a plus de prudence et de timidité mais de la rigueur, de la vigueur, parfois de la passion. Certains, comme le juge Jean-Pierre avant qu'il n'entre lui-même en politique aux côtés de Philippe de Villiers dans le rôle du grand redresseur de torts et du justicier national, se sont montrés exceptionnellement pugnaces et redoutables. Ils ont bouleversé l'atmosphère et modifié les comportements. La police n'a pas rechigné à les suivre. A en croire le nombre de documents parvenus clandestinement à la presse, elle les a même parfois devancés. D'ailleurs, justement, la façon dont – à propos des affaires traitant de la politique et de la corruption, ou simplement de la politique et de l'argent – le secret de l'instruction a volé en éclats, pour n'être plus qu'un principe violé en permanence et tourné avec allégresse, démontre mieux que tout le bouleversement des mœurs qui s'est produit.

La question du financement de la politique et des risques de la corruption était, jusqu'à la fin des années quatre-vingt, très largement taboue. Désormais, elle s'étale, jour après jour, à la une des journaux, elle fait l'ouverture des sacro-saints « 20 heures » à la télévision, elle fournit couverture sur couverture aux magazines, fait vendre la presse et monter l'Audimat. A la conjuration du silence a succédé le tohu-bohu quotidien. Les journaux les plus austères et les plus exigeants rivalisent d'ardeur pour faire jaillir la vérité, cependant que la presse populaire se repaît de scandales qu'elle monte en épingle sans trop de vérifications ni, surtout, sans craindre l'exagération et la généralisation. Le triangle presse-justice-police a changé du tout au tout vis-à-vis de la corruption politique. Durant des années, il a escamoté. Dorénavant, il exhibe.

Le paradoxe est qu'au moment même où la corruption politique à la française ne trouve plus ses complicités habituelles et ses connivences rituelles, où son statut réel et son régime ont été vigoureusement durcis, réglementés, contrôlés, encadrés... les Français ne s'en rendent pas compte et n'ont d'ailleurs vraisemblablement pas envie de le faire. C'est pourtant une réalité : désormais, le financement de la vie politique est strictement codifié et corseté en France. La loi de 1988 et surtout celle, plus ambitieuse et plus complète, du 15 janvier 1990 encadrent strictement les budgets des partis politiques et des campagnes électorales. La règle de la transparence a été mise en place. Chaque formation doit publier son budget annuel – ressources et dépenses –, qui fait l'objet de vérifications précises confiées à une commission composée de magistrats de haut rang. Pour les campagnes électorales, un plafond de dépenses a été fixé, dont le dépassement entraîne des sanctions allant jusqu'à l'inéligibilité. Les contributions des personnes privées et des personnes morales ont été, elles aussi, plafonnées. L'idée maîtresse de la loi est qu'en assortissant le plafonnement des dépenses du principe de la transparence vérifiée, on écarte les risques d'inégalité massive et de corruption. Le financement public d'une fraction des budgets des partis et d'une part des dépenses électorales est inspiré par la même démarche. Dans la France d'aujourd'hui, il ne peut plus y avoir de dépenses politiques exorbitantes ou de ressources électorales inconnues.

Il ne s'agit pas là de principes abstraits et sans conséquence. Ils ont été appliqués pour la première fois aux élections législatives de 1993, avec rigueur et précision. Les dépenses ont en pratique sensiblement diminué, les inégalités se sont réduites. Le contentieux s'est montré sévère et même impitoyable. Pour un très faible dépassement de ces dépenses, Jack Lang a été invalidé et déclaré inéligible pour un an à son siège de député français. Trois élections législatives partielles ont dû être organisées à la suite de sanctions. De même, les partis politiques ont dû mettre en accord leur train de vie avec leurs ressources officielles. Ainsi le PS, ayant perdu beaucoup de voix et d'élus en 1993 – donc de ressources publiques pour 1994 –, a-t-il été obligé de réduire drastiquement le nombre de ses permanents et de ses publications, et même d'organiser la vente de son siège national. L'élection présidentielle de 1995 sentira à son tour peser le joug de cette législation. Il n'y aura plus de dépenses abusives ni de ressources clandestines. La politique y gagnera en respectabilité et les candidats en crédit.

Par ailleurs, les patrimoines des membres du gouvernement, des parlementaires, des maires des villes de plus de trente mille habitants, des présidents de conseils généraux et régionaux font l'objet d'une déclaration annuelle obligatoire, assortie de contrôles et, en cas de fausse déclarations, de sanctions sévères. En somme, le financement des partis et des campagnes a été vigoureusement réglementé, la fortune des principaux élus et dirigeants est surveillée de près. Le dispositif d'ensemble, jadis si laxiste et même si imprudent, est devenu l'un des plus stricts et des plus complets du monde. Plusieurs pays étrangers s'en inspirent pour établir leur propre législation. Comme les magistrats, la police et la presse remplissent désormais leur rôle avec zèle, il y a donc une contradiction entre l'apparence et la réalité, entre la vivacité et même la violence du débat et des polémiques autour de la corruption politique et la situation qui se trouve dorénavant créée. C'est au moment précis où la législation est devenue stricte et la répression inflexible que la réputation des hommes politiques et des élus se trouve la plus atteinte – et ce injustement.

Non pas que tout péril ait été subitement écarté, toute faiblesse traquée, toute transgression réprimée. Le dispositif législatif de 1988-1990 (complété par une loi Bérégovoy du 29 janvier 1993 et par plusieurs dispositions de Charles Pasqua datant de juillet 1994) n'est pas totalement étanche. Il reste insuffisant sur le plan local, plusieurs affaires récentes l'ont démontré. Les décisions de création de grandes surfaces commerciales, de classement de terrains à bâtir – tout ce qui touche plus généralement à la politique immobilière –

continuent de faire l'objet de soupçons et de dénonciations. Les pouvoirs des élus locaux, qui avaient été substantiellement élargis, vont donc être de nouveau réduits dans ce domaine et en partie restitués à l'administration pour éviter les tentations trop intenses et les pratiques illégales. Sur le plan national, si le plafonnement des contributions des personnes privées et des entreprises aux budgets des campagnes électorales a produit les effets recherchés (transparence, diversité et modestie des montants), en revanche, les contributions privées au financement des budgets des partis n'ont pas été suffisamment encadrées. Enfin, il est évident qu'après la mise en œuvre de la nouvelle législation, certains ont continué à la tourner ou à l'ignorer. Tous les systèmes de commissions n'ont pas disparu, en particulier sur le plan local ou international; tous les financements illégaux des appareils des partis n'ont pas été complètement démantelés (notamment sur le plan départemental); tous les cas de corruption individuelle, enfin, n'ont pas été, cela va de soi, subitement éradiqués.

Il reste cependant que jamais en France une législation aussi stricte et impérieuse n'avait été mise en place pour réglementer le financement de la vie politique; il reste que jamais auparavant les magistrats, la police et la presse n'avaient surveillé d'aussi près et avec une telle vigueur et une telle exigence leur application; il reste que les contrevenants se trouvent poursuivis, inculpés et condamnés de façon aujourd'hui systématique et impitoyable; être un élu notoire ou un homme politique d'envergure, c'est, en cette fin de siècle, être surveillé et contrôlé, être s'il le faut sanctionné comme jamais cela ne s'était produit auparavant; il reste enfin que le climat général et les circonstances, tant économiques que psychologiques et morales, loin de favoriser les écarts, s'y opposent maintenant violemment. Le personnel politique français se trouve ainsi, dans son ensemble, sous surveillance et sous contrôle. Violer la loi, tourner la réglementation devient de plus en plus difficile, imprudent, voire téméraire.

Il y a donc un effet d'optique dans le contraste qui existe entre la réalité de la situation et la perception qu'en ont les Français. L'image que les citoyens se font des rapports entre la politique et l'argent est à la fois déformée, caduque et injuste. Elle est déformée parce qu'elle généralise abusivement des défaillances individuelles ou des systèmes locaux. En ce sens, il y a diabolisation. Elle est caduque parce que la plupart des vides juridiques qui incitaient et parfois obligeaient à des méthodes plus que critiquables (commissions, bureaux d'étude, etc.) ont été comblés aujourd'hui, et assortis d'un arsenal répressif imposant, dont la mise en œuvre se vérifie régulièrement. Elle est injuste, enfin, parce que la plupart, la quasi-totalité même des poursuites spectaculaires ou des procès retentissants correspondent à des faits antérieurs à la nouvelle législation ou à des contentieux complètement marginaux par rapport à la politique : dans le cas, par exemple, de Bernard Tapie, les affaires OM ou Testut, comme les poursuites fiscales à propos du *Phocéa*, n'ont rien à voir avec son statut politique.

Il n'est donc pas exagéré d'affirmer que la France est aujourd'hui l'un des pays au monde où le financement de la vie politique est le plus sévèrement réglementé, et, en cas de transgression, le plus vigoureusement sanctionné. Cela n'empêche pas quelques lacunes de subsister, quelques systèmes locaux de perdurer et, bien sûr, des cas individuels de corruption de continuer à se produire. Globalement, la situation est cependant plus satisfaisante qu'il y a une dizaine d'années. Elle est très honorable si on la compare à celle des pays les plus proches du nôtre par le système social et économique. En matière de lutte contre la corruption politique, la France n'a pas découvert de méthode infaillible ou d'élixir souverain, mas elle se situe parmi les nations les plus attentives et les plus exigeantes.

En France, on n'entre donc pas en politique pour faire fortune. Les indemnités des élus, indexées – notamment en ce qui concerne les parlementaires – sur le traitement des conseillers d'État, ne sont cumulables qu'à hauteur de 150 % : un député-maire de grande ville, un sénateur président de conseil général ne pourra percevoir qu'une fois et demie au maximum son revenu d'élu de la nation. Par rapport au salaire moyen des Français, cela paraît certes plus que confortable. Si l'on compare en revanche ces sommes avec les revenus de ceux qui occupent le sommet de la hiérarchie au sein du secteur privé, cela semble presque modeste. Or, c'est bien ce qu'il est logique de faire. L'intérêt de tous est que les élus nationaux, les parlementaires, *a fortiori* les membres du gouvernement soient des hommes et des femmes de bonne qualité. Si l'on compare leurs ressources avec celles de leurs homologues au sein des catégories dirigeantes du secteur privé (les mille chefs d'entreprise les plus importants, les mille dirigeants des banques et des assurances, les mille membres des professions libérales les plus en vue, etc.), on constate vite que ce n'est pas l'appât du gain qui leur a fait choisir la vocation politique. Contraints généralement d'entretenir deux domiciles (l'un à Paris, l'autre en province), obligés à des voyages incessants, avec les frais qu'ils entraînent, les parlementaires et les membres des gouvernements ne se constituent pas un patrimoine grâce à leurs économies. Leurs revenus sont indexés, leur fortune est contrôlée, leurs éventuelles transgressions sont réprimées et lourdement sanctionnées.

Les cas d'enrichissement personnel, forcément frauduleux, sont donc rares et ne restent pas impunis. Les détournements de fonds publics, les délits de concussion ou de prévarication font l'objet de peines sévères.

Jacques Médecin, ex-député-maire de Nice qui se croyait au-dessus des lois, Jean-Michel Boucheron, ex-député-maire d'Angoulême, qui se croyait exempté de morale, ont dû l'un comme l'autre fuir la France (ce qui ne les a pas empêchés d'être lourdement condamnés et, pour le premier, de finir par être extradé. Leur exemple ne paraît guère encourageant pour ceux qui seraient tentés de les imiter. Si, depuis le début des années quatre-vingt-dix, une chose est évidente, c'est qu'il ne fait pas bon être un élu malhonnête. La justice, loin de ménager les symboles du pouvoir politique, les traque avec acharnement. La législation les encadre, la presse les observe. Il faut une dose pathologique d'inconscience pour passer outre : l'univers politique est devenu le milieu le plus surveillé de tous en matière de corruption.

Au demeurant, même si telle ou telle région – la Provence-Côte-d'Azur par exemple – pose des problèmes persistants, même si tel ou tel secteur de l'activité économique – immobilier, urbanisme, grandes surfaces, passation des marchés publics locaux – apparaît plus créateur de tentations multiples que d'autres, même si telle ou telle formation – le PS ou le Parti républicain notamment – aura besoin de temps et de durée pour restaurer son image, il se produit un phénomène général dont les modalités sont peut-être injustes mais dont le ressort est sain : la morale est en train de devenir une valeur politique particulièrement cotée, on pourrait presque dire un marché électoral en pleine expansion. La dénonciation des turpitudes – réelles ou supposées – plaît au public et devient l'une des armes favorites de tous les populismes ; la lutte contre la corruption est désormais brandie comme un étendard par des hommes comme Philippe de Villiers, qui a d'ailleurs fait du juge Jean-Pierre son gonfalonier favori.

Les partis extrémistes – ceux qui, éloignés du pouvoir par principe, se trouvent de ce fait éloignés des tentations – se vantent de leur moralité et en font un argument de campagne électorale. Parmi les partis de gouvernement et les formations des principaux présidentiables, on revendique maintenant l'éthique et la vertu, et l'on met en avant les hommes qui l'incarnent le mieux. Un vent de moralisme souffle sur la vie politique. Non seulement la corruption est aujourd'hui beaucoup plus fermement combattue, mais encore l'éthique est intégrée comme l'une des composantes clés de toute image politique positive. La vertu devient l'un des facteurs déterminants de la popularité. Le système politique français n'est pas encore puritain; la classe politique française n'est pas encore devenue victorienne; l'impératif moral reprend cependant toute sa place au centre du dispositif politique d'une société stressée et déstabilisée par la crise. Les Français ne veulent plus simplement des leaders compétents, rassurants ou brillants, ils les exigent vertueux, car en période de doute et de malaise ils ressentent le besoin d'éprouver de la considération sincère pour ceux qui les gouvernent.

Si la société politique a donc, contrairement à la légende, contrairement à la mythologie, réellement progressé avec les années quatre-vingt-dix dans la lutte contre la corruption, elle n'en conserve pas moins deux faiblesses notables, l'une qui est due à des caractères spécifiquement nationaux, l'autre qui constitue, à l'inverse, un risque d'importation majeur.

La première s'explique par la nature même du capitalisme à la française, et plus précisément par le rôle très particulier qu'y conserve l'État. La France reste un pays d'économie mixte, gouverné par cette particularité nationale qui s'appelle les grands corps de l'État. Son système scolaire demeure sous l'emprise du principe de la sélection, quels que soient les efforts déployés pour promouvoir l'égalité des chances; sa pyramide universitaire reste dominée par une poignée de grandes écoles dont les sujets les plus brillants accèdent aux grands corps de l'État : l'École polytechnique permet ainsi à ses meilleurs élèves d'intégrer le corps des Mines ou celui des Ponts et Chaussées; l'École nationale d'administration draine ses étudiants les mieux notés vers l'Inspection des finances, le Conseil d'État ou la Cour des comptes. Ce sont les membres de ces grands corps, et plus généralement les anciens élèves des grandes écoles, qui constituent la véritable aristocratie de l'État, la « noblesse du pouvoir » pour reprendre l'expression fameuse du sociologue Pierre Bourdieu.

Ils occupent de plein droit, c'est là l'originalité française, les rouages essentiels à la tête de l'administration. La quasi-totalité des postes clés leur revient dans la fonction publique. Ils fournissent aussi, par tradition, par élitisme et par cooptation, le personnel dirigeant des grandes entreprises françaises, publiques et même privées. Au sein du secteur nationalisé, c'est la norme absolue. Au sein du secteur privé, c'est devenu progressivement aussi le cas. Ainsi, les postes de direction de la fonction publique, les états-majors des grandes entreprises nationales, la plupart des responsables du secteur concurrentiel proviennent des grandes écoles, ont fait les mêmes études, possèdent la même culture, partagent les mêmes idées, constituent en somme le même milieu.

Si l'on ajoute à cela – ce n'est évidemment pas indifférent – que nombre de dirigeants politiques français (ministres, chefs de gouvernement, dirigeants des partis, principaux parlementaires) viennent eux aussi des mêmes grandes écoles, sortent du même milieu, il en naît une classe dirigeante plus unie et plus cohérente – donc plus conventionnelle – que dans les autres démocraties industrielles développées. Le résultat de cette situation étrange est qu'il se forme entre les principales catégories dirigeantes françaises une sorte de va-etvient, de capillarité naturelle, avec, en particulier, un brassage général, presque un apprentissage commun à travers le passage dans les cabinets ministériels qui regroupent – autre particularité française – les collaborateurs personnels des ministres. Ainsi, la plupart des dirigeants politiques d'aujourd'hui sont passés, avant de devenir à leur tour des élus nationaux, puis des membres du gouvernement ou des dirigeants des partis, par ces cabinets ministériels. C'est aussi le cas de la grande majorité de ceux qui occupent les fonctions essentielles à la tête de l'administration. C'est enfin et surtout la trajectoire de beaucoup de ceux qui, par la suite, quitteront la fonction publique pour entrer en bonne place dans les états-majors des banques, des grandes sociétés d'assurances, des principales entreprises industrielles.

Cela présente beaucoup d'avantages. Les catégories dirigeantes françaises, plus unies que dans les autres pays, se connaissent intimement, se comprennent mieux, parlent le même langage, obéissent aux mêmes normes, respectent les mêmes critères. Cela débouche cependant sur un inconvénient majeur : le ressort de ce système, son principe revient à un mode de sélection commun, préparant donc le passage naturel d'un secteur à un autre. De l'administration aux cabinets ministériels, des cabinets ministériels aux sièges parlementaires puis aux postes gouvernementaux, mais aussi de la haute fonction publique et des cabinets ministériels aux postes clés des grandes entreprises, publiques et privées, ce n'est qu'un même monde, qu'un même milieu, qu'une même formation, suivis de bifurcations réversibles [1].

Du coup, les dirigeants politiques, administratifs, économiques et financiers (médiatiques aussi, de plus en plus souvent) sortent du même moule, échangent

1. Pour plus de détails, voir chapitre VI, « Le mythe de la tradition des élites ».

leurs fonctions, passent d'un secteur à un autre, comme si tous les compartiments du pouvoir leur étaient communs. Cela n'a rien d'illégal en soi, sinon qu'ainsi contrôleurs et contrôlés, détenteurs de la puissance publique ou de la puissance privée paraissent (deviennent parfois) interchangeables. Cette étrange gymnastique fait passer en un tournemain un haut fonctionnaire du ministère des Finances à l'Assemblée nationale, du ministère de l'Industrie à une grande firme privée ou à la tête d'une entreprise nationalisée. Souvent, ce sont même ceux qui imposaient les choix, accordaient les marchés, distribuaient les subventions, les aides ou les prêts qui passent de l'autre côté de la barrière. Leurs carnets d'adresses, leurs répertoires de téléphone, leurs listes d'amis les y rendent évidemment très précieux, pratiquement irremplaçables. Cela crée néanmoins des parcours ambigus et des rapports équivoques. Si celui qui représente l'État, arbitre et décide est appelé à se retrouver peu après dans la position même de son interlocuteur, le débat devient surréaliste.

Cette mécanique toute française ne relève certes pas de la corruption individuelle. Elle fausse néanmoins les mécanismes de la décision et aboutit à une distorsion générale. Il y a là non pas transgression personnelle – encore qu'un général de l'armée de l'air qui entre à la direction d'un constructeur aéronautique travaillant pour la Défense nationale pose tout de même un problème –, mais plutôt ce que le professeur Yves Mény appelle, dans son livre le plus célèbre, la « corruption de la République [1] ». Comment appeler autrement un système si opaque et si homogène, où les arbitres et les antagonistes, les surveillants et les surveillés se ressemblent tant qu'ils en deviennent interchangeables? Si ce n'est pas là de la corruption des hommes politiques, cela s'apparente tout de même à

1. Yves Mény, *La Corruption de la République,* Fayard.

une corruption de la politique. Elle est beaucoup moins spectaculaire et controversée que les cas de malhonnêteté individuelle avérés. Elle est plus globale et surtout plus réelle.

L'autre forme de corruption de la société, internationale celle-là et non plus française, tenant à la logique extrême des lois du marché, ne l'est pas moins. Depuis le début de la crise et de la vague de dérèglements monétaires, financiers, économiques, sociaux, moraux, l'hyperlibéralisme a marqué bien des points. Les dérèglements ont en somme évolué de pair, de conserve avec les dérégulations. L'économie financière a pris le pas sur l'économie industrielle. Les formes diverses de coopération des États ont reculé à l'échelle mondiale, même si elles progressent parfois à l'échelle régionale. C'est la victoire des lois du marché, parfois de la spéculation. Les marchés monétaires se sont ainsi imposés aux politiques monétaires gouvernementales, les marchés financiers aux politiques financières. Les cours des matières premières ont varié de façon moins contrôlée que jamais. Les paradis fiscaux – cette déroute symbolique de toute coopération internationale – ont prospéré. Les contrats « off-shore », conclus dans les pays où la réglementation est beaucoup plus accommodante qu'en France, se sont multipliés. Pis encore : l'argent sale, l'argent noir, l'argent de la drogue a afflué. Son recyclage a progressé en Europe. Des financements douteux ont ainsi pu avoir lieu. Avec des marchés de moins en moins contrôlés, des sommes d'argent équivoques circulant en volumes de plus en plus impressionnants, des techniques boursières et monétaires quasi instantanées et difficilement vérifiables, les législations nationales ont subi échec sur échec et, pour ce qui nous concerne directement, les règles et les codes de la réglementation française ont été contournés, pris de vitesse, parfois submergés.

Il y a là des risques de corruption du système spectaculaires. Lorsque des quantités d'argent en constant accroissement peuvent circuler de plus en plus vite, sautant d'un marché à un autre, d'une place à une autre, changeant de forme et de statut, suivant la seule logique du profit maximal, la corruption de la société civile menace beaucoup plus que la corruption de la société politique. On peut même relever un mouvement contradictoire. La corruption politique est déjà et, selon toute probabilité, sera de mieux en mieux contrôlée, vérifiée, sanctionnée. La corruption de la société civile sera, sauf réaction rapide et brutale des États, de moins en moins aisée à surveiller, à pénaliser, à contrecarrer. Toutes les sociétés, publiques ou privées, doivent gérer leurs trésoreries selon les mêmes règles qui consistent à choisir les placements les plus rentables et les moins contrôlables. Nombre d'entreprises doivent, sur certains marchés internationaux ou dans certains pays, consentir des commissions illégales, des « bakchichs » qui devraient tomber sous le coup de la loi. Des firmes respectées courent le risque d'employer, sans forcément le savoir, ou en feignant de l'ignorer, des sources de financement d'origine illégale et parfois criminelle.

La corruption de la société politique existe. Son ampleur, son extension, sa généralisation sont un mythe. La corruption de la société civile, en revanche, est un risque permanent, l'effet pervers du triomphe parfois aveugle des lois du marché. Elle est beaucoup plus difficile à combattre et à faire reculer, surtout dans un cadre national. La corruption politique est, somme toute, à l'échelle de l'Hexagone. La volonté du législateur, l'énergie des magistrats et des policiers peuvent en venir à bout. La corruption civile est à la dimension de l'univers. Traquée ici, elle se réfugie là. Combattue sur un plan, elle surgit sur un autre. La corruption politique reste un artisanat maléfique à l'échelle nationale. Elle est contrôlable, elle est résistible, elle recule. La corruption civile devient un phénomène mondial, difficile à identifier, à bloquer et à stopper.

Il est naturel, il est légitime, il est souhaitable que la corruption politique soit dénoncée et sanctionnée. Elle l'est. Il est urgent, il est indispensable, il est essentiel que la corruption civile soit désignée et pénalisée. Elle l'est beaucoup moins et, dans le cadre national, elle peut difficilement l'être. Il y a donc bel et bien aujourd'hui mythe de la corruption politique et réalité de la corruption civile. La première ne doit évidemment pas être négligée ou regardée comme révolue. La deuxième a besoin d'être déclarée prioritaire et d'être confondue. La France a marqué des points face à la corruption politique. Elle a essuyé des échecs vis-à-vis de la corruption civile. Si elle n'en prend pas conscience, si elle ne se mobilise pas auprès de ses partenaires, elle combattra le mythe et elle négligera le risque.

CHAPITRE IV

Le mythe de la dictature de la télévision

Les Français entretiennent des relations schizophréniques avec la télévision. Ils l'adulent mais ils s'en défient. Elle les fascine mais elle les inquiète et quelquefois les angoisse. Ils la regardent, sans se lasser, des dizaines d'heures par semaine. Ils s'irritent cependant de cette dépendance et la combattent de leur mieux. Ils se montrent tour à tour, voire simultanément, crédules et sceptiques, candides et hérissés. Elle définit et elle façonne en partie leur univers. Ils s'en défendent cependant de mieux en mieux. Il y a de l'amour/haine, de l'attrait/rejet dans ce rapport intense et ambigu. La télévision imprègne profondément mais non pas irrésistiblement. Elle hypnotise mais elle réveille aussi en sursaut. Tantôt les Français la révèrent, tantôt ils la diabolisent. Ils ont tort dans les deux cas.

La dictature de la télévision sur les esprits, dans une société développée et pluraliste comme la nôtre, relève en effet du mythe pur et simple. Cela ne signifie pas que son emprise ne soit pas profonde, persistante, parfois redoutable. Cela ne veut pas dire que les formes de cet ascendant ne se renouvellent pas, que des dérives n'apparaissent pas. Tout cela se produit en effet bel et bien mais de façon sensiblement différente de ce que croient les téléspectateurs. Le petit écran ne mérite d'être ni béatifié ni damné. Il n'exerce tout simplement pas ses effets comme on le croit. Sur le champ politique, là où ils sont considérés comme les plus sensibles et les plus critiquables, ils apparaissent moins puissants qu'on ne se le figure, mais plus pervers qu'on ne devrait l'accepter. Pour l'essentiel, la télévision ne fait pas l'élection mais elle façonne l'opinion. Elle le fait, depuis quelques années, d'une manière particulièrement contestable. Dans un pays comme la France, la logique de la télévision ne peut cependant pas échapper à une dynamique pluraliste, et c'est tant mieux. Pour les motifs mêmes qui l'intègrent progressivement au système démocratique, elle est particulièrement exposée aux détours du populisme. Elle ne fait pas les modes et les climats. Elle les reflète et elle les suit. Elle les facilite et elle les amplifie.

Il ne s'agit évidemment pas de nier l'influence profonde de la télévision sur la société politique. Elle en constitue désormais l'un des facteurs les plus constants et les plus déterminants. La télévision est le mass media par excellence. Elle tient plus de place chez les Français qu'aucune autre source d'information, ils le reconnaissent d'ailleurs volontiers et régulièrement dans les sondages. Ils lui accordent à la fois plus de temps – six ou sept fois plus qu'à la lecture des journaux quotidiens par exemple – et beaucoup plus d'attention en période de crise. A la fin du XXe siècle, qu'on s'en réjouisse ou qu'on s'en désole, la télévision représente le média de référence. Par rapport aux autres sources d'informations, son emprise peut même être qualifiée, sans exagération, au moins de dominante, souvent d'hégémonique.

Cela tient d'abord à ce que, d'une certaine façon, la télévision crée chaque jour l'univers politique. C'est là son privilège exorbitant et difficilement résistible : existe ce qu'elle montre ou au minimum ce qu'elle mentionne, n'existe pas ce qu'elle ignore. En ce sens, il y a du démiurge dans l'écran cathodique. Les autres médias peuvent assurément compléter, préciser, redresser, commenter, expliquer ce qui figure à la télévision. Le pouvoir unique de l'image est d'évoquer directement, de la manière la plus familière, la plus naturelle, la plus sensible surtout, ce que les autres médias ne peuvent traiter qu'en écho. Dès lors, chaque soir, le journal télévisé de 20 heures, le plus regardé et le plus influent, définit ce qui compte dans une journée.

S'il montre la famine au Rwanda, celle-ci devient un souci national. S'il la traite régulièrement, elle s'impose comme un devoir aux hommes politiques. S'il se contente de la citer en passant, elle n'est qu'un signe presque abstrait du paysage. S'il décide de faire l'impasse sur le sujet – faute de place ou faute d'intérêt –, le dossier n'existe même pas pour la plupart des Français. Ils peuvent en entendre parler à la radio ou lire un reportage dans la presse écrite. La hiérarchie de l'information se fixe cependant, pour l'essentiel, à la télévision. Chaque gouvernement démocratique doit réagir à ce qu'elle montre, mais peut rester inerte devant ce qu'elle ignore. Pas question, en l'occurrence, de quatrième pouvoir. Il a le pas sur tous, puisqu'il détermine ce qui est et ce qui n'est pas.

Cet *imperium* s'exerce dans tous les secteurs de la télévision, dans les programmes comme dans le domaine de l'information, dans les magazines comme dans les feuilletons, dans les publicités comme dans les journaux. C'est si vrai que des propos attribués à des hommes politiques dans des émissions satiriques comme « Les Guignols de l'info » ou « Le Bébête Show » deviennent des faits, voire des expressions ou des formules, des tics ou des images qui s'attachent à eux comme s'ils en étaient réellement à l'origine. Il existe un fossé, difficilement franchissable, entre ce que traite, sérieusement ou non, la télévision et ce qu'elle ne traite pas. Il y a en revanche des cloisons fragiles entre ce qu'elle montre dans le cadre d'émissions d'informations et ce qu'elle programme dans le cadre d'émissions de divertissement. Une séquence de publicité, comportant un élément de décor historique ou une référence visuelle à un événement récent, participe à l'univers politique du jour au moins autant qu'un éditorial.

Or la télévision, si elle possède ainsi un véritable droit de vie ou de mort sur la réalité sociale, ne dispose en revanche que d'une durée très limitée, très coûteuse et tout à fait inégalable. Sa première influence consiste donc à trier, à déterminer ce qui mérite d'être ou non, à choisir entre les sujets, les nouvelles, les personnages. Ce droit de hiérarchiser, évidemment inévitable, est aussi particulièrement contraignant. L'ensemble des textes d'un journal de 20 heures n'équivaut pas, en nombre de mots, à une seule page du *Monde*. Autant dire qu'être invité par Patrick Poivre d'Arvor constitue un privilège plus qu'enviable, nécessairement inégalitaire.

La question préalable consiste donc à exister ou non à travers la télévision. D'où la compétition féroce pour être invité aux émissions politiques, avec une surveillance paranoïaque de la répartition partisane de ceux qui ont cette chance ; d'où l'angoisse des organisateurs d'un meeting, d'un congrès, d'une conférence de presse : seront-ils sélectionnés ou non ? D'où le choix perpétuel entre ce qui, à tort ou à raison, paraîtra ou non digne d'évocation, susceptible de mériter une séquence, peut-être même apte à justifier une invitation en direct. La télévision n'est pas neutre : elle privilégie ou elle handicape souverainement.

Cela va de soi pour les acteurs, les personnages, les formations, les forces, les épisodes et les péripéties de la vie nationale. Cela s'impose avec beaucoup de brutalité pour tout ce qui relève de la scène internationale.

L'espace géographique des Français se détermine ainsi à la télévision, il peut même l'être, désormais en temps réel, en direct de presque partout. La télévision se trouve ainsi maîtresse de l'espace et du temps à la fois. Comme il se produit, chaque jour, des dizaines de milliers d'événements significatifs, comme il existe en permanence des douzaines de conflits armés, des dizaines de congrès ou de symposiums, quelques millions de faits divers et une centaine peut-être d'initiatives politiques significatives, l'art du filtrage, de la sélection devient un pouvoir despotique.

Toutes les télévisions sont en fait avant tout nationales, en ce sens, puisqu'elles accordent la place la plus large aux événements de leurs pays. Pour le reste du monde, elles déterminent à leur guise ce qui mérite d'exister ou non. Même si la concurrence avec les autres chaînes et les autres médias leur interdit d'ignorer l'essentiel, elle les laisse libres de monter en épingle ce qui se passe en Bosnie et de faire l'impasse sur ce qui se produit en Arménie, d'évoquer le Cambodge et d'oublier Bangkok, d'accorder une place significative à un attentat en Espagne et d'omettre sans hésitation quelques milliers de morts au Pakistan, aux Philippines ou en Indonésie. La télévision a le pouvoir de redessiner quotidiennement la planète.

Dans certains cas – terrorisme ou guerre par exemple – la simple question de la présence de caméras change la situation du tout au tout, la volonté ou le refus d'en faire état modifie radicalement les données du problème. La violence terroriste n'a de retentissement, donc d'efficacité, que dans la mesure où elle est relayée, en quelque sorte authentifiée et toujours décuplée, par la télévision. Pour les adeptes de la violence révolutionnaire, le pire risque est d'abord d'être ignorés, d'où les chantages aux prises d'otages, d'où les problèmes déontologiques qui surgissent : faut-il mépriser ce qui existe pour contribuer à combattre le terrorisme ou lui donner un poids supplémentaire inappréciable en le mettant en scène?

La télévision est ici prisonnière d'elle-même et de sa propre puissance, tout comme elle l'est dans les conflits militaires auxquels la France est mêlée: peut-on ne montrer qu'un seul camp en action, peut-on n'interroger que les seuls combattants, alliés ou experts de son pays en guerre? Comment s'y refuser sans risquer d'être manipulé par ses adversaires? La guerre du Golfe, les invitations de Saddam Hussein aux médias occidentaux ont illustré la difficulté du choix dans ces cas extrêmes. Ne pas faire s'exprimer l'ennemi, c'est mutiler la réalité. Lui donner la parole, c'est lui permettre de travestir les faits, voire de manipuler. Les situations de tension et de violence exceptionnelles n'offrent pas de bonnes solutions en ce qui concerne la télévision. En revanche, elles mettent en exergue son influence.

Si puissante qu'elle est, la télévision reste donc un instrument qui n'est pas forcément son propre maître. En Corée du Nord, où seule existait la chaîne d'État de Kim Il-sun, elle jouait un rôle littéralement tyrannique de mise en condition psychologique de tout un peuple. La réception des émissions venues de l'extérieur était interdite et d'ailleurs rendue techniquement impossible. La télévision devenait ainsi l'équivalent d'un lavage de cerveau quotidien, une forme d'oppression orwellienne. Inversement, la présence des télévisions occidentales, par hypothèse démocratiques, a été refusée catégoriquement, parfois violemment, par tous les régimes totalitaires parce que, témoignant de la violence d'État, elles jouaient un rôle libérateur. Ainsi, après Tienanmen, les autorités chinoises expulsèrent-elles sur-le-champ les télévisions occidentales, dont la seule présence avait décuplé les ardeurs héroïques des contestataires. La guerre du Golfe fut la première guerre en direct, la révolte de Pékin le premier soulèvement en temps réel. Dans les situations paroxystiques, la télévision peut ainsi devenir une geôle ou une délivrance.

D'ordinaire, son impact est d'autant plus grand qu'elle traite d'un sujet plus neuf et plus émotionnel. Quand la télévision aborde un terrain connu, met en scène des personnages notoires, chaque téléspectateur, quel que soit son degré de culture et d'information, possède forcément des souvenirs, des impressions, conscientes ou non, profondes ou superficielles. Il a des connaissances, donc des avis, même s'il ne le sait pas, et quelquefois il a des préjugés. En période présidentielle, les principaux candidats qui défilent dans les émissions et dans les journaux ne prennent pas les Français au dépourvu. Ceux-ci sont de longue date familiarisés avec leurs visages, leurs silhouettes, leurs gestes, leurs tics même. Ils les trouvent sympathiques ou antipathiques, convaincants ou maladroits. Certes, en période de campagne, des propositions, des formules fortes, des initiatives spectaculaires peuvent modifier les opinions. Cela ne joue cependant qu'à la marge. De même, s'il s'agit d'un problème connu, persistant, ancien, chaque téléspectateur, chaque téléspectatrice a déjà intégré des émotions, recueilli des informations et s'est ainsi fait une opinion. Sur les problèmes des agriculteurs, les difficultés de la rentrée scolaire, les drames du chômage, il n'est facile ni d'étonner ni de surprendre.

En revanche, si le problème évoqué est tout neuf, si le pays montré est mal connu, si le personnage invité est nouveau, alors l'influence de la télévision devient, au moins dans un premier temps, décisive. La première fois qu'elle aborde la guerre Irak-Iran, la première fois qu'elle évoque la Croatie, la première fois qu'elle décrit la politique municipale de la drogue à Zurich, la télévision donne le ton, révèle, apprend, impressionne et contraint. Fort peu de Français ont, au départ, une connaissance de ce qu'est le conflit entre Téhéran et Bagdad, de ce que représente la dislocation de la Yougoslavie ou de ce que signifient les choix de la ville de Zurich. Les images et les commentaires ont alors leur efficacité maximale. Ils la perdent ensuite progressivement, inexorablement, d'autant plus vite que le sujet intéresse et que les téléspectateurs s'informent, d'autant plus lentement que le sujet est complexe ou l'attention fragile.

Même chose s'agissant des nouveaux venus sur la scène politique, culturelle, économique ou sociale : lorsqu'ils sont introduits la première fois, ou lorsqu'un premier portrait d'eux est fait, les Français sont sans préjugés et sans avis personnel. A ce stade-là, la présentation est déterminante, le cas échéant manipulatrice. Elle ne le reste pas longtemps. Plus les personnages deviennent connus, moins les Français sont influençables, sauf campagne exceptionnellement insistante (difficile sans bonne raison en système de concurrence) ou personnages particulièrement séducteurs.

De même, c'est au commencement que l'influence culmine sur un terrain émotif ou impressionnant : un drame humain, un fait divers spectaculaire, une initiative complètement inattendue créent une réaction fugitive intense qui se prête mieux à l'impact du commentaire ou de l'image. La mort, la souffrance, la maladie, le drame, la catastrophe s'y exposent tout naturellement. Un Premier ministre qui se suicide, une petite fille qui meurt étouffée dans les décombres d'une maison, une région sinistrée, une usine qui ferme suscitent des réactions violentes. L'équivalent est plus rare sur un registre positif. La victoire, le triomphe – y compris aux élections – provoquent cependant des émotions contagieuses qui marquent quelque temps. La sensibilité, relayée par la télévision, scande ainsi la vie des démocraties.

Dans des conditions de fonctionnement plus normales, la télévision exerce aussi une influence très perceptible : elle simplifie, elle personnalise, elle émeut, elle amplifie, elle intègre. Elle sculpte ainsi l'opinion, même si elle ne fait pas la décision. Elle plante le décor, même si elle ne fabrique pas les personnages. La simplification, la schématisation sont le cilice et la haire de la télévision. Faute de temps, faute d'espace, faute de volonté, les problèmes les plus complexes, les dossiers les plus épineux, les questions les plus cruciales sont condamnés à un traitement expéditif, donc réducteur. Certes, il existe des magazines de reportage qui peuvent parfois traiter plus à fond des sujets qui le méritent. Certes, les interviews permettent à l'occasion d'approfondir ce qui doit l'être. C'est là cependant un statut par principe privilégié, donc atypique. Dans un journal télévisé ordinaire de 20 heures, une baisse du taux d'intérêt de la Banque de France n'obtient pas deux minutes, une décision du Conseil constitutionnel dépasse rarement trente secondes. C'est un cercle vicieux qui triomphe : plus le sujet est réputé difficile, moins il obtient de temps ; moins il obtient de temps, moins les Français ont des chances de le comprendre ; moins ils le maîtrisent et plus, la fois suivante, il semblera rébarbatif et verra sa durée encore amputée. La télévision est forcément une vulgarisation, sauf dans ses créneaux les plus marginaux – et c'est généralement une vulgarisation résumée. Le commentaire politique type ne dépasse d'ailleurs pas une minute, soit un peu moins d'un feuillet : le temps d'affirmer ou de faire un bon mot, certainement pas d'expliquer, de nuancer ou d'approfondir. L'explication étoffée reste le monopole de la presse écrite ; l'illustration sonore, la contradiction, la diversité, parfois la réflexion sont l'apanage de la radio. La télévision est condamnée à être réductrice.

Pour rendre l'actualité plus vivante et plus humaine, elle la personnalise de son mieux. Les idées passent aisément à travers la presse écrite, les dialogues impromptus s'épanouissent à la radio. La télévision, elle, n'a pas son pareil pour faire découvrir les personnages de l'actualité. L'image est sur ce plan évidemment dominatrice. Elle seule peut capter un regard, happer une expression, fixer une grimace qui donne chair et corps aux propos. L'ennui est que, trop souvent, elle réduit justement les propos aux mimiques et les déclarations aux questions personnelles. A travers le petit écran, la vie politique devient presque exclusivement un champ clos d'ambitions, un tournoi de prétendants, la lice obsessionnelle d'éternels candidats. Un discours d'une heure se trouve réduit à trois phrases, l'une – forcément assassine – sur un adversaire, une autre – nécessairement ironique – sur un rival, la dernière – obligatoirement pittoresque – sur l'objectif personnel de l'orateur. Qu'entre-temps un programme ait été exposé, qu'un réquisitoire ait été argumenté, nul n'aura la moindre chance de l'apprendre. A la télévision, la politique se réduit ainsi très souvent, trop souvent, à un *Dallas* frivole et narcissique d'acteurs ne s'exprimant que par formules à l'emporte-pièce et petites phrases au vitriol. Cette bande dessinée a le désir sincère de rendre accessibles à tous les affaires publiques et de donner vie et talent à ses acteurs. Elle les regarde régulièrement par le petit bout de la lorgnette et les réduit à leur escrime quotidienne.

Elle joue aussi beaucoup – de plus en plus en ce moment, on y reviendra – sur le registre de l'émotion. Il serait assurément absurde et masochiste de se priver d'un domaine pour lequel la télévision se montre mieux armée que ses rivales. S'il s'agit de capter une expression révélatrice – la crispation fugitive du masque d'un chef de l'État aux obsèques d'un ami –, s'il faut montrer, au sortir du prétoire, la haine des familles d'une victime criant vengeance ou l'accablement des parents d'un assassin, s'il s'agit de saisir au vol la colère et l'angoisse des pêcheurs de l'île d'Yeu agressés par les chalutiers espagnols, ou l'allégresse de Charles Pasqua au lendemain de la capture de Carlos, alors la télévision, cela va de soi, constitue un instrument incomparable. Encore faut-il qu'elle sache jusqu'où ne pas aller trop loin. Organiser des émissions entières sur les retrouvailles savamment préparées de parents recherchant désespérément leurs enfants depuis des années, consacrer délibérément des heures entières aux phénomènes parascientifiques, aux hypnotiseurs et aux astrologues, aux gourous et aux ovnis, en appeler systématiquement aux émotions et aux pulsions, à l'instinct et à l'irrationnel, c'est aussi déformer consciemment la réalité, abuser de la crédulité et de la fragilité des téléspectateurs en période de crise, alors qu'ils sont prompts à chercher des dérivatifs ambigus.

Dans ce domaine, *a fortiori* au cours d'une période comme la nôtre, la télévision n'est pas neutre. Ou bien elle tente d'introduire explications et rationalité au cœur d'une zone convulsive, ou bien elle joue sans retenue des peurs et des incompréhensions. Les larmes, le sang, le sexe et la colère correspondent parfois aux attentes du public, au sein d'une société déstabilisée. Ce n'est pas la vocation du média de masse le plus puissant que d'y précipiter de toutes ses forces les Français.

D'autant plus que le pouvoir d'amplification de la télévision est considérable et par nature difficile à canaliser. Parce qu'il simplifie inévitablement, parce qu'il déclenche des orages passionnels, parce qu'il leur donne le visage de personnages identifiables, le petit écran met en branle des influences qui le dépassent. Dix études ont démontré que les images de violence écœuraient physiquement et psychologiquement le plus grand nombre, mais suscitaient des vocations d'émules chez des sujets pervers. Un reportage sur un lynchage provoque mécaniquement des tentatives de lynchage. Une séquence sur des mutilations déclenche automatiquement des tortures du même type. Inversement, la télévision n'a pas son pareil pour mobiliser par l'émotion et déclencher des mouvements de solidarité. Elle n'invente pas, mais elle décuple, elle centuple, elle multiplie. A partir d'un drame réel, elle peut provoquer une croisade; à partir d'un fait divers, elle crée un mouvement d'opinion. A partir d'un homme charismatique, elle peut lancer une formation politique; à partir d'un mauvais procès ou d'un amalgame systématique, elle peut tout aussi bien déconsidérer un camp. Silvio Berlusconi a su admirablement se servir de la télévision pour parvenir au pouvoir et Bernard Tapie ou Jean-Marie Le Pen pour atteindre à la célébrité. La couverture des « affaires » socialistes a transformé irrésistiblement des défaillances individuelles en naufrage collectif. La télévision est un média brutal qui se prête mal aux jugements balancés, aux délicatesses de pensée, aux subtilités d'expression. Elle ne cesse de traverser un monde compliqué avec des idées simples, et de donner aux schématisations et aux outrances un retentissement immérité.

Elle exerce cependant aussi des influences positives. Le sociologue Dominique Wolton, grand connaisseur du sujet, a eu raison de mettre l'accent sur un point rarement relevé : la télévision constitue un lien social précieux dans une société individualiste de masse [1]. Dans un pays comme la France d'aujourd'hui, les circonstances économiques et sociales facilitent l'atomisation, mènent à la solitude et à l'isolement. L'évolution de l'habitat collectif, l'éloignement des quartiers déshérités de tous les lieux d'animation sociale et culturelle accentuent encore cette pente. Il y a simultanément constitution d'une société de masse formée par des citadins salariés obéissant à des modèles communs de consommation et de comportement, et repli sur eux

1. Dominique Wolton, *Éloge du grand public. Une théorie critique de la télévision*, Flammarion.

des citoyens isolés et déracinés. La télévision représente une partie, imparfaite certes, de la réponse. Elle dessine l'univers, elle donne à voir, elle plante ses projecteurs et ses caméras sur l'environnement social et culturel, politique aussi, de chacun. Elle joue le rôle du grand entremetteur qui reconstitue inlassablement la société et l'illustre en même temps à partir d'histoires personnelles. En ce sens, la télévision réhumanise la société. Loin de fabriquer, comme on l'affirme si souvent sans preuves, des citoyens passifs, forcément passifs, elle colore l'actualité, resitue chacun, forme de surcroît une base de discussions et d'échanges infinis et offre une grille de déchiffrage dans une période qui en a grand besoin.

De plus, elle propose une réponse apprivoisée, avec à la fois des informations et des divertissements, des choix et des émotions. Elle intègre donc au sein de la société et elle stabilise même si c'est en fonction de logiques contestables (la part des jeux dans les programmes...) et à travers des contraintes pesantes, on l'a vu. La télévision remplace néanmoins, d'une certaine façon, les racines d'antan et les corps intermédiaires disparus. Elle joue le rôle des notables, du clown et de l'assistante sociale. Elle resocialise. Ce pouvoir et cette vocation, largement inconscients d'ailleurs, constituent une responsabilité particulière qui, parmi les médias de masse, lui est très largement propre. Cela rend l'influence qu'elle exerce d'autant plus impressionnante.

Encore celle-ci est-elle loin d'atteindre à l'irrésistible, tant s'en faut. La dictature de la télévision est immanquablement un mythe dans nos sociétés pluralistes. Elle peut exister dans les États totalitaires si, comme en Corée du Nord justement, ils parviennent à assurer un monopole absolu à ce qu'ils contrôlent. En revanche, lorsque toutes les tentatives ne parviennent pas à empêcher l'écoute d'autres sources d'informations – comme en Allemagne de l'Est où, quand régnait l'ordre communiste, de nombreux habitants captaient la télévision d'Allemagne de l'Ouest et les radios occidentales –, l'effet obtenu est inverse de l'effet recherché. Les retournements d'opinion ou de comportement peuvent alors se révéler particulièrement brusques. L'ex-URSS a bien connu cela et, d'une certaine façon, le connaît encore. Sauf cas de tyrannie intégrale, la manipulation tourne généralement au boomerang.

Dans les démocraties occidentales, l'influence ne débouche donc pas sur la dictature. L'impact de la télévision, tout-puissant qu'il soit, se heurte à de nombreuses bornes et ne les franchit pas. La France, longtemps à la traîne en matière de démocratie télévisuelle, en constitue d'ailleurs un véritable champ de démonstration. Les élections majeures de la Ve République – période à partir de laquelle la télévision est devenue le média dominant – permettent ainsi de faire justice de la légende tenace selon laquelle la télévision serait assez forte pour déterminer le résultat des grandes consultations. L'expérience prouve en réalité le contraire. Jamais l'information télévisée n'a été aussi bridée, contrôlée, surveillée et parfois littéralement domestiquée qu'à l'époque du général de Gaulle. L'opposition y était ignorée, l'action gouvernementale systématiquement louangée, d'une manière qui aujourd'hui ferait sourire. Le général de Gaulle, d'ailleurs, ne s'en cachait pas. Ses *Lettres, notes et carnets* le proclament sans cesse. Sa tâche lui semblait assez ambitieuse et assez rude pour qu'il veuille être sûr du soutien inconditionnel de la télévision. Cela ne l'a pas empêché d'être mis en ballottage, contrairement à tous les pronostics, lors de la première élection présidentielle au suffrage universel direct, en décembre 1965. Il avait bien fallu, pour la première fois, montrer et entendre ses concurrents. L'effet avait été impressionnant, comme si, soudain, le président fondateur était désacralisé. Le Général ne l'a emporté au second tour qu'avec 55 % des voix, face à François Mitterrand. Il payait ainsi en partie le mauvais usage qu'il avait fait de la télévision. Ayant abusé, il était contesté, ce qui l'irritait fort.

Le même scénario se reproduisit lors du référendum d'avril 1969. Après la rupture éclatante de Mai 68, puis la revanche massive de la droite, le Général avait eu la main lourde à la télévision. Les grévistes y avaient été nombreux. Les meneurs furent purement et simplement licenciés, les autres furent sanctionnés, mutés et encadrés de près. La campagne de 1969 fut donc pesamment déséquilibrée. Cela n'empêcha pas le Général en personne de se voir infliger un « non » par la majorité des votants, et d'ailleurs de se retirer aussitôt après avec panache. La télévision, même menée à la cravache, ou parce que menée à la cravache, n'était donc pas l'arme électorale absolue. La télévision ne fait pas l'élection.

Avec des méthodes progressivement plus subtiles, c'est bien ce que les divers successeurs du Général purent ensuite mesurer à leur tour. En 1974, l'ORTF était encore, en matière d'information, de culture et de tradition, gaulliste. Elle l'était certes de façon moins caricaturale. L'expérience Desgraupes, voulue et protégée par Jacques Chaban-Delmas, avait laissé des traces. La télévision ne réussit cependant pas mieux au gaullisme libéral qu'au gaullisme gaullien. Jacques Chaban-Delmas fut distancé par Valéry Giscard d'Estaing. Aux élections décisives, le pouvoir n'était décidément pas heureux avec la télévision. Le nouveau président put éprouver le poids de cette tradition. Valéry Giscard d'Estaing, le moderniste, est le premier chef de l'État de la Ve République à avoir étudié minutieusement la technique de la télévision, à l'avoir maîtrisée avec – parfois – virtuosité. Il choisit l'émancipation relative, mit fin à l'ORTF, accepta la logique d'une certaine concurrence au sein du service public. Tout cela ne l'empêcha pas de se faire battre à son tour en 1981. Après avoir été d'esprit gaulliste, la télévision avait été de style giscardien. La tutelle portait décidément malheur aux princes le jour de l'élection.

Depuis, la coutume s'est largement poursuivie, même si le pluralisme a notablement progressé. En 1986, la télévision restait de sensibilité socialiste, certes de façon moins primaire qu'en 1981, mais de manière néanmoins perceptible. La gauche n'en est pas moins nettement battue. En 1988, la télévision est dirigée par des équipes plus droitières, avec des méthodes beaucoup plus professionnelles et habiles qu'auparavant. François Mitterrand est réélu président de la République. Les métamorphoses du statut de la télévision protégeront peut-être les futures majorités de pareilles mésaventures. Au moins peut-on constater que la preuve, irréfutable et réitérée, a été faite que le petit écran ne peut en aucun cas garantir, ni même influencer sensiblement, le résultat des élections. En ce sens, il y a bien mythe de la dictature de la télévision.

D'ailleurs, les nombreuses études scientifiques effectuées en France et dans les autres grandes démocraties ont toutes abouti à la même conclusion : il n'y a pas de corrélation entre la possession d'un poste de télévision et le vote. René Rémond l'avait montré le premier : il n'y a pas de preuve, ni même de présomption d'influence marquante de la télévision sur les comportements électoraux. En fait, ceux qui suivent le plus la campagne électorale en regardant les journaux télévisés et les émissions politiques sont aussi ceux dont les convictions sont les plus arrêtées et les moins modifiables. En période électorale, les téléspectateurs les plus assidus sont aussi les téléspectateurs les moins influençables. Ils regardent attentivement, parce qu'ils cherchent des arguments ou des impressions propres à confirmer et légitimer leurs choix. Inversement, ceux qui s'avouent les plus hésitants, ceux qui reconnaissent jusqu'au bout être susceptibles de changer leur vote sont aussi, traditionnellement, ceux qui regardent le moins, et le plus distraitement, les informations ou les émissions politiques. Même le fameux duel présidentiel d'entre les deux tours, organisé depuis 1974 pour mettre face à face les deux qualifiés pour l'affrontement final, modifie peu les choix et, de surcroît, ne le fait pas de manière unilatérale. L'écoute est toujours exceptionnellement élevée, le climat aussi théâtral que dramatique, mais la quasi-totalité des opinions sont arrêtées avant ; celles qui évoluent au dernier moment ne le font pas seulement en fonction du duel et, lorsqu'elles le font, c'est dans les deux sens.

En fait, les Français résistent de mieux en mieux à l'influence politique de la télévision, surtout dès qu'elle se mêle de vouloir être partisane. Cela s'explique à la fois par l'apprentissage de la télévision par les téléspectateurs, par un certain scepticisme typiquement français et par le caractère de plus en plus concurrentiel des informations, politiques ou autres. Depuis quelques années, les sondages régulièrement effectués sur cette question montrent que les Français sont de plus en plus critiques à l'égard de la télévision comme source d'information. Ils la regardent certes toujours beaucoup et longuement, ils avouent qu'elle les influence – comment d'ailleurs pourrait-il en aller autrement ? – mais ils l'observent aussi avec défiance. Ils accordent, et le disent, plus de crédit à la radio qu'au petit écran et autant à la presse écrite qu'à la télévision. Le prestige de la radio tend à se renforcer, celui de la télévision à reculer. Les jeunes, les cadres, les membres des professions libérales, les intellectuels et les employés s'avèrent les plus sceptiques, les travailleurs manuels (ouvriers, agriculteurs, artisans) les plus crédules. Cette évolution-là, curiosité supplémentaire, est plus marquée en France qu'ailleurs. Une étude comparative menée auprès des principaux pays démocratiques occidentaux [1] l'établit nettement. La France se méfie des influences politiques de la télévision. Elle se méfie d'ailleurs également beaucoup des journalistes, qu'elle croit sensibles aux pressions de toutes sortes, financières et politiques notamment. Sur ce dernier point les Français sont au demeurant injustes. Reste l'essentiel : leur esprit critique est de plus en plus aux aguets dès qu'il s'agit de politique à la télévision. En bonne démocratie, cela semble plutôt encourageant.

D'autant plus que la technique, les structures et le ressort même de la télévision vont maintenant clairement dans la bonne direction, en ce qui concerne au moins les informations politiques. Les développements technologiques – câble, satellite, etc. – font en effet de la pluralité des choix et de la concurrence des sources la norme incontournable de l'avenir. Tout ce qui freine le pluralisme est en ce sens inéluctablement condamné par la technique même. Au début de la Vᵉ République, la France ne comptait qu'une seule chaîne. Aujourd'hui elle en recense déjà une demi-douzaine pour ce qui est des chaînes classiques, plus du triple si l'on y ajoute le câble. La France de l'an 2000 recevra, sur tout le territoire, plus d'une vingtaine de canaux. Dans ces conditions, l'émulation est plus forte que tous les freins, et la concurrence balaie les timidités. Le marché victorieux encourage le professionnalisme des informations. Comme de surcroît, à l'horizon 2000, de nombreuses chaînes seront sous contrôle de capitaux étrangers, toute tentative gouvernementale pour freiner, canaliser, intimider, dissuader deviendra plus aléatoire. C'est le modèle américain qui triomphera. La logique du pluralisme l'a déjà définitivement emporté sur la logique du monopole. La télévision, y compris dans sa

1. Enquête menée auprès de huit pays en janvier 1994. Ses résultats ont été publiés en France par *Libération*.

dimension politique, a d'ores et déjà changé de ressorts et de méthodes.

Cela comporte plusieurs risques, parmi lesquels celui d'un certain conformisme social, pour motifs commerciaux et financiers. L'existence d'un service public reste sur ce point une garantie heureuse. Dans un premier temps, la concurrence commerciale aura protégé la télévision des influences politiques ou les aura limitées. Dans un second temps, la persistance d'un service public empêchera un modèle de société exclusivement régi par le marché d'avoir des incidences politiques.

Comme, simultanément, les télévisions locales et thématiques se développeront obligatoirement, comme par ailleurs les Français peuvent contrôler les informations distribuées par la télévision en les confrontant à celles de la presse écrite et de la radio, la gymnastique du pluralisme ne peut que progresser, et l'influence politique de la télévision ne peut que se heurter à de nouvelles bornes. Chaque Français, à la fin du siècle, lisant un quotidien (national ou régional), écoutant une ou plusieurs radios, zappera de surcroît entre des dizaines de chaînes. Depuis deux siècles, le long combat pour l'enracinement du pluralisme politique, culturel, économique et social s'est poursuivi. Techniquement, il arrive cette fois à la fin du processus. Si nouveau péril il y a, ce sera plutôt de préserver une certaine cohérence intellectuelle chez l'individu, harcelé par tant de médias concurrents, et de se défendre d'une pesanteur sociologique sur le plan collectif, après le triomphe de l'économie de marché. Le pluralisme l'emporte de toutes les manières. Il peut être réducteur, ethnocentrique, voire conformiste sous la pression de la loi de la majorité. Autant de sources d'informations qui se font une concurrence acharnée ne mènent cependant pas à occulter les informations. Les télévisions locales ou thématiques offriront immanquablement leurs chances à toutes les minorités. Le mythe de la dictature de la télévision s'effrite décidément.

Reste, bien sûr, que le risque de dérive existe en permanence et que les tentations politiques ne disparaîtront pas comme par enchantement. La France traverse ainsi en ce moment quelques turbulences populistes. La télévision n'est pas neutre dans l'affaire. L'Italie a montré, avec Silvio Berlusconi, ce qu'un usage brillant et cynique des écrans cathodiques pouvait, dans une situation extrême, provoquer sur ce plan.

Certes, le système politique transalpin, hyperparlementaire, fossilisé par les privilèges abusifs des partis, avait débouché sur un enlisement bureaucratique et sur un discrédit moral sans commune mesure avec ce qui peut exister en France. L'opération « mains propres », menée par des magistrats audacieux et intransigeants, avait mis au jour des compromissions inouïes au sein de la classe dirigeante. La répartition des postes et des fonctions à la proportionnelle – déjà contre nature en elle-même, déjà antidémocratique – avait de surcroît, par une excroissance monstrueuse, débouché sur une cartellisation des marchés publics et sur l'obligation de participer au financement des partis politiques. Des cas nombreux d'enrichissement personnel s'y étaient mêlés. Cette fusion aberrante des pouvoirs politique et financier, administratif et industriel a provoqué une présomption de culpabilité générale et déconsidéré l'ensemble des élites en place. Il s'agit là, évidemment, d'un cas extrême.

Celui-ci s'est greffé sur le cortège, malheureusement beaucoup plus classique, des cruautés, des sacrifices et des craintes liés à la crise. Sur ce terrain mouvant, la mise en cause des catégories dirigeantes prenait un relief désastreux. D'un autre côté l'Italie, très engagée dans le processus européen, se modernisait à un rythme soutenu, avec déjà des résultats positifs encourageants. Ce processus de désagrégation et de déstabilisation de la société politique ne se serait donc peut-être pas produit – on parlait par exemple de plus en plus de grandes réformes institutionnelles – sans la puissance et le talent télévisuel de Silvio Berlusconi. Jusqu'à son entrée dans la lice politique, il existait bien, en Italie comme ailleurs, des mouvements protestataires avec une extrême droite revigorée – les néo- ou post-fascistes de Gianfranco Fini et les populistes turbulents de la Ligue lombarde d'Umberto Bossi –, mais ces mouvements n'étaient pas en mesure de menacer l'*establishment* politique, les uns en raison du passé auquel ils étaient rattachés, les autres parce que leurs outrances oratoires offraient plus de pittoresque que de substance.

L'irruption de Silvio Berlusconi bouscula tout cela. Le président de la Fininvest possédait l'une des trois ou quatre premières fortunes italiennes. Il contrôlait surtout trois chaînes de télévision privée, couvrant la moitié de l'audience nationale. Il savait s'en servir mieux que personne et n'hésitait pas un instant à en faire l'instrument absolu de sa conquête du pouvoir. Séducteur, terriblement professionnel, s'appuyant sur des équipes brillantes impérieusement mobilisées, il réussit une campagne techniquement exemplaire : slogans habiles, registres savamment affectifs, séquences courtes, appels à la fierté nationale, références appuyées à sa réussite personnelle pour en faire un modèle à usage général, il démodait ainsi brusquement tous ses concurrents. Chaque intervention était minutieusement préparée et répétée, chaque discours bref et coloré se prêtant à des retransmissions généreuses; des spots publicitaires à sa gloire se succédaient sans gêne ni complexe. Peu de débats, trop dangereux, jamais de précisions, trop risquées. C'était la marche vers le pouvoir d'un homme politique d'un nouveau type, se servant avec un brio arrogant de toutes les ressources de la télévision. Comme dans un mauvais film d'anticipation, il l'emporta en trois mois.

Il y fallait, certes, un concours de circonstances unique : des adversaires rongés et meurtris par le discrédit ; une société inquiète, instable et amère ; le contrôle de la moitié de l'audience télévisée ; une personnalité exceptionnellement cathodique, aisément identifiable aux succès sportifs de l'AC Milan (autre propriété, autre prouesse de Silvio Berlusconi) et à ses propres performances, qui lui avaient permis de se constituer une si vaste fortune en aussi peu de temps : un type d'histoire et un style personnel susceptibles de faire rêver l'Italie entière. Il peut donc, sur une base vigoureusement populiste (dénonciation des élites, réquisitoire contre la bureaucratie, apologie de l'initiative privée et de la déréglementation, hymne à la réussite individuelle, appel à tous les sentiments et aux fantasmes les plus manichéens, diabolisation des adversaires et caricature des concurrents), y avoir au sein de l'Europe démocratique, et à la fin du XXe siècle, une campagne télévisée irrésistible, contraire à toutes les normes et démentant toutes les lois.

Il est vrai que six mois plus tard, les Italiens déchantaient déjà et prenaient conscience que le miracle Berlusconi résidait plus dans le succès foudroyant de sa campagne que dans les effets mesurables de sa politique. Trois maladresses et six polémiques permirent aux plus sensibles au charme berlusconien de constater que l'exploitation du populisme n'est pas synonyme de capacité de gouvernement. On peut même soutenir la thèse inverse : les qualités mêmes qui ont permis à Silvio Berlusconi de remporter une aussi spectaculaire victoire électorale constituent autant de défauts graves pour un homme de gouvernement. Les Italiens s'en sont rapidement rendu compte, mais après l'élection et non pas avant.

Quelque chose de semblable peut-il se produire en France? C'est fort invraisemblable. Malgré les polémiques, malgré les amalgames, malgré les simplifications, la classe dirigeante française est beaucoup moins compromise aux yeux des électeurs que ne l'était son homologue italienne. Par ailleurs, les institutions françaises sont respectées – grande différence avec les institutions italiennes – et, au moment où Silvio Berlusconi était intronisé président du Conseil à Rome, c'est Édouard Balladur qui se trouvait être l'homme politique français le plus populaire, suivi de près par Jacques Delors. On ne peut pas dire que le dernier Premier ministre de François Mitterrand et que le président sortant de la Commission de Bruxelles aient, en quoi que ce soit, les caractéristiques d'hommes politiques populistes. Ce serait même, là encore, exactement le contraire. L'un comme l'autre sont bons pédagogues et mauvais orateurs, alors qu'un leader populiste est bon orateur et mauvais pédagogue. L'un comme l'autre affectionnent un style sobre et retenu, à l'opposé du style pompeux du mirobolant Silvio Berlusconi. L'un comme l'autre ont une réputation de probité, de mesure, d'honnêteté intellectuelle et de respect de leurs adversaires. Ils se situent donc aux antipodes des populistes.

Pour autant, le risque de dérive populiste existe bel et bien dans l'Hexagone, on l'a vu. La télévision peut grandement lui donner relief et efficacité, et a presque vocation à le faire. Les sentiments protestataires ont rarement été aussi intenses chez les Français depuis le début de la Ve République. Il existe donc un terrain favorable au populisme. Après plus de vingt ans de crise, l'amertume, la crainte, le sentiment de vulnérabilité et d'injustice culminent. Les tribuns ne manquent pas pour les exploiter. Jean-Marie Le Pen ne cesse de le faire, avec son Front national, à propos de l'immigration ou de l'insécurité, de l'Europe ou de la xénophobie. Tout ce qui vient du dehors – hommes, produits, idées – est systématiquement présenté comme un péril extrême pour la France, comme une menace immédiate pour ses habitants. Philippe de Villiers, avec sa campagne obsessionnelle et polémique contre l'Europe de Maastricht, métamorphosée en mère de tous les dangers (même si la France est largement bénéficiaire dans ses échanges commerciaux et si la croissance est pour une bonne part tirée par les exportations), utilise, sur un registre plus châtié, tous les artifices du populisme, de la dénonciation calomnieuse des catégories dirigeantes à la croisade contre les eurocrates. Bernard Tapie n'est pas en reste, jouant de sa verve faubourienne et de son aplomb granitique, simplifiant, schématisant, caricaturant. Aucun des trois mousquetaires du populisme – celui de l'extrême droite, celui de la droite ultra, celui de la néo-gauche – ne manque de talent, de charisme et de supporters. Ce qui leur fait le plus défaut, c'est le contrôle d'une ou plusieurs chaînes de télévision.

S'ils ont atteint leur niveau d'impact actuel, c'est cependant parce qu'ils possédaient tous les trois, à des degrés divers, un talent sulfureux mais authentique à la télévision. Le populisme ne saurait se passer du média de masse par excellence qu'est le petit écran. Jean-Marie Le Pen, Philippe de Villiers et Bernard Tapie n'ont pu émerger et acquérir leur type de popularité que parce qu'ils y ont réussi. Il leur fallait pour cela du brio et du pittoresque dans l'expression, un discours dissonant et provocateur afin d'attirer et de retenir l'attention, une présence physique et l'emploi de quelques recettes sûres (la célèbre layette de Philippe de Villiers, les bravades de Bernard Tapie, les prophéties crépusculaires de Jean-Marie Le Pen), ainsi qu'une capacité particulière à jouer de l'émotivité et de l'irrationnel.

Or, sur ce plan précis, ils ont trouvé en la télévision un appui objectif. Ne pouvant espérer en prendre le contrôle direct, à la manière d'un Silvio Berlusconi, ils ont cependant largement bénéficié d'un climat favorable et de circonstances propices, parfois clémentes. Non pas que les responsables d'une chaîne ou même d'une émission aient eu le projet de les promouvoir : les choses se sont passées de façon beaucoup plus subtile. La télévision recherche par principe, par nature, et souvent par nécessité, les audiences les plus fortes. Les trois mousquetaires du populisme les lui offraient plus que quiconque avec leur réputation de matamores, leur vocation d'hérétiques, leur goût pour la bataille, le soufre, les invectives et les nasardes. A partir du moment où leur audience télévisuelle s'est avérée beaucoup plus élevée que leur seul poids électoral, les invitations n'ont cessé de pleuvoir et leur présence de se répéter. Les populistes ont fait le succès de la télévision au moins autant que la télévision a fait leur succès au sein de chaque programme ou de chaque journal.

Il y a plus grave et plus significatif : si la télévision a si bien réussi aux populistes français, c'est qu'elle était déjà parfois populiste elle-même. Elle ne l'était certes pas politiquement et n'avait nulle envie de promouvoir particulièrement Jean-Marie Le Pen, Philippe de Villiers ou Bernard Tapie. Elle leur donnait largement la parole parce qu'ils atteignaient d'enviables et parfois d'époustouflants taux d'audience; ils accomplissaient des performances à l'Audimat parce que le climat le leur permettait et que leur talent les y aidait. L'atmosphère de la télévision, les choix de programmes, le ton de certaines émissions, le registre général – bien au-delà de la politique partisane – leur frayaient la voie, leur préparaient le terrain. La condition du populisme est l'existence d'un climat d'exaspération. La force du populisme est de savoir y répondre par une manipulation de l'émotivité. C'est bien ce qui se produisit plus d'une fois. On ne peut pas ouvrir systématiquement un journal de 20 heures par des titres spectaculaires sur les « affaires » sans faire le jeu du populisme. Il ne s'agit évidemment pas de passer sous silence ce qui doit être rendu public, expliqué et illustré. Le faire de façon quasi obsessionnelle n'est pourtant pas neutre. De même, on ne peut donner à des reportages un ton sans cesse pathétique ou à des enquêtes des allures de réquisitoire sans que cela colore et imprègne le climat. Le registre protestataire des informations préparait inconsciemment le terrain du populisme. Il ne s'agissait pas de lui faciliter les choses, mais d'être en harmonie avec la psychologie des Français à ce moment-là. Un véritable cercle vicieux s'est ainsi constitué : depuis des mois et des années, la télévision adoptait le ton véhément et amer qui correspondait au sentiment des Français, lesquels n'en devenaient que plus fidèles téléspectateurs, ce qui, au bout du compte, bénéficiait aux populistes, grands sauciers de l'indignation et du courroux théâtral.

Au-delà, la télévision a, durant toute cette période, beaucoup joué de l'irrationalité, de la crédulité, de l'inconscient et de l'instinct. Elle l'a fait par culte du spectaculaire, voire dans certains cas du sensationnalisme. Elle l'a fait plus encore en multipliant les émissions de divertissement sur la parapsychologie, les faux mystères et les vraies exploitations du sentimentalisme. Il ne s'agit là, bien sûr, que de marketing, de recherches d'audience et de flatterie des goûts du public les plus faciles à satisfaire. La politique était alors le dernier souci des producteurs de ces émissions. Ils n'en travaillaient pas moins, sans le savoir, pour le plus grand bonheur du populisme.

Cette dérive de la télévision s'explique avant tout par les effets pervers de la concurrence sauvage. D'une certaine façon, la victoire des lois du marché sur le terrain de la télévision garantit le pluralisme mais l'incline vers le populisme, tant que le chômage reste dramatiquement élevé, le pouvoir d'achat sévèrement corseté et l'inquiétude à son apogée. Que revienne un cycle économique plus positif, que l'emploi progresse de nouveau, qu'une politique des revenus plus audacieuse soit mise en œuvre, que la confiance réapparaisse et aussitôt le climat retrouvera des couleurs plus rationnelles, une tonalité moins émotive et moins excessive. Les études de marché, alors, pousseront en sens inverse des aspirations populistes et la télévision défera ce qu'elle a fait ou contribué à faire. Reste qu'une vulnérabilité spécifique est clairement apparue là.

Cette faiblesse n'est pas la seule. Si la télévision est ainsi exposée aux tentations de populisme, c'est que de la recherche de l'audience et des parts de marché à la démagogie, il n'y a qu'une faible distance. Or, les conditions de travail mêmes de la télévision l'exposent parfois dangereusement sur ce plan. Les contraintes du « direct » se prêtent mal aux exercices de réflexion, la volonté de réaliser des journaux de 20 heures « live » peut s'avérer redoutable ; la poursuite légitime de l'information « en temps réel » empêche les vérifications, les enquêtes minutieuses et privilégie au contraire immanquablement l'immédiat et le spectaculaire. La volonté de se distinguer des autres chaînes crée la tentation d'aller toujours plus loin. Les reportages apparaissent donc de plus en plus violents, de plus en plus sanguinaires. Les indiscrétions frôlent chaque jour de plus près la vie privée des hommes publics, comme si une spirale maléfique incitait au voyeurisme ou au viol pur et simple de la sphère personnelle. On voit chaque année se rapprocher la tentation de la « presse de caniveau » à l'anglaise, avec son goût des scandales privés ; ou bien, sous prétexte d'investigations à l'américaine, on sent affleurer l'attirance pour les racontars et les « révélations ». A quand les révélations fracassantes sur le nombre, les caractéristiques et les prouesses des maîtresses ou des amants des principales personnalités publiques? C'est après tout ce qui se pratique déjà systématiquement aux États-Unis, en Grande-Bretagne, mais aussi en Allemagne, en Espagne ou en Italie. Cette autre dérive – qui menace simultanément tous les médias – prendrait un poids supplémentaire énorme si elle atteignait la télévision. L'hypothèse n'a plus rien d'improbable. La télévision est menacée de dérives. Plutôt que de s'inquiéter de dictatures imaginaires, il lui faudrait se prémunir contre ces tentatives bien réelles. Populisme, démagogie et sensationnalisme sont d'ailleurs cousins. Le risque actuel de la télévision n'est pas de pousser les Français vers la gauche ou la droite mais plutôt vers le bas.

Or les hommes politiques eux-mêmes semblent particulièrement mal équipés et mal placés pour l'en défendre. Outre qu'ils sont, en général, de piètres téléspectateurs eux-mêmes, interpellés par leurs militants et par leurs entourages sur des émissions qu'ils ne regardent pas et sur des journaux télévisés qu'ils n'ont pas le temps de suivre, ils restent largement prisonniers du mythe anachronique de la dictature du petit écran. Ils lui prêtent plus de pouvoir qu'il n'en a et, faute de familiarité avec lui – la classe politique étant assurément la catégorie de Français qui passe le moins d'heures par semaine devant son téléviseur –, ne perçoivent pas les dangers qu'il court. La classe politique a, en somme, toujours une télévision de retard. Elle se figure que les choix des principaux responsables du secteur public continuent d'être une décision considérable, alors qu'elle ferait mille fois mieux de se préoccuper de fixer les règles du marché de la télévision d'aujourd'hui, afin de la défendre contre le néo-populisme culturel, les sous-produits d'importation ou les effets pervers de la concurrence commerciale.

Pour cela, il faudrait cependant que les hommes politiques aient compris que la télévision d'aujourd'hui est beaucoup moins manipulatrice que démagogique : elle cherche moins à influencer l'opinion qu'à la suivre ; elle ne veut pas le moins du monde être tyrannique, elle veut être populaire. Le nouveau risque serait, au bout du compte, celui d'une dictature de l'opinion sur la télévision, c'est-à-dire l'abandon des ambitions propres aux médias – éclairer, expliquer, apprendre – au profit des critères de succès commerciaux et financiers. La télévision d'hier était prisonnière des préjugés politiques, celle d'aujourd'hui est menacée par la logique de l'audience, donc de l'argent.

Le paradoxe est que les Français ordinaires – les téléspectateurs – s'adaptent finalement mieux que les hommes politiques aux règles, aux risques et aux chances de la télévision. Les Français se défendent désormais efficacement contre les influences politiques directes et délibérées de la télévision ; les hommes politiques ne comprennent pas bien les nouveaux périls que constituent les influences politiques indirectes et quasi inconscientes de la télévision : le péril populiste, le mal démagogique. La preuve en est d'ailleurs qu'ils y contribuent eux-mêmes en partie.

Les dirigeants politiques regardent très peu la télévision mais aiment énormément y passer et y plaire. Ils consentent pour cela à des facilités, parfois à des complaisances qui vont très exactement dans le sens de l'exploitation de l'émotivité, et bientôt de l'irrationnel. On voit des hommes publics de qualité se laisser aller à pousser la chansonnette dans des émissions de variétés, histoire d'humaniser leur image et d'élargir leur popularité. On voit des responsables de haut niveau présenter des animaux domestiques dans les émissions spécialisées (fort suivies), parler de leurs amours d'adolescent dans des émissions parapsychologiques, se faire longuement interviewer par des spécialistes de variétés et participer à des jeux télévisés. Pourquoi pas, tant qu'ils y sont, mettre en scène leurs retrouvailles impromptues avec leurs camarades de classe de l'école maternelle? Pourquoi pas raconter par le menu leurs effrois personnels devant les mystères insondables des ovnis ou des fantômes qui hantent sans doute leurs châteaux ou leurs chaumières? Comment ne comprennent-ils pas qu'à sortir eux-mêmes volontairement les premiers des limites de leur vie publique pour entrer dans leur vie privée, ils ouvrent largement la porte à tous les excès et à tous les dérapages? Est-il indispensable qu'ils fassent connaître les menus habituels de leur teckel favori ou le petit plat qu'ils savent mijoter en vacances mieux que personne? Ne se rendent-ils pas compte qu'ils infantilisent eux-mêmes ainsi leur propre image et qu'ils se banalisent?

Le pouvoir a certes besoin de théâtre et en a toujours reconnu la nécessité. Les sacres, les cortèges, les funérailles, les *Te Deum*, les soupers en public, les fêtes, les tournois, les processions, les châteaux et les cours, l'apparat et la pompe avaient aussi ce rôle-là. Il fallait bien, il a toujours fallu diviniser ou mettre en scène l'exercice de la politique. Encore faut-il ne pas oublier que si le pouvoir a besoin de théâtre – c'est-à-dire aujourd'hui de rencontres au sommet soigneusement mises en scène, de conférences de presse à grand spectacle, d'inaugurations et de commémorations, de discours et de défilés –, il a aussi besoin de mystère. En ce sens, les hommes politiques qui ouvrent leurs jardins privés à la télévision se démythifient eux-mêmes. On n'imagine pas le général de Gaulle se prêtant à une visite commentée de Colombey-les-Deux-Églises. Maurice Couve de Murville n'aurait pas participé à « Tournez, manège! », et Michel Debré ne serait pas allé se coucher sur le divan d'un psychanalyste amateur. Au début de la Ve République, les dirigeants politiques se mêlaient trop de la politique rédactionnelle et éditoriale de la télévision. Désormais leurs successeurs s'en occupent beaucoup moins (même si certains n'y résistent pas toujours, généralement à leurs dépens). En revanche, trop d'entre eux acceptent de passer des informations aux variétés et des interviews aux « talk-shows ». C'est qu'ils croient naïvement que l'influence de la télévision, hier recherchée par des interventions brutales, passe maintenant par la séduction ludique. Dans les deux cas – le contrôle prosaïque de la première génération et la politique-séduction de la génération actuelle –, ils prêtent à la télévision une influence politique qu'elle n'a pas, ou qu'elle n'exerce pas de cette façon.

Ils devraient plutôt prendre modèle sur les « nouveaux électeurs » découverts et définis par Alain Lancelot et Philippe Habert, qui, plus cultivés, plus indépendants, plus sceptiques, plus instables, plus individualistes et plus modernes, s'autodéterminent en résistant fort bien aux influences directes de la télévision. Ils devraient observer l'émergence progressive, selon la même logique, d'un « nouveau téléspectateur » moins dépendant et moins candide, moins manipulable et mieux informé, qui achève son apprentissage du bon usage du nouveau média de masse dominant. Ils pourraient ainsi mieux comprendre qu'un homme politique d'aujourd'hui ne peut se dispenser de regarder au moins plusieurs heures par semaine cette télévision qui définit l'univers de ses contemporains. Et ils comprendraient mieux ainsi qu'ils ont tout à gagner à rester sur leur propre terrain, à y être eux-mêmes et non pas un produit de marketing ; tout à perdre en revanche à donner le mauvais exemple de la confusion des sphères publique et privée, et le signal de la recherche de la popularité par l'émotion artificielle et l'exploitation de l'irrationalité. En somme, derniers à croire au mythe de l'omnipotence de la télévision, ils feraient mille fois mieux d'être les premiers à la traiter de façon tout à fait adulte, c'est-à-dire autonome, pluraliste, concurrentielle et soumise à quelques règles déontologiques de bon sens pour étayer son indépendance et décourager ses dérives.

CHAPITRE V

Le mythe de la fin des idéologies

C'est une affaire entendue : les idéologies se meurent, les idéologies sont mortes. Chacun le croit et le proclame, presque tous s'en réjouissent. Elles avaient, les malheureuses, une réputation détestable. Dans l'esprit des Français, les idéologies symbolisent les passions partisanes, les querelles stériles, les représentations artificielles, les idées fausses, les valeurs égarées ; elles incarnent par-dessus tout le contraire même du monde réel, ces théories préconçues qui précipitent des sociétés entières dans les traverses, les épreuves et les impasses. Les idéologies aveuglent, les idéologies abusent, les idéologies sont les pires conseillères.

Ce sont elles qui ont enraciné en France tant de doctrines funestes et d'illusions redoutables. Elles sont le fruit des spéculations d'intellectuels irresponsables qui, par dogmatisme, par esprit de système, pour briller ou pour influencer, engagent leur pays dans des voies sans espoir. Elles détiennent une part de responsabilité considérable dans les égarements qui ont précipité le déclin de la France. Ce sont elles qui ont incité depuis si longtemps le pays à se déchirer, elles qui lui ont, des décennies durant, imposé des œillères, l'empêchant de se préparer aux guerres, de pressentir les crises, de prévenir le démembrement de l'empire, l'effritement de l'identité nationale, elles qui ont abusé tant d'années la gauche, dévoyé l'extrême droite, passé aux gouvernements successifs un carcan de conformisme ou d'impatience.

Les idéologies, en somme, résument les malheurs de la France, les menaces qui l'assaillent, les souffrances qu'elle a dû endurer, les nouveaux périls qui se profilent. Elles sont la quintessence des travers congénitaux de la société politique française : l'irréalisme, l'intellectualisme, la cécité par suffisance. Les idéologies figurent, avec les partis politiques et les députés, au premier rang du tableau de chasse parmi les boucs émissaires de la crise. Elles sont, tout à la fois, déconsidérées, rejetées et diabolisées. Pour obtenir un succès de séance facile, une recette sûre consiste à maudire fortement ces idéologies qui ont fait et qui font tant de mal à la France.

En réalité, il s'agit là d'une illustration exemplaire de ce que les simplifications, les confusions, les outrances ou les facilités produisent lorsque, dans les périodes de troubles, elles se déchaînent en même temps. Les idéologies des années quatre-vingt ont échoué et se sont égarées. Cela n'annonce en rien la fin de toute idéologie, ni ne démontre d'ailleurs la nature intrinsèquement perverse de ces systèmes de valeurs, de concepts et de convictions. La réalité tourne le dos aux ostracismes fulminés contre les idéologies. Il n'y a en effet pas de société sans idéologie, et l'idéologie n'est pas la perversion de la pensée. L'échec des idéologies de la crise correspond certes à une crise des idéologies. Elle implique, elle exige même un renouvellement énergique et profond des analyses, des approches et des idées politiques. Elle nécessitera une transition laborieuse, peut-être, sans doute même une catharsis. D'autres idéologies naissent, d'autres idéologies sont déjà en train de naître, tant chaque moment de la transformation sociale fabrique nécessairement ses nouvelles croyances, ses nouvelles espérances et ses nouvelles illusions. Il n'existe pas de société sans projet, ni de communauté sans dessein. Les idéologies sont des phénix, des oiseaux-pierres qui meurent misérablement mais renaissent inlassablement de leurs cendres. C'est bien ce qui se produit dans la France d'aujourd'hui, largement engagée dans une phase de transition entre la crise et l'après-crise.

Le rejet des idéologies ne fait pourtant aujourd'hui pas de doute et la dénonciation de leur échec ne constitue pas seulement un mauvais procès. Personne en France n'a le désir ou la témérité de s'engager dans une défense et illustration des idéologies des années quatre-vingt. Les Français les maudissent, cela ressort ponctuellement de tous les sondages, sans exception, organisés sur ce sujet. Les hommes politiques et les partis s'en débarrassent, s'en défaussent ou s'en démarquent précipitamment. Les intellectuels eux-mêmes, pourtant producteurs, architectes ou vulgarisateurs d'idéologies, s'époumonent généralement à proclamer leur mort et leur culpabilité. Les idéologies sont, pour l'instant, totalement, intégralement, radicalement passées de mode, même en France, où pourtant l'on aimait plus qu'ailleurs ces grands ensembles flous. Pour être plus près de la réalité, plutôt que d'hurler à la mort des idéologies, il faudrait proclamer : les idéologies sont mortes, vive les idéologies!

Les motifs et les enjeux de leur condamnation et de leur répudiation sont sans mystère. Toute l'évolution du monde depuis vingt ans leur donne tort, sur le plan international comme au sein de la société française, sur le terrain politique comme sur le plan économique, et à gauche comme à droite, même si cela vaut plus encore pour la gauche que pour la droite. Il est donc loisible et légitime de dresser un bilan de la faillite des idéologies de toute une génération.

Le communisme s'est effondré, l'URSS s'est désintégrée, les pays de l'Est se sont émancipés et Cuba agonise : impossible d'imaginer pire banqueroute que celle du système communiste. Les peuples s'en sont débarrassés de toutes leurs forces, dès qu'ils l'ont pu ; la découverte de la situation économique réelle des pays qui furent sous sa coupe aboutit à un constat d'échec et même de catastrophe, dans des proportions que ses pires ennemis n'auraient jamais osé imaginer. Il y a eu impasse économique, sans espoir de sortie honorable. La réussite principale du régime communiste aura été, au bout du compte, la féroce efficacité de son organisation militaro-policière. L'Armée rouge, le KGB, la milice ont su faire régner l'ordre par la terreur, et la stabilité par la répression. Le communisme s'est montré d'une efficacité incomparable en matière de despotisme et d'asservissement, que ce soit à usage interne ou extérieur. Pour le reste, le système a échoué sans repentir ni rémission. Il s'est progressivement sclérosé sur le plan économique, asphyxié sur le plan culturel, déconsidéré sur le plan politique. Or, aucun système n'a été à ce point dans l'histoire du monde, à l'exception peut-être des grandes théocraties, l'exacte traduction, l'exacte mise en œuvre d'une idéologie. Bien plus élaborée que celle des fascismes, fruit de recherches doctrinales intenses, de débats intellectuels prestigieux et d'ouvrages de référence, l'idéologie communiste aura été la plus sophistiquée, la plus ambitieuse de toutes. Elle prétendait fournir une explication du monde, elle revendiquait le monopole du sens de l'histoire, elle voulait incarner un projet, un dessein, une espérance prométhéenne. En se réalisant, elle s'est démythifiée. Elle s'est révélée être ce qu'elle est : un cauchemar dantesque.

Le socialisme à la française ne relève certes pas du même registre. S'il a quelques racines communes avec l'idéologie communiste – parmi beaucoup d'autres qui ne le sont pas –, il est à coup sûr moins directement, moins mécaniquement le résultat de l'application d'une idéologie. Sa propre doctrine est d'ailleurs infiniment plus composite, plus hétéroclite même que l'idéologie communiste. Elle est aussi beaucoup moins achevée, beaucoup moins conceptuelle, beaucoup moins prétentieuse. L'idéologie communiste se voulait eschatologique, l'idéologie socialiste est un syncrétisme; la première s'appliquait autoritairement, la seconde n'a été expérimentale que partiellement, temporairement et de façon toujours réversible. L'alternative idéologique est compatible avec le socialisme mais pas avec le communisme. C'est peut-être pourquoi le second a été totalement et définitivement rejeté, alors que le premier ne l'a été que ponctuellement et provisoirement. Il n'empêche : ce qu'il y avait de plus idéologique dans l'action gouvernementale des socialistes – essentiellement de 1981 à 1983 – n'a pas été une réussite. Réciproquement, ce qui a pu produire de bons effets ne relevait pas de l'application de l'idéologie. Les nationalisations, la politique industrielle ultra-dirigiste, l'alourdissement des charges et des prélèvements reflétaient abruptement l'idéologie socialiste. La modernisation de la Bourse par Pierre Bérégovoy, la suppression du contrôle des changes ou de l'échelle mobile des salaires ont obtenu des résultats positifs mais constituaient, sur le plan idéologique, une hérésie et même une abjuration.

De même l'idéologie ultra-libérale a-t-elle provoqué de grands malheurs, de violentes convulsions et quelques chocs en retour assez brutaux. Le capitalisme pur et dur n'est déjà plus considéré en lui-même, intrinsèquement, comme la voie naturelle de la modernité. Cela fait maintenant plus de vingt ans que la crise fait rage, avec des hauts et des bas, des avancées et des reculs, des rémissions et des rechutes. Elle prend certes des formes très différentes d'un pays à l'autre. Elle ruine certains continents et en épargne d'autres. Elle a néanmoins déclenché de vrais drames, provoqué de profondes souffrances, déstabilisé des sociétés entières.

Certes, contrairement à l'idéologie communiste, la mise en œuvre de l'idéologie ultra-libérale est toujours réversible et n'a pas que des effets négatifs sur l'appareil de production, tant s'en faut. Elle n'a besoin, pour s'imposer, d'aucune police, d'aucune milice, d'aucune armée. Le flottement du dollar – décision libérale s'il en est – a cependant déréglé le marché monétaire, celui des capitaux, puis incité fortement les pays producteurs d'énergie à des mesures à leur tour sauvagement déstabilisatrices. Le système tout entier a vacillé pour avoir refusé des disciplines élementaires qui avaient pour tare principale de ne pas correspondre aux canons idéologiques du moment. Vingt ans après, les sociétés occidentales – européennes notamment – le paient encore lourdement.

Ce n'est pas tout. Lorsque les ultra-libéraux de la vague et de la mouvance de Ronald Reagan et de Margaret Thatcher sont arrivés au pouvoir, il y a maintenant quelque quinze ans, la politique de déréglementation systématique, de réduction impitoyable des programmes sociaux, de remise en cause de la législation sociale protectrice a fini par produire des effets économiques et *a fortiori* financiers positifs, mais au prix d'un développement du travail précaire, mal formé et mal payé. En appliquant les dogmes libéraux les plus intransigeants, le président américain et le Premier ministre britannique ont brutalement creusé les inégalités dans leurs pays respectifs. Les riches sont devenus plus riches, les pauvres plus pauvres. Les premiers sont devenus un peu plus nombreux, les seconds beaucoup plus nombreux. Des pans entiers des sociétés anglo-saxonnes se sont ainsi marginalisés ou laissé cruellement distancer sur le bas-côté de la route. Il en est né une société plus individualiste, plus égoïste, moins compatissante, plus réaliste peut-être mais aussi plus violente et plus cynique. Il faudra une génération au moins à chacun de ces deux grands pays pour que leur société redevienne plus solidaire, plus unie et plus confiante en elle-même. Triste bilan!

En France, les blessures ont été moindres parce que la tradition nationale est plus vigilante sur ce point. La plate-forme RPR-UDF de 1986 portait cependant la marque de la vogue reagano-thatchérienne. Elle ne fut que très partiellement appliquée. Le poids de l'idéologie n'a pas suffi alors pour faire plier la réalité sociale. La levée de boucliers massive provoquée par l'intention de réformer le système de santé fit reculer le gouvernement. Les grandes manifestations de lycéens et d'étudiants – entachées par la mort d'un des leurs – eurent raison des velléités de changement. On préféra en fait changer le ministre plutôt que l'université. S'il y eut bien comme prévu un gros train de privatisations et un allégement fiscal – idéologie libérale oblige –, si la politique de sécurité fut renforcée et si la politique de lutte contre l'immigration clandestine fut accentuée, la version française de l'ultra-libéralisme s'avéra fort édulcorée.

Entré à son tour à l'Hôtel de Matignon au printemps 1993, Édouard Balladur se comporta en libéral pragmatique, loin des dogmatismes idéologiques. Il se fit même le chantre d'un libéralisme bien tempéré. D'une main, il privatisa derechef, tentant de limiter la pression fiscale et de diminuer les charges de l'entreprise; de l'autre, il s'efforça d'amortir les effets de la crise en multipliant les mesures en faveur des chômeurs et en pratiquant une politique de primes ponctuelles et provisoires pour maintenir le pouvoir d'achat et relancer la consommation. Ce fut un exemple de libéralisme doux.

A chaque fois que le Premier ministre entreprit en revanche une politique plus idéologique, ce fut à son détriment. Son offensive sur le front de la laïcité se solda par une retraite précipitée en rase campagne. Sa tentative pour modifier à la hussarde le statut d'Air France l'obligea à un repli si spectaculaire qu'il suscita une véritable campagne de presse dans les journaux anglo-saxons de culture libérale (*Financial Times, Wall Street Journal, The Economist*, etc.).

La société française est allergique au tout libéral, comme elle est allergique au tout socialiste. Il en est né, avec l'expérience, une solide aversion pour les politiques gouvernementales trop visiblement idéologiques. Les Français ont sans doute une approche des enjeux politiques plus intellectuelle que d'autres nations. Ils se piquent de débats d'idées et s'abandonnent volontiers aux derniers courants à la mode. Mais malheur à qui les prend au mot et se mêle de mettre en pratique ce qu'ils ont applaudi en théorie! Aussitôt, les électeurs se rebellent bruyamment contre la mise en œuvre des idéologies que leurs votes approuvaient. A leurs yeux, il y a un temps pour les idées et un temps pour le gouvernement. Le premier vaut pour les campagnes, le second doit s'appliquer entre les élections.

Ce comportement-là, difficile à gérer, a été accentué par la crise. Les Français font, depuis, preuve d'une grande inconstance idéologique. Ils s'intéressent toujours aux idées mais s'en lassent et s'en détournent de plus en plus vite. Ainsi se sont-ils laissé séduire par les grands projets de nationalisation de la gauche, conçus comme de vastes entreprises exemplaires, puissamment aidées par l'État, pionnières en matière sociale, compétitives sur le plan international. L'approche était typiquement idéologique et se voulait aussi symbolique que réelle. C'était une autre façon d'organiser les relations entre l'État, les entreprises, les syndicats, les salariés, la concurrence internationale et les consommateurs. Le temps de mettre en œuvre effectivement ces beaux projets, et les Français s'en étaient déjà détournés, revenus des mirages ultra-dirigistes pour redécouvrir promptement le charme plus discret des entreprises indépendantes, concurrentielles et de statut privé, mieux adaptées par nature aux contraintes du marché.

A peine les gouvernements libéraux facilitèrent-ils ces métamorphoses et s'attaquèrent-ils aux privatisations que déjà d'autres craintes renaissaient. L'actionnariat populaire fut sans doute bien accueilli, mais très vite les salariés des entreprises publiques organisèrent la défense de leur statut. Ils surent prestement convaincre leurs compatriotes. Leur résistance fut littéralement plébiscitée par l'opinion, décidément capricieuse. Les Français avaient de nouveau viré de bord et planté là les vaches sacrées idéologiques. Leur humeur a toujours été changeante. De Montaigne à Montesquieu, de Tocqueville à Benjamin Constant, les bons auteurs l'ont souvent souligné. Avec la crise et son enracinement, elle est devenue tout à fait cyclothymique, et fort nourrie d'esprit de contradiction.

Les vagues idéologiques successives, tour à tour poussées par des flux et des reflux, eurent raison au passage de toutes les idéologies exotiques qui figuraient rituellement dans le paysage politique français. Il y eut, sur ce plan, comme une vaste opération de drainage. Devant les dangers et les sacrifices, les épreuves et les risques des vingt dernières années, le prestige des thèmes et des valeurs d'importation lointaine et d'application incertaine s'affaiblit brusquement. Ainsi le maoïsme a-t-il achevé de perdre la quasi-totalité de ses disciples hexagonaux. La France n'avait pourtant pas manqué d'intellectuels célèbres, tout prêts à se faire les ambassadeurs extraordinaires de l'idéologie chinoise. Des groupuscules actifs avaient jadis et naguère influencé quelques milieux d'étudiants et de jeunes ouvriers. Leurs rangs se sont subitement clairsemés, comme si la mythologie révolutionnaire était exorcisée par la gravité de la situation.

En d'autres temps, dans d'autres circonstances, devant d'autres crises, les réactions ont pourtant été inverses. Les guerres, européennes et coloniales, les crises économiques, politiques ou culturelles ont souvent provoqué une prolifération d'extrémismes idéologiques. Cette fois-ci, c'est l'inverse qui se produit. L'extrême droite tente de se faire idéologiquement respectable, l'extrême gauche pâlit. Les trotskystes sont moins nombreux et leur entrisme s'avère souvent par des abjurations au sein des institutions qu'ils ont investies. Le communisme orthodoxe s'édulcore de plus en plus. L'Algérie a cessé depuis belle lurette de fournir une inspiration idéologique à quiconque. Nelson Mandela, devenu prix Nobel et président de son pays, place son courage irréductible et son prestige emblématique au service d'un réformisme inopiné. Castro perd chaque jour, au rythme de l'exil des Cubains, les couleurs du romantisme révolutionnaire pour vieillir en despote archaïque. Les idéologies oniriques ou dogmatiques, venues des révolutions lointaines, paraissent s'asphyxier les unes après les autres. Le tiers monde a cessé d'être une source d'inspiration pour devenir un objet de compassion. Les guérillas n'enthousiasment plus personne. Les derniers pays communistes se réforment et Carlos croupit en prison. Les révolutions n'étaient belles qu'avant la crise.

Comme par réaction a surgi brusquement au cœur de la crise une idéologie du consensus français. La tradition voulait que la France se regarde elle-même comme déchirée, divisée, démembrée en fractions antagonistes et en partis impitoyablement ennemis les uns des autres. Les Gaulois, c'était une affaire entendue, manifestaient une propension exceptionnelle – et même un plaisir évident – à se quereller, à s'injurier, à s'entre-excommunier. Cela faisait partie intégrante de l'« exception française »; cela établissait aussi le poids des idéologies adverses au sein de la société. Cela intriguait les sociologues, passionnait les historiens et ne facilitait pas la tâche des gouvernants. Voilà que, tout à coup, a surgi, comme à l'occasion des guerres et des grandes épreuves collectives, une nouvelle idéologie, fondée, tout au contraire, sur l'unité, la tolérance, la modernité, la réconciliation et l'art des convergences.

Elle est apparue en réalité avec le septennat de Valéry Giscard d'Estaing. Au milieu des années soixante-dix, devant la brutalité des dérèglements économiques internationaux – c'était l'époque où le prix du pétrole flambait, où le dollar s'affaissait, où l'inflation culminait, où rien ne restait plus sous contrôle – et devant l'ascension vertigineuse du chômage, avec son cortège de drames individuels et de blessures collectives, s'est exprimée une aspiration soudaine à l'apaisement idéologique, à la trêve sociale, au rassemblement et au dialogue. Les idéologies reflètent et théorisent les mouvements sociaux autant qu'elles les inspirent et les modèlent. Une demande de consensus s'exprimait, une idéologie s'est aussitôt échafaudée.

Celle-ci valorisait, contre toutes les traditions intellectuelles et contre tous les dogmes politiques, les facteurs d'unité au détriment des facteurs de division, la discussion plutôt que le conflit, la concertation plutôt que l'anathème, la réforme plutôt que la rupture, le gradualisme plutôt que le maximalisme. Cela se manifesta concrètement par la reconnaissance ou le renforcement des droits des minorités, par la modernisation de la législation sur les mœurs, par la défense accrue des droits des femmes ou par le vote à dix-huit ans. Devant le surgissement d'une crise particulièrement menaçante et impressionnante, d'un type que la société française, après trois décennies de croissance et de prospérité, n'était pas préparée à affronter, un désir de plus d'intégration sociale se manifestait. Instinctivement, l'apparition d'un péril faisait se resserrer les rangs. L'État et le gouvernement traduisirent ces aspirations en actes. Une idéologie de la tolérance et de la solidarité s'esquissait.

Elle a beaucoup surpris et dérangé, elle a donc provoqué de grands chocs en retour, et a été balayée avant de resurgir bientôt. La politique d'ouverture expérimentée par Valéry Giscard d'Estaing décontenançait et offusquait la gauche classique comme la droite traditionnelle. Les tentatives de débat entre le patronat moderne et, par exemple, la CFDT troublaient et irritaient tout autant. La valorisation de la modernité sociale par un pouvoir dont la base électorale était conservatrice était presque ressentie comme une trahison. Si la droite se mêlait de vouloir être novatrice, alors où allait-on? Il y eut donc force levées de bouclier, polémiques et dénonciations de l'idéologie du consensus. Celle-ci ne résista pas au grand retour des affrontements binaires, gauche contre droite, à la fin du septennat. L'élection de François Mitterrand le 10 mai 1981, arrachée sur le registre d'une âpre confrontation et sur un socle idéologique pur et dur – les « 110 propositions » – marquait aussi une défaite de l'idéologie du consensus. Deux ans plus tard, celle-ci réapparaissait cependant et, depuis, bousculée et rejetée à l'approche des grandes échéances électorales, elle n'en resurgit pas moins, irrésistiblement, passé les premiers mois de l'alternance, sitôt les changements épuisés, asphyxiés ou rejetés. Depuis le début de la crise, l'idéologie du consensus a subi de nombreux revers mais n'a jamais été éradiquée.

C'est qu'il y a eu malentendu et même contresens à son sujet. Les contempteurs de la « soft-idéologie » comme François-Bernard Huyghe, les procureurs hérissés contre la « république du centre », les chroniqueurs, essayistes et polémistes qui ont rompu des lances contre ce qui leur semblait être un escamotage intellectuel, un pharisaïsme politique, tous ceux-là, fort nombreux parmi les dirigeants politiques, *a fortiori* parmi les leaders des partis, se trompaient tout simplement de cible. Le consensus n'a jamais prétendu effacer les clivages, empêcher les querelles, ignorer les antagonismes et surmonter toutes les contradictions de la société politique et de la société civile. Il s'agissait tout simplement, dans une période d'épreuves et d'incertitudes, de souligner les éléments d'unité et de cohésion et aussi l'importance de la règle du jeu démocratique et sociale, au sein d'une communauté nationale angoissée et meurtrie.

Ainsi furent mis en lumière, pêle-mêle, la popularité bien enracinée des institutions de la Ve République (elles furent au passage toilettées et modernisées, comme en témoigne l'ascension du Conseil constitutionnel), la confiance dans la solidité de l'administration française (plus efficace et plus puissante que dans les autres États européens), l'adhésion, à l'époque très largement partagée, à la construction européenne, la loyauté au sein de l'Alliance atlantique (en un temps où l'URSS se montrait plus impérialiste que jamais, de l'Afghanistan aux SS 20), la revalorisation de l'image des entreprises, l'accoutumance progressive et assez neuve en France aux contraintes du marché et de la concurrence, l'attachement très marqué aux institutions sociales, dont le caractère protecteur prenait un soudain relief dans les convulsions de la crise, l'affirmation d'une politique plus stricte de l'immigration, débouchant nécessairement sur l'intégration laïque et républicaine, la nécessité, enfin, d'une politique de solidarité nationale active, même si elle élevait le poids des prélèvements.

La prise de conscience des facteurs d'union cimentait la communauté nationale au milieu des secousses et des agressions de la crise. La mise en valeur, en exergue même, des implications de la règle du jeu démocratique à la française relativisait les affrontements – mais ne les niait pas – et pacifiait les antagonismes – mais ne les bridait pas. Il y avait là, aussi, comme l'intuition ou la prescience des alternances politiques successives qui allaient tant modifier la physionomie de la Ve République et de la société politique française. L'idéologie du consensus ne débouchait donc pas sur la négation des idéologies partisanes. Elle les relativisait, les incitait à se moderniser et, en quelque sorte, organisait leur affrontement légitime, rafraîchissant le décor démocratique et encadrant les règles du jeu. La valorisation, face à la crise, des facteurs d'unité a surtout témoigné de la cohésion de la communauté nationale.

Elle n'implique cependant en rien l'affaissement des idéologies. Elle les incite, les pousse et parfois les contraint à se renouveler. Le consensus français ne signe pas la mort des idéologies mais la nécessité de leur transformation et de leur modernisation. C'est bien, d'ailleurs, ce qui se produit. De nouvelles idéologies ou des idéologies renouvelées, rénovées, affleurent, apparaissant et se distinguant progressivement. Elles répondent, elles aussi, à une demande sociale. Face aux peurs, aux changements, aux incertitudes, une aspiration à des valeurs et à des concepts se fait clairement sentir. Lorsque la société vacille, souffre et s'interroge, il faut à la fois des démonstrations et des certitudes unitaires mais aussi l'apparition d'idées neuves – justes ou fausses, selon les cas –, d'espérances inédites, bref des facteurs de recomposition idéologique. Les vieilles idéologies sont rejetées. Le consensus est apprécié. Des idéologies nouvelles sont confusément recherchées. En période de crise, une société a décidément besoin de racines plus apparentes – d'où le consensus – mais aussi d'espérances ou d'illusions neuves – d'où les nouvelles idéologies.

Certaines d'entre elles tirent les leçons de la crise tout en se rattachant directement à des traditions idéologiques antérieures : c'est le cas de l'idéologie social-démocrate, à la fois critique et parente de l'idéologie socialiste; c'est celui de l'idéologie libérale, cousine émancipée de l'idéologie gaullo-colbertienne; c'est aussi celui de l'idéologie européenne, synthèse rénovée de l'idéologie démocrate-chrétienne à l'épreuve des resurgences des nationalismes et des exigences redoublées de solidarité sociale. C'est même celui de l'idéologie néo-communiste, contrainte à une restauration hâtive sur les ruines de l'idéologie léniniste sinistrée.

D'autres, en revanche, se sont spécifiquement construites en réaction à la crise et à ses dérèglements. Elles n'étaient pas sans précédents et il est parfois aisé de reconstituer leur filiation et de décrire leur généalogie. Elles sont cependant clairement réapparues dans les années quatre-vingt et n'ont retrouvé d'emprise et de popularité qu'à partir de cette période, ou bien elles n'ont réellement cristallisé et rassemblé les concepts, les valeurs, les croyances et les idées qui les composent qu'à cette occasion-là. L'idéologie populiste relève évidemment de cette catégorie, l'idéologie écologiste également, ainsi d'ailleurs que l'idéologie des droits de l'homme. Il s'agit bel et bien de trois réactions directement issues de la crise et qui ont donné naissance à des idéologies caractéristiques.

Le populisme constitue la réplique idéologique et politique la plus spectaculaire à la crise et aux dérèglements qu'a subis la société française. Il inspire des hommes, des mouvements et des partis bien distincts et parfois très différents les uns des autres, de Jean-Marie Le Pen à Bernard Tapie, adversaires déclarés et cependant parents pas si éloignés que cela, de Philippe de Villiers à Sir James Goldsmith, qui ont fini par faire équipe ensemble. Il essaime, imprègne et touche bien au-delà de ces seules mouvances-là. Nombre d'intellectuels qui se récrieraient et s'indigneraient si on les rangeait en lisière des populismes n'empruntent pas moins régulièrement, dans leurs diatribes et dans leurs charges, des humeurs, des facilités, des tons et parfois des arguments qui relèvent de l'arsenal populiste. Il y a, dans la France d'aujourd'hui, une idéologie populiste qui influence directement ou obliquement un tiers de la population et au moins autant de ceux qui recherchent ses suffrages ou qui s'expriment sur la place publique.

Ses éléments constitutifs sont aisés à identifier. Le populisme n'est pas seulement l'exploitation, sur un ton indigné et dénonciateur, des colères et des peurs, des craintes et des ressentiments, des malaises et des rancœurs. C'est assurément un style, généralement pittoresque et souvent vulgaire, c'est à coup sûr un registre, jouant sur les passions et les sentiments, les pulsions et les instincts, l'irrationalité et l'émotivité. C'est aussi le faisceau de plusieurs thèmes bien typés qui correspondent à autant de valeurs, de convictions ou d'idées-forces.

Le populisme est d'abord un canal de dérivation de la démagogie. Il exploite les sentiments populaires les plus primitifs, délibérément, pour s'assurer une emprise sur les esprits. Il exagère, il déforme, il simplifie, il accuse, mais surtout il récupère les croyances les plus répandues par temps de troubles. Il définit et il dénonce des boucs émissaires. Dans sa variante d'extrême droite, il montre du doigt l'étranger, l'immigré ou, au sein de la communauté nationale, le minoritaire, l'atypique, le déviant : le Maghrébin, l'Arabe, le Noir mais aussi l'homosexuel, le malade du sida, le drogué, ou encore l'intellectuel progressiste, le prêtre d'extrême gauche, et aussi le riche, le capitaliste, l'Anglo-Saxon et, bien sûr et toujours, le juif.

Dans sa variante de droite traditionnelle, extrémisée par la crise – dont Philippe de Villiers est l'archétype le plus talentueux –, il s'en prend au technocrate, à l'eurocrate, aux gnomes de Zurich et aux nains de Bruxelles, aux spéculateurs de New York et aux hauts fonctionnaires du Quai de Bercy. Le style est plus châtié, toute xénophobie est soigneusement gommée, mais il y a toujours, sous une forme plus sophistiquée, dénonciation véhémente des puissances lointaines, forcément malveillantes, forcément mystérieuses et forcément coalisées contre la malheureuse France, cette cible perpétuelle du reste de l'humanité. C'est toujours l'exploitation sans vergogne, sinon sans brio, du complexe d'encerclement, de l'obsession de la France en citadelle assiégée par les forces du mal.

Dans sa variante de gauche, personnifiée par Bernard Tapie, mais à laquelle peuvent faire écho sporadiquement un Max Gallo et plusieurs représentants de la gauche socialiste, il s'agit plutôt de la thématique du petit peuple face aux « gros », des déshérités face aux possédants, aux privilégiés, aux pouvoirs égoïstes, à « ceux d'en haut » contre « ceux d'en bas ». Il y a dans cette rhétorique manichéenne un appel à la protestation populaire contre les privilèges éhontés de riches cupides et égoïstes. C'est la tradition sans-culotte, hébertiste qui resurgit ainsi, mêlée au culte d'une virilité révoltée et au défi perpétuel, exalté, combatif et gouailleur. C'est Marat et Gavroche, le petit peuple toujours joué, toujours vaillant, à qui s'offrent des chefs lorsqu'il se met en colère.

Le populisme se présente ainsi comme un antiélitisme délibéré, comme une antitechnocratie assumée. Il faut, sur des tons et des thèmes qui varient, de la gauche archaïque à l'extrême droite éternelle, dénoncer fortement l'échec des catégories dirigeantes – puisque la France est en crise – et la culpabilité des hauts fonctionnaires, présentés obsessionnellement comme des intellectuels à l'esprit abstrait, lointains et dépourvus de toute connaissance du monde réel, congénitalement infirmes en matière de sensibilité et de sentiments. Le populisme dénonce le fossé, l'abîme entre le peuple et ses dirigeants, entre la haute fonction publique et les malheureux citoyens, entre la bureaucratie et ses assujettis, entre les intellectuels parisiens, les technocrates européens et la masse des Français. Les pouvoirs établis, voilà l'ennemi. Nombre de gens de plume qui se mêlent au débat n'hésitent pas à reprendre l'argument.

Le populisme se défie donc du monde extérieur et récuse les classes dirigeantes. Il joue aussi abondamment du sentiment de persécution, de la crainte du sacrifice. Chaque catégorie en difficulté, chaque profession menacée devient ainsi un lieu de recrutement tout naturel en temps de crise : banlieues déshéritées qui se croient abandonnées, paysans pris à la gorge par leur endettement, petits commerçants, artisans, petits patrons frappés par la stagnation ou le recul de la consommation, victimes de l'insécurité et de la délinquance : toute une population en péril s'offre aux tentations d'une idéologie qui leur souffle ou leur crie qu'ils sont abandonnés, laissés sur le bord de la route. Le populisme s'épanouit dès qu'il y a menace sociale ou déficit de solidarité. Il marie la précarité avec le sentiment d'injustice. Il entretient enfin la nostalgie d'une communauté unie et prospère qui, bien souvent, n'a jamais existé. c'est le mythe de l'âge d'or et celui du paradis perdu.

C'est enfin un type de communication bien particulier, jouant savamment de l'émotion, de la personnalisation, du talent de procureur, provocateur et télégénique. Le leader populiste doit être un tribun cathodique au langage coloré, imagé, affectif et courroucé. Il peut bien être une utopie et une nostalgie à la fois, puisqu'il faut d'abord être tribunitien et protestataire. Le populiste est un orateur en colère.

L'idéologie écologiste n'a ni les mêmes racines ni les mêmes formes, mais elle en appelle parfois aux mêmes sentiments. Elle aussi se définit d'abord comme une protestation. Il est vrai que ce qu'elle met en cause par priorité – un type de développement économique, et surtout l'hégémonie des critères financiers et industriels sur toutes les autres données – n'est pas seulement lié à la crise. L'idéologie écologique s'est en fait peu à peu enracinée en France depuis la fin des années soixante, en réaction contre l'industrialisme et l'idéologie de la croissance et de la consommation, alors à leur apogée. La crise lui a cependant donné son ampleur, fourni des arguments et assuré une audience. Si les thèmes populistes atteignent plus ou moins intensément le tiers des Français, les thèmes écologistes intéressent régulièrement un cinquième des citoyens, notamment parmi les plus jeunes et les plus cultivés. Cela ne se traduit pas par des chiffres électoraux proportionnels, en raison des divisions et des querelles obscures de chapelles, forcément dissuasives, que se livrent les militants environnementalistes français. Eux qui plaident pour le désarmement et seraient volontiers pacifistes ne mettent guère leurs pratiques personnelles en accord avec leurs convictions. Leur douceur et leur compassion théoriques ne les empêchent pas de s'entre-déchirer furieusement.

Au-delà de ces batailles intestines d'appareils, aussi ésotériques et vaudevillesques que celles du PSU dans les années soixante, existent cependant des idées qui ont de la force et des valeurs qui possèdent un impact. L'écologie soulève de vraies questions sur les rapports entre la nature et l'homme, sur l'ordre des priorités dans la logique des sociétés libérales avancées actuelles, sur les risques, bien sûr, que les perfectionnements technologiques font courir au cadre de vie des hommes. Leurs campagnes ardemment antinucléaires, leurs luttes contre les autoroutes et parfois contre le TGV, leurs protestations contre les tunnels qui détruisent le paysage, les barrages qui ruinent les équilibres naturels ont souvent des accents archaïques et des méthodes expéditives. Les valeurs qui les inspirent, la volonté qui les anime de pouvoir surveiller les formes du développement économique, leurs préoccupations en matière de démocratie, de participation, de contrôle et d'information, leur vocation en somme de contre-pouvoir n'est ni sans intérêt ni sans importance. L'idéologie écologiste traduit maladroitement, parfois puérilement, des interrogations et des réflexions sur les rapport entre progrès technique, impératifs financiers, préservation de la nature et primauté du facteur humain qu'on ne peut pas traiter à la légère.

La crise, avec sa remise en cause de la logique économique dominante, avec les souffrances sociales qu'elle a imposées, avec les revendications sauvages qui se sont multipliées, lui a donné une chance d'obtenir une audience dont elle ne disposait pas. Cette influence est évidemment ambiguë : l'idéologie écologiste ressemble fort à une idéologie d'évasion, d'attente, de substitution. Traumatisés par la crise, défiants vis-à-vis des partis de gouvernement et des équipes qui se sont succédé au pouvoir, allergiques aux sirènes des extrémistes, une fraction des Français et des Françaises, notamment les jeunes bénéficiant d'une bonne formation professionnelle et culturelle, se montrent sensibles aux thèmes et aux valeurs des écologistes. C'est pour eux une façon de ne pas avoir à choisir entre la gauche et la droite. C'est aussi pour eux une manière de manifester une protestation contre les blessures de la crise, sans tomber cependant dans la démagogie simpliste des populistes. C'est enfin un moyen de questionner la société sur la logique de son développement.

Les solutions mises en avant par les plates-formes des écologistes apparaissent cependant beaucoup moins convaincantes que leurs interrogations. L'idéologie écologiste donne de faibles réponses à de judicieuses questions. Elle plaide pour plus de démocratie efficace, mais elle s'avère totalement incapable de mettre en œuvre ses idées au sein de ses propres organisations. Elle voudrait imposer des critères stricts au développement industriel, mais elle fournit fort peu de solutions sérieuses en matière de création d'emplois. Elle milite avec insistance pour une approche plus pacifique, plus constructive, plus solidaire des relations internationales, mais elle n'offre pas le moindre élément concret permettant de progresser dans cette direction. Elle ressemble donc de plus en plus à une protestation argumentée contre une situation à laquelle elle ne trouve guère de solutions. D'où la volatilité de son électorat, d'où son faible crédit lors des grandes échéances. L'idéologie écologiste apparaît ainsi comme une idéologie de transition, comme un exercice critique salubre mais stérile, faute de réponses précises et de propositions sérieuses.

L'idéologie des droits de l'homme surgit elle aussi du chaos de la crise. Elle se situe au confluent de deux phénomènes essentiels : d'une part, l'effondrement du communisme européen, qui a laissé une mouvance de Français orphelins et rebelles à l'égard d'une société qui leur paraît cruelle et socialement cadenassée – ils se montrent désireux de trouver une cause qui donne un sens à leur besoin d'engagements idéalistes; et, d'autre part, la mauvaise conscience croissante du Vieux Monde, relativement privilégiée malgré les soubresauts économiques, vis-à-vis des pays du tiers monde, de plus en plus menacés par la famine, la désertification, la maladie, la drogue, la violene et le désespoir. Il en est né peu à peu, depuis une dizaine d'années, une nouvelle idéologie, une nouvelle utopie agissante. Privés de toute référence révolutionnaire exaltante, désillusionnés sur la réalité des pays communistes, cauchemardesque et dissuasive, hantés néanmoins par les injustices terrifiantes et les malheurs constants qui s'abattent sur les pays en voie de développement, nombre d'intellectuels, d'ex-militants gauchistes ou communistes, de déçus du socialisme et de demi-soldes des idéologies fanées se sont tournés vers ce thème éternellement d'actualité, jamais atteint, toujours renouvelé : les droits de l'homme.

Voilà au moins une direction où, contrairement à ce qui s'est passé avec le monde communiste, l'idéologie ne risque pas de devenir oppressive. L'idéologie des droits de l'homme est par nature antitotalitaire et post-soviétique. Elle est aussi portée de nouveau au premier plan par les inexorables régressions des libertés les plus élémentaires depuis que la crise est venue aggraver – dans des proportions inconnues et d'ailleurs inimaginables en Europe – la situation des pays pauvres. L'effondrement des niveaux de vie, transformant la précarité et la pauvreté en disette et parfois en famine, n'a pas seulement eu des conséquences matérielles, déjà dramatiques en elles-mêmes. Elle a aussi entraîné un recul brutal de toute garantie des droits individuels, de toute protection contre l'absolutisme et l'arbitraire. Lutter contre les vagues d'épidémie et de malnutrition; tenter d'améliorer des situations littéralement infernales sur le plan médical, sanitaire, vétérinaire; faire parvenir les vivres et les médicaments de première urgence et, en cas de catastrophe, des équipes médicales ou de génie civil; dénoncer les violations des droits de l'homme; batailler pour faire progresser le front des démocraties; alerter l'opinion internationale en cas de guerre civile, d'affrontements tribaux, d'invasions étrangères, de massacres, de déportations et de mauvais traitements : l'idéologie des droits de l'homme ne manque ni de motifs, ni d'objectifs, ni de terrains d'action.

Elle a pris en France une place très significative sur les champs en ruine des idéologies de gauche et, moins souvent, de droite. Son poids électoral est secondaire, comme l'a démontré la piteuse expérience de la liste européenne en faveur de la Bosnie. Cette idéologie-là n'est pas faite pour s'incarner sur un terrain politique classique. En revanche, elle peut inspirer de vrais engagements et même de vrais héroïsmes; elle peut émouvoir les foules, susciter d'authentiques mouvements de solidarité; elle peut peser sur les gouvernements, faire irruption dans les débats. Elle possède déjà quelques figures emblématiques, à commencer par Bernard Kouchner. Les organisations comme Médecins du monde, Médecins sans frontières, Amnesty International et bien d'autres viennent renforcer, compléter, renouveler l'action de la Croix-Rouge ou du Haut-Commissariat pour les réfugiés. Le concept de devoir d'ingérence humanitaire, forgé par Jean-François Revel, popularisé et mis en œuvre par Bernard Kouchner et ses amis, a bien prouvé, en se concrétisant, que cette idéologie-là ne tenait pas seulement du rêve ou de l'utopie. Elle a marqué des points, souvent tardifs, toujours périlleux, de l'Afghanistan au Rwanda, de la Bosnie à la Somalie, des Kurdes d'Irak aux boat-people. Son influence se heurte à toutes les pesanteurs du monde, du conservatisme des diplomaties aux lenteurs de l'ONU, en passant par l'opposition des intérêts matériels et financiers mis en cause et la violence physique qui lui est opposée dans bien des foyers de persécutions ou de misère.

La crise s'enracinant, elle a trouvé aussi, hélas, des points d'application jusqu'en France, où le quart monde s'est installé en marge de la société. Des tentatives comme celles de l'abbé Pierre ou de Coluche, réveillant les consciences, bouleversant les méthodes de l'Armée du salut, du Secours catholique, du Secours populaire et de bien d'autres associations, en ont démontré la pugnacité et l'utilité. Cette idéologie-là ne propose pas un modèle de société spécifique, elle s'épuise parfois en cris d'indignation. Elle joue cependant un rôle de critique sociale, de démythification des relations internationales, de dénonciation des égoïsmes et des passivités, de tribune perpétuelle des misérables et des opprimés. Née avec la crise, stimulée par la dislocation de l'empire soviétique, elle reste très protestatairc mais n'en remplit pas moins une mission, salubre entre toutes, de réveil des consciences, de refus de la passivité devant les tyrannies, les menaces et les catastrophes naturelles qui élargit, renouvelle et humanise le débat.

L'idéologie des droits de l'homme constitue la forme de protestation la plus légitime et la capacité d'indignation et de mobilisation la plus fondée et la plus active. Elle ne propose ni une explication du monde ni un modèle de société. Elle ressemble parfois à une idéologie relais, à un mode de transition entre le rejet des vieilles idéologies et la naissance d'idéologies neuves qui, immanquablement, leur succéderont. Telle quelle, elle marque le débat, imprègne l'ensemble des acteurs sociaux, culturels et politiques. Elle dérange assez efficacement pour peser effectivement.

A côté de ces idéologies réactives, le recyclage et la rénovation d'idéologies plus classiques, antérieures à la crise, peuvent apparaître modestes, secondaires ou insignifiants. Il n'en est pourtant rien. La rénovation d'idéologies contestées ou essoufflées, voire récusées, prépare d'autres métamorphoses et correspond parfois à de véritables débats d'avenir. Certes, l'idéologie post-communiste paraît mener un combat d'arrière-garde et ses évolutions ne semblent guère porteuses d'avenir. Des tentatives de réhabilitation du marxisme apparaissent cependant, sous le patronage d'intellectuels français prestigieux, comme Jacques Derrida, fort appréciés dans les plus grandes universités américaines.

Le Parti communiste, assurément beaucoup plus faible que ce qu'il fut – il influence cependant encore avec ses organisations de masse près de 10 % de Français –, engage à pas comptés son « aggiornamento » idéologique afin de survivre. Il cherche à concilier pluralisme et marxisme, il remplace peu à peu les concepts du collectivisme par les thèmes plus présentables de critères et de valeurs sociaux. Il met au goût du jour son analyse des classes, afin de passer progressivement de ses fondements prolétariens aux canons plus contemporains du salariat.

Même si, dans les ex-pays de l'Est, les partis héritiers du communisme remportent ici et là des revanches relatives, on peut tout de même douter que la modernisation de l'idéologie communiste française – ou post-communiste – puisse espérer reconquérir son audience antérieure. Son emprise a diminué des deux tiers en trente ans. Son reflux a débuté avant la crise, s'est poursuivi pendant et n'a guère de motifs d'espérance supplémentaire si la France sort peu à peu de cette phase détestable. L'idéologie communiste proposait jadis un modèle de société et s'appuyait sur un système de références valorisant le bloc des pays de l'Est mené par l'Union soviétique. Maintenant que l'ex-URSS n'apparaît plus comme le spectre d'un empire tyrannique et inefficace, le modèle de société s'effondre. L'utopie communiste se désintègre, reste la dimension protestataire et critique de son idéologie. Elle n'a jamais manqué de force et d'arguments. Elle peut inspirer une idéologie en peau de chagrin.

L'apparition progressive d'une idéologie social-démocrate constitue en revanche une nouveauté beaucoup plus radicale qu'on ne pourrait le croire sur l'instant. Elle se bâtit peu à peu sur les ruines et les désillusions de l'idéologie socialiste traditionnelle à la française. Elle ressemble plus à l'idéologie des grands partis sociaux-démocrates européens – allemand, scandinave, espagnol et autrichien notamment – qu'à celle du « projet socialiste » de 1979, qui constitue théoriquement la référence historique française. Le socialisme tricolore se différenciait en réalité substantiellement de la social-démocratie des pays d'Europe du Nord. Il se voulait plus ambitieux, il était plus intransigeant. Il comportait un vaste programme de nationalisations, des mesures fiscales drastiques sur les hauts revenus, un alourdissement énorme des charges des entreprises, tout un train de mesures sociales généreuses qui auraient été dispendieuses en période ordinaire mais qui, en pleine crise, tournaient le dos à toute rigueur. C'était en réalité une logique qui récusait les lois de l'économie de marché. Elle admettait la concurrence mais elle en refusait les moyens ; elle ne remettait pas en cause l'ouverture des frontières, mais elle handicapait terriblement les entreprises françaises par rapport aux firmes étrangères. Elle se présentait surtout, sur les plans économique et social, comme intrinsèquement contradictoire, puisqu'elle mettait en œuvre une politique lourdement dirigiste, renforçant les moyens d'action et de contrôle de l'État, alors que la France restait immergée au sein d'une communauté européenne d'inspiration et de méthode libérales.

Dans d'autres domaines – la décentralisation, la suppression de la peine de mort et des tribunaux d'exception, l'élargissement des droits des travailleurs dans l'entreprise, etc. –, elle se rapprochait plus de ses cousines social-démocrates. Pour le cœur même de son inspiration, elle s'en éloignait au contraire brutalement. L'idéologie socialiste française du début des années quatre-vingt verrouillait l'emprise économique de l'État et fragilisait terriblement la situation des entreprises privées. Elle restait simultanément d'un parfait traditionalisme en ce qui concerne les relations sociales – État, entreprises, syndicats –, puisque la puissance publique, légiférant, décrétant et arrêtant, imposait sa volonté sans même tenter d'imaginer de nouvelles procédures de concertation et de coopération. Il y avait rupture avec les lois du marché sur le plan économique, et continuité avec l'autoritarisme traditionnel de l'État sur le plan social. C'était donc le contraire même de la social-démocratie qui intègre les lois du marché sur le plan économique mais élabore une politique de relations sociales industrielles audacieuse et systématique. Le socialisme à la française rompait sur le terrain économique et restait très conservateur sur le terrain social, alors que les social-démocraties d'Europe du Nord s'intègrent au marché sur le plan économique, mais innovent sur le plan social. La fameuse exception française prenait ainsi le reste de l'Europe à contre-pied. L'idéologie socialiste tricolore croyait innover, alors qu'elle a incarné involontairement une régression économique caractérisée. Elle se figurait être hardie, alors qu'elle s'est montrée d'un conformisme archaïque sur le plan social. En somme, elle s'est ainsi éloignée d'un même mouvement des principes du libéralisme et des préceptes de la social-démocratie.

Cet anachronisme économique et ce conformisme social constituaient de toute évidence un contresens historique. Les années qui suivirent furent donc le théâtre de rectifications empiriques. Les contraintes européennes obligèrent les socialistes à revenir progressivement des illusions de la rupture au respect du marché. Ce fut le tournant de 1983-1984, d'abord européen puis industriel. Laurent Fabius le baptisa modernisation. Sur le plan idéologique, c'était plutôt une normalisation économique. Dans sa « Lettre à tous les Français » de 1988, dernier avatar officiel de l'idéologie socialiste, François Mitterrand en tira la leçon. Le socialisme français, toujours peu imaginatif sur le plan social (les quelques mesures nouvelles comme le RMI étant beaucoup plus protectrices et défensives que novatrices), se ralliait au marché sur le plan économique. La moitié du chemin était parcourue.

Depuis, la mode de la société civile, supposée plus moderne et plus valorisante que la société politique, et l'essor de l'idéologie des droits de l'homme ont tenu lieu de faux nez idéologique. Avec le retour de la droite au pouvoir, on perçoit cependant un double mouvement intellectuel. Une fraction des socialistes revient, avec Jean-Pierre Chevènement, au mythe ultra-dirigiste – jacobin – des débuts du premier septennat de François Mitterrand. L'aile gauche du PS paraît tentée, à un moindre degré, par ce retour en arrière.

La « deuxième gauche », en revanche, girondine, sincèrement acquise aux mécanismes du marché et de la concurrence, beaucoup plus ardemment européenne, fait mouvement vers l'idéologie social-démocrate. Elle a compris que l'innovation n'était pas dans la rupture économique mais dans l'imagination sociale, que la France avait, là-dessus, tout à réinventer et que les prochains chantiers de la reconstruction idéologique de la gauche devront se concentrer sur ce terrain. Il s'agit de reconstituer un tissu social déchiré par la crise; de mettre au point un nouveau mode de relations tripartites entre l'État, les entreprises et les syndicats, comme cela se pratique en Allemagne, en Hollande ou en Scandinavie; d'imaginer les voies et les moyens permettant de ressusciter les acteurs sociaux – syndicats, patronats, mutuelles, coopératives, associations culturelles, etc. –, terriblement affaiblis et parfois exsangues; de reprendre en somme la définition de cet éternel contrat social dont il est question depuis un quart de siècle (il avait provoqué un débat retentissant au début du gouvernement Chaban-Delmas en 1969), pour aboutir à la mise au point d'une idéologie social-démocrate française. Ce serait un tournant idéologique de taille, puisque jamais le socialisme français ne s'est jusqu'ici officiellement et précisément rallié à la social-démocratie. Ce serait typiquement une idéologie de sortie de crise, avec constitution d'une nouvelle utopie. Ce serait également, pour la gauche française, le seul moyen réaliste de tourner honorablement la page du mitterrandisme, en innovant sur le plan théorique plutôt qu'en réglant des comptes sur le plan personnel. La social-démocratie est le seul horizon idéologique à la fois réaliste et nouveau de la gauche française. Beaucoup d'intellectuels, nombre de dirigeants en ont déjà pris conscience. Reste à savoir si l'élection présidentielle pourra être ou non l'occasion de cette rencontre de la gauche avec le monde réel et de cette modernisation idéologique substantielle.

Ayant été beaucoup moins au pouvoir que la gauche depuis le début des années quatre-vingt, la droite parlementaire ressent assurément moins le besoin d'une rénovation idéologique. Ayant le sentiment d'être de nouveau poussée par un mouvement électoral majoritaire, elle a davantage tendance à pratiquer des ajustements idéologiques discrets afin de ne pas effaroucher sa base, plutôt que d'innover en grande pompe. La droite modérée, imprégnée de culture gouvernementale sous la Ve République, a, de toute façon, toujours été beaucoup moins sensible que la gauche aux vents tournants de l'idéologie. Cela ne signifie cependant pas qu'elle n'ait pas intégré les leçons de la crise et qu'elle ait fait l'économie de quelques rectifications de frontières idéologiques. La droite française de gouvernement – RPR-UDF – sortira de la grande crise économique sensiblement plus libérale et moins colbertienne qu'elle ne l'était en l'abordant, ce qui ne signifie pas qu'elle soit en passe de se rallier au libéralisme intégral à l'anglo-saxonne.

Il existe, pour la première fois sous la Ve République, une sensibilité politique, une mouvance idéologique ouvertement libérale, c'est-à-dire favorable à un désengagement de l'État aussi large que possible, à une valorisation de l'initiative privée, à la promotion de la responsabilité individuelle, à l'acceptation sans réserve de la logique de la concurrence et de l'ouverture des frontières. Son influence s'étend. Un homme politique comme Alain Madelin, des économistes de poids comme Florin Aftalion ou Jean-Jacques Rosa, des journalistes comme Guy Sorman ou Henri Lepage appartiennent à cettc famille-là. Ils militent souvent en faveur, par exemple, des fonds de pension pour remplacer ou compléter les caisses de retraite classiques par répartition. Ils souhaiteraient que l'école privée sous contrat dispose exactement des mêmes privilèges que l'école publique. Ils soutiennent les thèses libre-échangistes et prônent le désarmement des frontières. En matière de mœurs, ils se montrent assez cohérents avec eux-mêmes, c'est-à-dire qu'ils respectent le libre choix de chacun dans sa sphère privée, grande différence avec les conservateurs, toujours attentifs au règne de l'ordre moral. S'agissant de questions à la fois cruciales et hautement symboliques comme l'immigration ou la drogue, ils prennent même des positions hardies qui font s'étrangler d'indignation les traditionalistes et pétrifient d'horreur les conformistes.

Ils ne prônent tout de même pas publiquement les coupes claires dans les budgets sociaux et la remise en cause drastique des mécanismes de protection sociale (encore que certains d'entre eux n'en soient pas loin, dans leurs articles ou dans leurs enseignements universitaires). Ils critiquent cependant sans trop de timidité la pyramide des subventions et des aides, tant aux entreprises qu'aux institutions sociales. Ce ne sont pas des intégristes du libéralisme, à la manière des conseillers de Margaret Thatcher ou de Ronald Reagan. Ils déploient cependant leurs couleurs, affichent leurs cohérences et bataillent pour leurs idées. Ils influencent nombre de parlementaires (plusieurs dizaines assistent régulièrement aux réunions dont Alain Madelin prend l'initiative), s'expriment d'abondance, constituent désormais un authentique courant de pensée. Il a fallu la crise et les grands débats de politique économique qu'elle a suscités pour qu'émerge ce courant jusqu'alors confidentiel en France, désormais en mesure d'y avoir droit de cité.

A côté de ce libéralisme à la française, qui a sa logique et ses porte-drapeaux, mais pèse plus sur les milieux dirigeants que sur l'électorat, peu désireux de renoncer à ses boucliers sociaux traditionnels, se développe au contraire ostensiblement un courant néo-protectionniste. Celui-ci, prenant le contre-pied exact de ce surgeon français du libéralisme, et s'adressant, lui, très directement aux citoyens, en appelle bruyamment au développement de la « préférence communautaire », à la mobilisation contre le libre-échangisme, qu'il rebaptise souvent « mondialisme », à la mise en place de tout un système de défense : barbacanes, échauguettes, donjons, poivrières, bretèches, tout leur est bon. Les néo-libéraux veulent desserrer les contraintes et les interventions publiques ; les néo-protectionnistes entendent au contraire barricader la France au sein de l'Europe et l'Europe au sein d'un monde hostile, forcément hostile. La droite de la droite, de Philippe de Villiers à Jean-Marie Le Pen, du prix Nobel d'économie Maurice Allais à Sir James Goldsmith, s'arc-boute sur ces positions. Il se forme décidément en France une géographie inédite de l'idéologie de droite, avec l'émergence élitiste de néo-libéraux et le surgissement populiste de néo-protectionnistes. Tous s'expriment plus carrément, plus véhémentement que c'était jadis le cas. La crise a dramatisé les enjeux de politique économique et son enracinement a cristallisé des positions idéologiques beaucoup plus nettement antagonistes que par le passé, au sein ou aux confins de la droite classique.

La tradition colbertienne française, naguère dominante, n'a pas disparu pour autant. Elle imprègne toujours les milieux gouvernementaux, elle inspire largement la haute fonction publique, elle influence profondément le patronat lui-même, elle marque les syndicats, elle conditionne les corporatismes. Cet équilibre spécifiquement national entre un État fort et agissant – en fait, autoritaire – et une économie de type de plus en plus libéral n'a pas traversé la crise sans changements. Le statut des entreprises, la liberté de leurs responsables ont été largement renforcés et revalorisés. La fin du contrôle des changes, la libre circulation des capitaux et des échanges commerciaux y contraignaient de toute façon. Le secteur industriel et financier public a cependant été substantiellement réduit pendant les deux gouvernements de cohabitation, celui de Jacques Chirac et celui d'Édouard Balladur. Il continuera de l'être si la droite reste au pouvoir. C'est affaire de commodité budgétaire certes, mais c'est aussi un choix idéologique de fond. Les charges des entreprises, alourdies au début de la crise, sont allégées depuis, assez continûment, et ce quels que soient les ministres. Les simplifications administratives, les déréglementations se multiplient. Il s'agit bien de faciliter au maximum la création et le développement des entreprises. La France revalorise son secteur privé, chante les louanges des industriels et des financiers qui réussissent, cependant que l'État se replie sur ses fonctions administratives et régaliennes, conservant néanmoins le contrôle d'importants services publics (surtout par comparaison avec les nations anglo-saxonnes) et continuant de mener une politique d'interventions et de subventions aussi active que réclamée de toutes parts.

Il se produit en somme un rééquilibrage idéologique au sein de la droite. Un groupe actif et influent mène campagne en faveur d'un libéralisme plus ambitieux, plus extensif, plus cohérent. Une autre mouvance plaide en revanche avec véhémence en faveur d'une économie beaucoup plus protectrice. Au centre de ce paysage idéologique redessiné, la tradition colbertienne continue de dominer. Elle a pris des couleurs plus authentiquement libérales que par le passé. Elle admet que le rôle de l'État est d'impulsion, de régulation, d'animation, de contrôle et de financement mais que les acteurs économiques doivent disposer de plus de liberté, d'autonomie, de marge d'action. L'État-arbitre reste puissant. L'État-contrôleur reste attentif. L'État-banquier reste fort sollicité. L'État-entrepreneur se fait cependant plus rare et a moins bonne conscience. Avec ce nouveau colbertisme, l'État fait faire plus qu'il ne fait lui-même. C'est un changement.

L'Europe, enfin, sécrète sa propre idéologie. Elle provoque d'ailleurs simultanément – et alimente involontairement – des courants violemment opposés à son système de valeurs et de concepts, preuve à la fois de leur impact et des appréhensions et allergies que ceux-ci suscitent. Il existe bel et bien une idéologie européenne qui imprègne la conscience politique des Français, traverse et fissure les différentes familles politiques, influence et fait réagir. Elle fait de la dimension communautaire la deuxième dimension permanente du débat politique, à côté de la dimension nationale. Elle se fonde sur l'idée que l'engagement européen de la France constitue son choix politique majeur, si dominant qu'il plie à ses canons les options alternatives partisanes, en fixe les limites, en ordonne les perspectives. Lorsque, en 1983, François Mitterrand, contraint de choisir entre une politique économique socialiste originale et les engagements européens de la France, donne la priorité aux seconds sur la première, il reconnaît cette primauté. Quand, en 1992, Jacques Chirac et Édouard Balladur, obligés de prendre position pour ou contre le traité de Maastricht et les critères de convergence économique contraignants qu'il implique, arbitrent en faveur de la solidarité européenne et contre les illusions de l'indépendance économique nationale, ils ratifient cette nouvelle hiérarchie. Lorsque Jacques Chirac annonce sa candidature à l'Élysée, il s'en affranchit en revanche. L'idéologie européenne s'impose à tous les partis de gouvernement. L'UDF l'accepte avec enthousiasme, le RPR s'y plie avec fatalisme (et non sans rechigner), le PS y adhère, non sans déchirements. Les processus diffèrent, le verdict est le même. Il ratifie toute une série de convictions qui fondent cette idéologie.

A la base, la certitude que la France sera plus puissante, plus prospère et plus influente au cœur de l'Union européenne : c'est par patriotisme que l'on choisit l'Europe [1], et non par un vague renoncement ou par une molle indifférence. L'idéologie européenne est une morale de conviction. Elle croit aux rapports de force entre les principaux pays, et donc à la nécessité d'organiser l'Europe en puissance collective pour faire pièce aux États-Unis, au Japon, après-demain à l'Inde, à la Chine ou au Brésil. Elle pense que la France y possède une influence particulière, en raison de ses titres historiques dans le développement de l'idée européenne, de ses liens spéciaux avec l'Allemagne et de sa vocation de vecteur naturel des équilibres politiques au sein de l'Union. Elle fait le pari que, malgré les crises internes et les élargissements successifs, avec les risques inévitables d'enlisement qu'ils représentent, ce rôle pourra s'affermir dans l'avenir.

L'idéologie européenne est un volontarisme, un optimisme et une prospective. Elle s'enracine à la fois dans la démocratie, dans l'économie de marché et dans la certitude que la mondialisation impose des pôles régionaux forts. Elle croit que l'Europe est créatrice de libertés individuelles, de prospérité et de force collective. Elle aspire à un univers idéaliste, à la fois ordonné, pacifique et coopératif. Elle n'enterre ni les nations ni les cultures mais imagine – utopie sans précédent comparable dans l'histoire – qu'elles peuvent s'unir librement et se conforter. Ses origines intellec-

1. Voir chapitre VIII, « Le mythe de l'Europe contre la nation ».

tuelles la tirent du côté de la démocratie chrétienne. Elle peut cependant absorber sans secousses irréparables les politiques social-démocrates ou libérales. En revanche, elle n'est compatible ni avec le communisme ni avec le socialisme français à l'ancienne (c'est-à-dire voulant rompre avec le capitalisme) ni, sur l'autre flanc, avec les populismes. Cette idéologie de rassemblement apparaît congénitalement incompatible avec un autre type de société. Elle est réformiste, gradualiste, peut s'accommoder d'alternances ou de cohabitations, pas d'extrémismes. Sa mécanique d'intégration est exclusive des idéologies de rupture. D'où d'ailleurs le gage de stabilité qu'elle constitue pour les démocraties qui la composent.

Elle complique, elle estompe incontestablement les frontières idéologiques entre la gauche et la droite. Elle ne les efface pourtant pas : elle les oblige ou plutôt les incite à se renouveler. Jadis, le clivage majeur passait entre la gauche et la droite. Ce fut vrai sous pratiquement toute la IIIe République, dès qu'elle se fut enracinée. Ensuite, l'opposition entre communistes et non-communistes ou anticommunistes obscurcit de nouveau les identités de gauche et de droite, notamment sous la IVe République. Aujourd'hui, la dimension européenne traverse tant tous les partis, toutes les familles de pensée qu'elle complique les classifications et désespère les amateurs de simplification. Les Français eux-mêmes – les sondages régulièrement organisés sur ce sujet le prouvent – sont nombreux et souvent majoritaires lorsqu'il s'agit de contester la pertinence des deux archipels idéologiques, celui de gauche et celui de droite. En fait, le dépérissement des idéologies originelles et la lenteur inévitable de l'émergence de nouvelles idéologies leur fournissent des arguments. La France traverse une transition idéologique et s'accoutume même à une idéologie de la transition.

Les nouveaux critères idéologiques susceptibles de distinguer la gauche de la droite se dégagent cependant peu à peu, alors que s'éloignent les normes obsolètes. Cela fait déjà un siècle qu'entre la gauche et la droite la république n'est pas une frontière idéologique. L'effondrement de l'Union soviétique achève d'exorciser à son tour le concept de révolution : cette référence-là disparaît peu à peu de la géographie idéologique française, sauf chez une poignée de théoriciens sans guère de lecteurs ou dans des cercles politiques résiduels. La nature de la propriété, collective ou individuelle, continue de conserver un certain poids (et d'ailleurs d'entretenir les polémiques, comme le prouvent les querelles rituelles autour des privatisations), mais se transforme tant et évolue si vite qu'elle risque de ne pas rester très longtemps opérationnelle. La république, la révolution, la propriété, les trois concepts majeurs qui distinguèrent en France idéologie de gauche et idéologie de droite, quittent la politique pour l'histoire. Il ne reste plus que la laïcité pour provoquer de telles passions et entraîner de telles mobilisations populaires qu'elle démontre ainsi sa persistance comme clivage-repère à la fois idéologique et subconscient.

Mais justement : même à propos de la laïcité, ce sont des querelles concrètes, généralement liées au statut de l'école privée et aux ressources de l'école publique, qui surgissent. Les critères idéologiques de cette fin de siècle s'organisent moins autour de thèmes abstraits et plus autour d'alternatives précises. A partir du moment où il ne s'agit plus de changer de société mais de faire évoluer la société nationale dans un sens ou un autre, l'idéologie s'incarne beaucoup plus aisément et se cristallise autour de quelques questions : le rôle de l'État dans l'économie doit-il être maintenu, renforcé ou allégé? Voici, dans la France des années quatre-vingt-dix, un clivage idéologique substantiel entre la gauche et la droite, même s'il n'est pas manichéen. La solidarité nationale doit-elle, et dans quelles proportions, céder la place aux formules de capitalisation individuelle pour les retraites? La sécurité et le contrôle de l'immigration passent-ils par une approche administrative ou bien judiciaire de l'État de droit? En matière de mœurs et d'éthique, où placer la barre entre le droit à la différence et à l'expérimentation et le respect des normes collectives? Faut-il moins de fiscalité et moins de protection sociale ou plus de prélèvements ou plus d'assistance? Les grands investissements publics, les grands programmes de recherche doivent-ils être confirmés ou contestés? Les entreprises nationalisées, et même, selon certains, les grands services publics doivent-ils être privatisés? La formation des jeunes doit-elle être diversifiée en fonction des capacités des uns et des autres ou homogénéisée au nom de l'égalité des chances? Autant de questions discriminantes entre idéologie de gauche et idéologie de droite. Elles ressemblent plus aux débats de l'Europe du Nord entre libéraux et sociaux-démocrates qu'aux guerres de religion politiques, si fréquentes autrefois en Europe latine et particulièrement en France.

Les distances idéologiques se resserrent et, du coup, les idéologies se précisent de nouveau. C'est, en France, une relative innovation mais ce n'est pas une régression intellectuelle. L'alternance politique et les grands choix publics peuvent après tout se préparer sur des bases idéologiques réalistes. Une société politique, une communauté nationale ont assurément besoin de rêves. Elles peuvent les chercher dans des ambitions collectives et non plus forcément dans des utopies évanescentes.

CHAPITRE VI

Le mythe de la trahison des élites

La France est une république méritocratique, une démocratie gouvernée par une élite technocratique. Aucun régime pluraliste au monde n'apparaît à ce point dominé par sa haute fonction publique. C'est une tradition locale, qui plonge ses racines jusque dans l'Ancien Régime. C'est aussi une pente que la Ve République a fortement accentuée. La société politique française est sous la coupe du pouvoir exécutif, tant à l'échelle nationale qu'à l'échelon local. Les hauts fonctionnaires s'y taillent la part du lion. Non seulement ils règnent sur l'administration – une administration elle-même plus puissante que ses homologues des autres sociétés libérales – mais ils essaiment dans les cabinets ministériels. Plus : la plupart des ministres sortent justement de leurs rangs, les députés les plus marquants sont souvent issus des mêmes corps et les chefs de file des grands partis de gouvernement ont la même origine. La classe dirigeante française, exceptionnellement homogène, plus que n'importe quelle autre parmi les nations développées, est façonnée à ce point par le moule de la haute fonction publique qu'à propos de la Ve République on pourrait presque parler de technocratie démocratique, d'oligarchie corrigée par le suffrage universel.

S'il en fallait quelques illustrations, il suffirait de regarder autour de soi. Sur les quatre présidents de la Ve République, trois appartenaient à la caste la plus élevée de la haute fonction publique : Charles de Gaulle, le président fondateur, était général, comme chacun sait ; Georges Pompidou, normalien et agrégé de l'université, était entré au Conseil d'État. Valéry Giscard d'Estaing résumait à lui seul la quintessence du système : polytechnicien, ENA, inspecteur des finances, membre éminent du cabinet ministériel le plus brillant de la IVe République (celui d'Edgar Faure), puis député, ministre et président. Il incarne une réussite française, il personnifie l'archétype de la carrière la plus accomplie selon les normes de la Ve République. Il a fallu François Mitterrand et la victoire de la gauche pour qu'un avocat accède à la fonction suprême, rompant ainsi avec la coutume.

Même chose pour les Premiers ministres : Michel Debré appartenait au Conseil d'État, son successeur Georges Pompidou aussi ; Maurice Couve de Murville, inspecteur général des finances, été aussi ambassadeur de France ; Jacques Chaban-Delmas sortait de l'Inspection des finances, Pierre Messmer avait été gouverneur général de la France d'outre-mer ; Jacques Chirac était issu du vénérable corps de la Cour des comptes, Raymond Barre était un très éminent professeur d'université. La plupart d'entre eux avaient été membres de cabinets ministériels avant de se faire élire députés et de devenir ministres, à moins qu'ils n'aient commencé par entrer au gouvernement pour recevoir ensuite la charge d'une circonscription.

Là encore, il a fallu la victoire de la gauche pour qu'avec Pierre Mauroy un simple enseignant devienne à son tour chef de gouvernement. Laurent Fabius, son juvénile successeur, renouait cependant avec la tradition puisque, normalien et agrégé de l'université, il sortait également de l'ENA par le Conseil d'État. A la suite de Jacques Chirac derechef, le retour des socialistes porte au pouvoir Michel Rocard, fils de normalien, et lui-même énarque et inspecteur des finances. Après lui, tout se trouble soudain dans l'ordonnancement orgueilleux de la Ve République, puisqu'une femme, venue du secteur privé, Édith Cresson, fait son entrée à l'Hôtel de Matignon. Onzième Premier ministre de la Ve République, elle est, trente-trois ans après la fondation du régime, le premier chef du gouvernement à n'avoir point commencé sa carrière dans la fonction publique. Elle fera – est-ce lié? – le passage le plus court de l'histoire du régime à la tête du gouvernement, avant que Pierre Bérégovoy, un autodidacte, ne la remplace pour une durée très brève, interrompue par un désastre historique aux élections législatives. La nomination d'Édouard Balladur, membre du Conseil d'État, formé dans le cabinet de Georges Pompidou, paraît renouer avec le cours inexorable des choses. Symboliquement, un membre des grands corps de l'État occupe de nouveau l'Hôtel de Matignon. La France, une fois de plus, est gouvernée par ses hauts fonctionnaires.

Ce qui vaut pour les principales figures de l'État s'applique aussi aux dirigeants des grands partis de gouvernement. Le président du RPR, premier parti de France, s'appelle, jusqu'à la fin de 1994, Jacques Chirac, issu de la Cour des comptes. Son secrétaire général se nomme Alain Juppé, normalien, agrégé de l'université, inspecteur des finances. Le président de l'UDF, formation qui sert traditionnellement de partenaire, d'allié et de rival au RPR, n'est autre que Valéry Giscard d'Estaing. Son secrétaire général, François Bayrou, ministre de l'Éducation nationale, est agrégé de l'université. Le PR, principale composante de l'UDF, est présidé par Gérard Longuet, énarque, à l'origine sous-préfet avant de passer par un cabinet ministériel et, très vite, de bifurquer vers la politique, d'enlever une circonscription et de faire son entrée au gouvernement. Le président du CDS, deuxième formation de l'UDF, Pierre Méhaignerie, est un ancien ingénieur du génie rural, corps de l'État aussi séculaire que respecté. Sa succession doit se jouer entre François Bayrou et Bernard Bosson, avocat d'origine – oh ! miracle : c'est qu'il lui fallait se préparer de longue date à remplacer son père, député-maire avant lui de la circonscription qui l'élit et de la ville qu'il administre. A gauche, si Henri Emmanuelli, actuel premier secrétaire, a été cadre supérieur du secteur privé (passé, il est vrai, par Sciences-Po, la pépinière des hauts fonctionnaires), son prédécesseur Michel Rocard appartenait bien au sérail, et avant lui Laurent Fabius. La sociologie des dirigeants des grands partis de gouvernement est la même que celle des Premiers ministres ou des présidents de la République.

Cette homogénéité exceptionnelle – unique, même, en démocratie – s'étend aux membres du gouvernement, dont plus de la moitié (parfois jusqu'aux deux tiers) est issue de la haute fonction publique. Si l'on ajoute à cela que, parmi les cent premières entreprises françaises du secteur privé, quarante-quatre sont tenues par des hommes venus des autres strates du secteur public, on mesure la spécificité de la classe dirigeante française : son noyau dominant, son cœur et son cerveau sont formés par les sujets les plus brillants d'un tout petit cercle très fermé, celui qui rassemble l'élite de la haute fonction publique. D'où cette impression d'unité particulière, de style commun, avec un langage et des rites, une formation et des manières, des lectures, des loisirs et des réflexes si semblables qu'on dirait un grand club à l'anglaise. D'où aussi ce sentiment, si répandu chez les Français, que les cercles dirigeants sont interchangeables. D'où peut-être, enfin, une propension plus forte à les rendre coupables de tout ce qui va mal lorsque la France traverse une crise. Dans les périodes de tumulte et de remous, plus les élites sont homogènes, plus il est aisé de les transformer en boucs émissaires. Sous la IVe République, on disait que les gouvernements passaient mais que les hauts fonctionnaires duraient. Sous la Ve République, il y a fusion entre les ministres, les cabinets et les strates supérieures de la fonction publique. Du coup, avec l'enracinement de la crise, la tentation est forte de les rejeter en bloc. Les Français résistent mal à ces sirènes de la démagogie.

Le thème de la « trahison des élites », de leur échec, de leur déconfiture, de leur indignité est en effet devenu un refrain à la mode. Il est inlassablement entonné par tout ce que la France compte de protestataires, de populistes et de poujadistes. Son omniprésence finit même par ressembler à un signe de ralliement, au panache noir de ce camp-là. De Jean-Marie Le Pen à Philippe de Villiers (au demeurant lui-même ancien élève de l'ENA, ex-sous-préfet et ex-membre de cabinets ministériels avant de devenir député et secrétaire d'État), de Bernard Tapie à Sir James Goldsmith, la rengaine est la même : le fossé se creuse entre dirigés et dirigeants, le peuple de France se détourne de ses élites, haro sur la classe dirigeante française et notamment sur ces abominables technocrates qui la tyrannisent. Ils sont les symboles du pouvoir, ils sont donc également les emblèmes de l'échec.

Les populistes ne sont pourtant pas les seuls à instruire ce procès. Parmi les dirigeants politiques majeurs eux-mêmes, parmi ceux qui représentent justement cette filière et cette structure de la puissance publique dans toute sa majesté, on entend également cette antienne. Ainsi Alain Madelin, vice-président du PR, ministre des Entreprises et du Développement économique, part-il en guerre, dans un livre récent [1],

1. Alain Madelin, *Chers compatriotes... Programme pour un président*, Jean-Claude Lattès.

contre « une certaine caste qui s'installe au cœur de la puissance publique; elle devient une véritable aristocratie d'État. Qu'on l'appelle establishment à l'Ouest, nomenklatura à l'Est, technostructure à Paris, cette " nouvelle classe " se coopte, s'autoprotège, traverse tous les courants politiques et vit abritée dans une culture à part, sûre de son bon droit et de sa supériorité, souvent coupée du reste des Français ». On ne saurait être plus clair mais aussi plus injuste et plus réducteur.

Comment parler de « classe » alors qu'il s'agit de quelques milliers de personnes, occupant des fonctions que ni la fortune, ni la naissance, ni la place dans le système de production ne déterminent? Comment parler de cooptation alors qu'il s'agit d'une méritocratie, recrutée par concours – les plus difficiles de tous – et promue soit par des règles très strictes (dans les grands corps de l'État), soit par le suffrage universel dès qu'il y a bifurcation vers l'engagement politique? Comment parler d'autoprotection quand les élus peuvent être battus et sanctionnés par les électeurs? Comment s'interroger sur leur présence dans tous les courants politiques (ou plutôt dans toutes les familles politiques à culture de gouvernement) alors que leur formation universitaire, les concours qu'ils ont passés, les échelons qu'ils ont gravis les y ont justement formés et préparés? Comment insister sur une « culture à part » quand elle est simplement celle de la tradition française des grands corps de l'État? Comment la blâmer d'être « sûre de son bon droit et de sa supériorité » alors qu'elle couronne en fait les filières d'excellence universitaires, qu'elle est consacrée par le suffrage universel ou promue par les membres d'un gouvernement légal et légitime?

En réalité, Alain Madelin leur reproche surtout de défendre des thèses différentes des siennes, et d'incarner une orthodoxie dominante face à ses propres conceptions, moins influentes et plus minoritaires. Il s'agit là en partie d'une offensive des tenants de l'« autre politique », voulant rompre avec les canons monétaires et les critères financiers admis par le gouvernement. L'originalité tient à ce que le propos émane en l'occurrence d'un ministre. Au-delà, c'est sans doute l'essentiel, la violence de l'attaque et la netteté des propos s'expliquent surtout par le tempérament pugnace de leur auteur et par la popularité présumée de l'argumentaire. Les hommes en place, les dirigeants officiels, les hauts fonctionnaires constituent en ce moment une cible idéale pour qui ambitionne de devenir populaire. Les technocrates, les grands commis de l'État se trouvent aux confins de la politique et de la plus haute fonction publique. Comme la crise exaspère les insatisfactions, les peurs et les rancœurs, les feux croisés se concentrent sur les symboles du pouvoir politique. S'il est piquant d'assister à une offensive déclenchée par un ministre contre ses pairs et ses collaborateurs, il n'est pas étonnant que le ministre ait sélectionné cet objectif-là : c'est aujourd'hui le plus aisé à atteindre, donc le plus engageant à viser.

Alain Madelin est le plus direct de tous, comme le veut son caractère. Il n'est cependant pas le seul. Ainsi, dans son petit livre, *Une nouvelle France. Réflexions* [1], Jacques Chirac lui-même reprend-il ce thème, de façon certes moins polémique. Le maire de Paris ne défend pas, en l'occurrence, les mérites hautement contestables de l'« autre politique ». Il s'interroge, dans un esprit moins provocateur et avec une évidente sincérité, sur la structure technocratique du pouvoir à la française, ses risques d'isolement, sa distance d'avec la sensibilité des Français ordinaires, sa propension à concentrer les décisions entre les mains des plus hauts fonctionnaires. Son propre cas, ainsi que celui de ses principaux collaborateurs, généralement issus des milieux qui

1. Nil Éditions.

l'inquiètent tant et des filières qui le préoccupent si fort, pourraient lui démontrer que l'étendue des pouvoirs n'est pas incompatible avec l'attention portée aux difficultés des Français. C'est cependant la nature même de l'emprise technocratique sur le pouvoir politique qui le soucie. Il y voit une dérive, accentuée depuis la crise, et susceptible d'altérer la démocratie. C'est donc un sujet qui mérite réflexion. Il inspire simultanément nombre d'intellectuels qui mettent en cause ce qu'ils nomment la « trahison des élites ». Encore faut-il préciser de quoi il s'agit exactement.

Que la France soit dominée par le pouvoir exécutif, que celui-ci soit colonisé par les hauts fonctionnaires, que la classe dirigeante française soit plus homogène et fermée sur elle-même que les autres, qu'elle paraisse en ce moment plus coupée que d'ordinaire de la masse des citoyens, tout cela est à la fois vrai et vérifiable. Cela ne signifie pas pour autant qu'il s'agisse d'une malédiction éternelle et moins enore d'une « trahison ». La France est gouvernée par une oligarchie méritocratique, c'est un fait, et un fait qui la distingue largement de ses homologues. Cela ne prouve pas que ce qui est original soit automatiquement regrettable et moins encore blâmable : ou bien alors il faut le démontrer.

Ici, le pouvoir exécutif tient une place plus large que dans les autres pays démocratiques. Cela n'est guère contestable. La France est une république à la fois unitaire, centralisée et dominée par sa fonction présidentielle. Cela va de soi à l'échelle nationale [1]. Le pouvoir du président est moins contrôlé ou équilibré qu'ailleurs par le Parlement, les partis, les syndicats ou les mass media, encore que ces derniers se soient beaucoup enhardis depuis quelques années. Contrairement aux États-Unis et à l'Allemagne, États fédéraux où les pouvoirs locaux équilibrent les pouvoirs centraux, l'exécutif national français a les coudées franches.

1. Voir chapitre II, « Le mythe de l'omnipotence présidentielle ».

Ce qui vaut sur le plan national vaut aussi sur les plans régional, départemental et municipal. Là encore, les présidents des conseils régionaux et généraux, les maires disposent d'un pouvoir et de prérogatives que leurs assemblées et les contre-pouvoirs locaux n'équilibrent pas. Un maire français a les mains plus libres qu'un maire britannique ou italien; un président de conseil général français dispose de plus d'autonomie et d'influence vis-à-vis des élus locaux que ses homologues espagnols ou suisses. La France a une culture de gouvernement qui privilégie l'exécutif et le pouvoir hiérarchique. Tradition unitaire, tradition monarchique, tradition catholique, tradition étatique, tout cela s'enchevêtre et aboutit à cette singularité au sein du monde occidental. La Ve République a, délibérément, accentué cette pente. Le général de Gaulle se défiait comme de la peste des « féodalités », comme il disait, des réseaux de notables, des corps intermédiaires, des partis et des groupes de pression. Il en reste quelque chose : le système politique est imprégné d'une psychologie favorable à l'exécutif, et cela de haut en bas de la pyramide.

Les hauts fonctionnaires s'y sont taillé, on l'a vu, une place particulièrement éminente. L'appareil politique reste dominé par les grands commis de l'État. Il l'était déjà largement, en fait, sous l'Ancien Régime, il y a plus de deux siècles. Sous la IIIe et la IVe République, les élus et les parlementaires avaient pris une certaine revanche. Avec la Ve République, le règne de la haute fonction publique culmine incontestablement. Le général de Gaulle, là encore, l'avait voulu lui-même au nom de l'unité nationale et de l'intérêt supérieur de l'État. Il avait, dès le début du nouveau régime, parrainé en personne le triomphe de la technocratie. Il avait fait entrer symboliquement au sein du gouvernement des hommes comme l'ambassadeur Maurice Couve de Murville aux Affaires étrangères, le gouverneur général Pierre Messmer aux Armées, le professeur Jean-Marcel Jeanneney à l'Industrie, le préfet Pierre Sudreau à la Construction, etc. Tous avaient originellement une vocation de grand commis ou une réputation personnelle de qualification exceptionnelle dans le domaine qui leur fut réservé. C'était le règne des experts, la revanche des compétences. Des personnalités comme Paul Delouvrier au District parisien, Wilfrid Baumgartner, gouverneur de la Banque de France, nommé ministre des Finances contre son gré, ou Pierre Massé, commissaire général au Plan, participaient de la même mouvance. Le Général avait voulu le gouvernement des meilleurs, qu'il préférait au gouvernement des mieux élus. C'était assez ambigu, selon les critères démocratiques classiques. C'était sa volonté. Ce fut donc sa marque.

Au même moment, l'Assemblée nationale est elle-même devenue plus élitiste. Au fil des législatures, la gauche se faisant moins nombreuse et les démocrates-chrétiens plus rares, le pourcentage de députés venus du peuple ne cesse de baisser. La France compte près de 85 % de travailleurs salariés. Le Palais-Bourbon recense désormais moins de 10 % de députés directement issus des milieux populaires. Plus : le pourcentage des députés venus de la fonction publique a pris des proportions inconnues auparavant. Dans les assemblées dominées par la gauche en 1981 et 1988, une majorité de députés (52 % dans un cas, 51 % dans l'autre) est issue du secteur public. Quand la droite l'emporte, ils deviennent minoritaires, tout en constituant néanmoins la cohorte professionnelle la plus nombreuse (38 % sous l'actuelle législature). L'Assemblée nationale apparaît donc, elle aussi, fortement imprégnée par une culture administrative. Là encore, la France se différencie très profondément des parlements des pays qui lui sont le plus comparables, qu'il s'agisse des États-Unis ou de la Grande-Bretagne, de l'Allemagne, de l'Espagne ou de l'Italie. On ne peut contester la domination de la haute fonction publique sur les diverses catégories dirigeantes françaises ni la différence essentielle que cela constitue entre la France et les autres nations occidentales.

La classe dirigeante française apparaît donc effectivement plus homogène et plus fermée que ses homologues. Par la force des choses, son type de culture, son processus de formation, son genre de lectures et de distractions, son mode de vie et son expérience professionnelle ne ressemblent guère à ceux de l'immense majorité des citoyens. Son univers est nécessairement moins local, beaucoup plus international, ses centres d'intérêt sont plus intellectuels et même plus livresques que ceux de la masse des Français. Le pays est gouvernée par une élite méritocratique dont les critères de sélection passent par l'entrée dans les grandes écoles les plus fermées – autres institutions typiquement françaises, d'ailleurs – et par le rang de sortie qu'elle y obtient. C'est la « botte » de Polytechnique qui fournit les membres des grands corps techniques de l'État, puis de nombre de dirigeants des grandes entreprises publiques. C'est la « botte » de l'ENA qui conduit aux grands corps classiques de l'État (Inspection des finances, Conseil d'État, Cour des comptes, préfectorale, Quai d'Orsay). C'est l'École normale supérieure, dont nombre de sujets brillants choisissent de bifurquer vers l'ENA, souvent pour s'y distinguer. La méritocratie des grandes écoles mène tout droit aux fonctions de responsabilités dans l'appareil de l'État et du secteur public. Les hommes politiques les plus renommés des trois grands partis de gouvernement (PS, UDF, RPR) s'y recrutent régulièrement. Il s'agit d'une oligarchie académique, corrigée, drainée et filtrée par le suffrage universel.

Elle enseigne, entretient et développe une culture du pouvoir incontestablement originale, avec un sens de l'État et une vocation du service public que l'influence croissante des lois du marché ne parvient pas à effacer. Elle regarde généralement la construction européenne avec faveur, et les États-Unis avec méfiance. Elle se montre le plus souvent réservée vis-à-vis du libéralisme intégral et croit beaucoup aux responsabilités sociales de ceux qui occupent les sommets de l'État. Elle reste fort imprégnée de culture colbertienne mais revalorise peu à peu le rôle et l'indépendance nécessaire des entreprises, y compris dans le secteur public. Elle n'évite pas un certain esprit de caste et l'adhésion à cette orthodoxie implicite qui irrite si fort Alain Madelin ou Philippe de Villiers. Elle croit au franc stable, à l'État fort, à une politique sociale ambitieuse, à l'Union européenne et à sa propre compétence. Ses membres se répartissent aisément entre les différentes familles politiques dominantes, de gauche ou de droite, pourvu que celles-ci adhèrent à une culture de gouvernement. C'est l'élitisme républicain à la française, l'oligarchie recrutée par concours, la méritocratie du pouvoir. La classe dirigeante française est singulière. La question qui se pose est de savoir si elle est moins efficace, moins légitime et, au sens figuré bien sûr, s'il y a ou non « trahison » des élites françaises.

Pour juger de son efficacité, il existe deux critères essentiels : sa place dans les grands organismes internationaux, et l'état de la puissance publique et de la société française. Puisque chacun reconnaît, pour s'en féliciter (rarement) ou pour le déplorer (souvent), que l'essentiel du pouvoir est concentré entre les mains de cette oligarchie méritocratique, il faut tenter de mesurer comment elle est jugée du dehors et observer comment elle s'exerce au-dedans.

Sur le premier point, il est difficile de nier le prestige et l'autorité des élites administratives françaises au sein des institutions internationales. Elles n'ont jamais cessé, elles ne cessent pas d'y être surreprésentées.

Comme ce n'est ni parce que la France est aujourd'hui la puissance dominante, ni parce qu'elle dispose d'un statut privilégié, c'est donc qu'elle possède un type de compétence et de savoir-faire appréciés de ses pairs. A Bruxelles, au sein de la Commission, son influence est grande. Elle a fourni beaucoup de commissaires de haut niveau mais à ce stade leur nombre est strictement réglementé, nation par nation. En revanche, parmi les hauts fonctionnaires des directions (directeurs généraux et directeurs) la France est toujours bien représentée et son influence plus que proportionnelle à sa démographie. Les Britanniques sont les seuls à pouvoir rivaliser avec elle sur ce terrain, mais la marginalité des positions européennes de Londres leur nuit indirectement. La technocratie française est en somme beaucoup plus respectée à Bruxelles que la technocratie communautaire en France. Elle l'est aussi au Fonds monétaire international, au Bureau international du travail, à l'OCDE, à la BERD (Banque européenne de reconstruction et de développement), tous organismes essentiels où les Français occupent ou occupaient encore récemment des postes clés. A l'aune internationale, intéressante puisque par principe comparative, il n'y a pas faillite, donc pas « trahison » des élites françaises.

Sur notre territoire lui-même, la chose est évidemment beaucoup plus controversée. Il n'y a pas de doute que la rationalité, le culte de la compétence, le goût des notes écrites et des solutions juridiques, voire réglementaires, la tradition centralisatrice, une certaine arrogance dans le style et une bonne conscience quelquefois excessive se situent aux antipodes mêmes du climat protestataire et parfois populiste actuel. Le sentiment existe qu'une société établie, qu'une caste de professionnels du pouvoir règne et gouverne, et ne mesure pas assez la dimension dramatique de la crise sociale. Beaucoup de démagogues – mais parfois aussi, on l'a vu, d'hommes politiques de premier plan – se font une spécialité de dénoncer ce qui leur apparaît comme une myopie et, pour les plus outranciers, comme une infirmité. Dans une phase où la France s'abandonne volontiers à l'irrationalité, à la subjectivité, aux dénonciations passionnelles, la technocratie, la méritocratie constituent nécessairement une cible idéale. Les archers ne manquent pas.

Ont-ils raison pour autant? Voire. Le critère de la compétence et le système des concours et des grands corps ne fabriquent pas des monstres mécaniques dépourvus de toute sensibilité ou insensibles à la compassion. Quelqu'un comme Martine Aubry, pur produit de cette technique de sélection, se dévoue corps et âme, avec courage et efficacité, à la lutte contre l'exclusion. Elle draine comme personne les fonds nécessaires, mobilise les bonnes volontés et fait travailler ensemble des personnalités que tout sépare par ailleurs et qui, pour cette cause et sous cette houlette, se montrent capables de surmonter leurs clivages.

La classe dirigeante n'est pas faite de bureaucrates sans âme et sans passion. Imaginer un instant que les préfets soient indifférents au drame du chômage dans les départements dont ils ont la charge, c'est tout ignorer de leur comportement, de leur caractère et de leurs responsabilités. Ils se battent comme de beaux diables, au contraire, pour tenter de préserver les emplois et faire venir des entreprises nouvelles. Les hauts fonctionnaires des ministères sociaux, les hommes politiques issus de l'ENA ne sont pas en reste et prennent au moins autant d'initiatives que les autres pour tenter d'améliorer les choses. On présente, par démagogie pure ou par dessein étroitement politicien, les anciens élèves de l'ENA comme imperméables aux malheurs des Français modestes. C'est non seulement un des thèmes favoris de Jean-Marie Le Pen, de l'extrême gauche ou des écologistes, mais c'est aussi une accusation que l'on lit sous la plume d'intellectuels réputés. Or, qui a mis sur pied un système sensiblement plus protecteur pour les chômeurs que dans la quasi-totalité des autres pays, sinon ces technocrates vilipendés ? Qui a imaginé, promu et fait avaliser le RMI (revenu minimum d'insertion), sinon l'inspecteur des finances qu'est Michel Rocard ? Qui, au début de la campagne présidentielle, a placé la question du chômage au centre même du débat, sinon Valéry Giscard d'Estaing, vivant symbole de la classe dirigeante française ? Qui a organisé le SAMU social parisien, sinon Jacques Chirac ? Le procès en sorcellerie qui leur est intenté est donc à la fois injuste et bas. Les protestataires n'ont certainement pas le monopole du cœur.

D'ailleurs, la crise économique, sociale et morale est-elle une crise française ou bien une crise internationale ? Elle est internationale, bien sûr, tout le monde le sait désormais. Elle n'est donc pas le fruit d'une « trahison » spécifique des élites de ce pays, puisque dans d'autres nations où les élites se recrutent tout autrement la dimension de la crise est très comparable à la nôtre. Au demeurant, il faut être cohérent : si les élites françaises doivent être tenues pour responsables de ce qui va mal, alors elles doivent l'être pareillement de ce qui va bien, qui est allé bien, ou de ce qui commence de nouveau à aller mieux. Ceux qui s'en prennent régulièrement aux élites dirigeantes françaises, comme Sir James Goldsmith, ne les complimentaient pas à l'époque des Trente Glorieuses. Ils les attaquent dans la difficulté, ils ne leur rendaient pas hommage dans la prospérité. C'est bien ce qui s'appelle tenter de diaboliser ceux qui pensent différemment des protestations à la mode.

L'administration, l'exercice de la puissance publique fonctionnent-ils par ailleurs plutôt mieux ou plutôt moins bien que dans les autres pays ? Plutôt mieux, de toute évidence. Les services publics français sont peut-être coûteux, et les effectifs de leurs salariés quelquefois pléthoriques. C'est ce qu'affirment des hommes politiques comme Alain Madelin ou Philippe de Villiers. Il n'empêche que leur efficacité est reconnue, que leur fiabilité est grande – et mesurée, selon des normes comparatives internationales –, que leur ponctualité est notoire (SNCF ou PTT par exemple), que la sécurité de leurs installations se compare avantageusement à celle de leurs concurrents (l'EDF). Est-ce d'ailleurs un hasard si la France peut exporter de l'électricité, vendre des centrales nucléaires, proposer des TGV ou des fusées Ariane ? Il s'agit là d'autant de cas de coopération entre le secteur public et le secteur privé, à la française justement. Leurs dirigeants n'en n'auraient-ils pas quelque mérite ? On parle beaucoup aussi de corruption, de pots-de-vin, de malversations. Personne ne peut cependant prétendre que l'habitude de donner des enveloppes aux fonctionnaires soit dans les mœurs françaises, et, lorsqu'on s'inquiète des dérapages d'élus locaux, le réflexe est d'ailleurs de demander le rétablissement du contrôle administratif, preuve que la probité du service public est largement reconnue. Quant à sa continuité, la France ne connaît pas les listes d'attente, parfois de plus d'un an, pour des interventions chirurgicales, comme en Grande-Bretagne, ou bien l'absence de couverture sociale pour une large fraction de la population, comme aux États-Unis. Dans leur sphère d'intervention naturelle la plus directe, les dirigeants français obtiennent des résultats qui valent bien ceux des autres.

Sont-ils alors directement coupables de la crise ou du moins de ses caractéristiques françaises ? En partie, sans doute. Il est vrai que la classe dirigeante française, peu familiarisée au départ avec les contraintes d'une économie largement ouverte vers l'extérieur, et peu habituée de surcroît aux variations cycliques conjoncturelles à l'anglo-saxonne, a, durant des années, fait preuve d'un certain conservatisme devant les effets de la crise. Elle a pris des mesures sociales nombreuses – c'est bien pourquoi l'accusation d'égoïsme et d'indifférence lancée contre elle par les populistes et par certains intellectuels est injuste et blessante – mais elle ne s'est pas assez vite attaquée aux racines françaises du chômage : inadaptation, au départ, de la formation professionnelle, surréglementation, charges excessives imposées aux entreprises, tissu insuffisant de PME, emplois de services et de proximité trop longuement négligés. Depuis, elle a pris des mesures, parfois tardives ou trop partielles. Au moins est-elle aujourd'hui entièrement mobilisée, attentive et désireuse de tout faire pour améliorer les choses. La reprise économique qui se dessine pourrait l'y aider, sans l'exempter en quoi que ce soit de la nécessité de réformes supplémentaires. Si, comme on peut l'espérer, et comme les premiers signes s'en manifestent, la situation se stabilise et s'améliore, les tirs croisés qui se sont concentrés sur elle devraient d'ailleurs s'espacer. Si on la tient pour responsable – fût-ce partiellement – de la régression économique et sociale des dernières années, alors il faut lui reconnaître quelques mérites dans l'amélioration des choses.

D'ailleurs, il serait inexact de la présenter comme toute-puissante et donc comme seule responsable. Ce n'est pas une phalange macédonienne manœuvrant en bloc, comme à la parade, et imposant irrésistiblement sa force et son autorité. Elle est parcourue, comme tout milieu social, de castes, de clans et de mouvances. De même qu'à la SNCF les conducteurs et les mécaniciens constituent une élite spécifique, avec ses horaires propres, ses primes, ses contraintes, ses responsabilités et ses traditions, bien différentes de celles des contrôleurs ou des guichetiers, de même un maître des requêtes au Conseil d'État rocardien, un directeur départemental de l'Équipement chiraquien, un préfet giscardien, un diplomate villiériste et un sous-gouverneur de la Banque de France balladurien ont-ils leurs propres inclinations, leur propre sensibilité, leurs propres réseaux d'amitiés et leurs propres centres d'intérêt, qui sont loin de coïncider en tout et sur tout. Si l'homogénéité est la marque de la classe dirigeante française – et donc l'orthodoxie sa pente naturelle –, elle n'est régie ni par une doctrine commune ni par des dogmes impérieux. Il s'agit plutôt d'idéologie, de culture et de traditions qui n'interdisent pas les différences et n'empêchent pas les variations.

Au demeurant, le suffrage universel se charge d'imposer des renouvellements de strates et d'immenses remue-ménage dans la répartition des fonctions. Il y a d'ailleurs une contradiction éclatante dans le double reproche de politisation et de conformisme rituellement adressé à la classe dirigeante. S'il y a politisation, il y a clivage, et s'il y a clivage, il n'y a pas conformisme. La meilleure preuve en est que chaque grande alternance (1981, 1986, 1988, 1993) se traduit par des hécatombes chez les élus et par des mutations ou des mises à l'écart chez les hauts fonctionnaires, les dirigeants d'entreprise et tous ceux qui, en règle générale, exercent des responsabilités élevées. Présenter, ainsi que le font poujadistes, écologistes ou ultras, la classe dirigeante comme préservée de tout risque et unie par des chaînes de solidarité, c'est se moquer du monde. Elle a, à la manière de tout milieu social, ses formes de vulnérabilité, de rivalité et d'animosité.

Elle est exposée de surcroît aux mille et une interventions des divers groupes de pression qui complètent, par des voies et des moyens plus ou moins légitimes, les choix du suffrage universel. Cela commence tout simplement avec le corporatisme. La société française n'est pas, on le sait, dépourvue de ces petits groupes professionnels très homogènes qui occupent des postes clés dans le processus de production et d'échanges, qui tentent et parfois parviennent à dicter leur loi aux autorités hiérarchiques dont théoriquement ils dépendent. Tous ceux qui sont capables de provoquer ainsi des thromboses dans la vie économique et sociale détiennent une part de pouvoir exorbitante, à laquelle la classe dirigeante ne peut pas grand-chose, sauf à être appuyée par l'opinion publique, ce qui n'est pas souvent le cas.

Une grève des contrôles aériens, lancée par quelques dizaines de personnes, peut immobiliser le trafic de toute une région, et parfois au-delà. Un arrêt de travail de quelques ouvriers du livre, judicieusement répartis, peut désorganiser la production d'un quotidien, retarder ses ventes, lasser ses lecteurs, fragiliser sa situation. Les exemples ne manquent pas de conflits ainsi commencés par une grève, avant toute négociation sérieuse, afin de faire sentir la puissance d'un syndicat. Ce qui vaut pour le livre ou les contrôleurs aériens s'applique d'ailleurs de la même façon aux mécaniciens de la SNCF, aux machinistes de la RATP, aux dockers, aux chauffeurs-routiers et à bien d'autres. Ce n'est pas une question d'orientation politique : leurs préférences s'étalent largement de l'extrême gauche à l'extrême droite. C'est moins encore une affaire d'idéologie. Il s'agit bel et bien d'une position de pouvoir, qu'il faut, selon les cas, tenter de préserver ou d'améliorer, quitte à provoquer des dommages disproportionnés au conflit. C'est ainsi que le port de Marseille, idéalement situé, aura finalement dépéri, et que plus d'un quotidien national ou régional aura disparu. La classe dirigeante n'y peut mais, d'autant plus que les Français se solidarisent volontiers avec ces réflexes corporatistes.

Peu de professions, peu de spécialités ont cependant les moyens et l'occasion d'infliger ainsi des défaites répétées aux pouvoirs établis. Les groupes de pression, en revanche, s'organisent justement pour influencer ou faire fléchir la classe dirigeante. Dans leurs principes, ils ne sont pas illégitimes. A côté des syndicats et des associations en tout genre, souvent à travers eux d'ailleurs, il n'est pas anormal qu'existent, en démocratie, des groupes dont l'objectif est de peser sur les décisions du pouvoir pour défendre ce qu'une profession, une région, des entrepreneurs ou des salariés considèrent être leurs intérêts.

En France, les champions toutes catégories dans ce domaine sont à coup sûr les agriculteurs. Ils travaillent beaucoup et, dans l'ensemble, très efficacement. Ils ont payé un lourd tribut, une contribution exceptionnelle aux métamorphoses techniques, aux évolutions commerciales. Ils savent cependant se défendre aujourd'hui comme personne. Malheur à qui s'attaque à ce qu'ils jugent être leurs acquis mérités! Au Sénat, ils dominent, car le corps électoral de cette vénérable institution surreprésente dans des proportions aussi spectaculaires que paradoxales leur poids démographique. Par ses votes, par sa composition, par sa tradition, le Sénat constitue comme une sorte de super-Chambre d'agriculture politique. A l'Assemblée nationale, s'ils pèsent moins, ils comptent cependant beaucoup. Les intergroupes parlementaires qui se vouent à leur défense sont, avec ceux de l'enseignement catholique (il y a d'ailleurs beaucoup de double appartenance), parmi les plus nombreux. Plus du tiers des députés sont directement liés aux agriculteurs. Par ailleurs, leurs syndicats sont les mieux organisés et les plus influents de tous. Il existe même, en matière agricole, une sorte de cogestion implicite entre le ministère et les syndicats qui n'a d'équivalent – et encore – qu'à l'Éducation nationale. Si l'on ajoute à cela le poids d'associations professionnelles puissantes (céréaliers ou viticulteurs par exemple) et une capacité de mobilisation sur le terrain à peu près sans pareille, on mesure l'impact des groupes de pression agricoles. Le budget de l'État qui les concerne est déjà important, leur budget social est de moins en moins négligeable, leur part dans le budget européen est tout simplement hégémonique, et tous les moyens de défense – y compris violents – leur sont concédés. Face aux agriculteurs, la classe dirigeante est presque nue et, en toute hypothèse, régulièrement battue.

Les anciens combattants, les défenseurs de l'école privée, les enseignants du secteur public possèdent eux aussi des groupes de pression particulièrement efficaces. Peu de gouvernements – de gauche ou de droite, qu'importe en l'occurrence – osent affronter les premiers. Les deuxièmes ont démontré dix fois leur capacité à bloquer net les décisions qui leur déplaisent. Ils ont su faire plier maintes fois jusqu'à l'Élysée, sous plusieurs présidences. Quant aux troisièmes, s'ils ne détiennent plus tout à fait leur emprise d'antan (leurs divisions et leurs rivalités les affaiblissent), ils conservent néanmoins une force de dissuasion et une capacité de riposte qu'il vaut mieux ne pas affronter.

En revanche, et contrairement à la légende, les « gros » – industriels, financiers, banquiers – ne figurent pas, en France, parmi ceux qui savent se défendre et se protéger le mieux. Outre qu'ils sont surveillés, soupçonnés et exposés plus que les autres, ils s'organisent assez mal, et ce ne sont pas souvent les meilleurs d'entre eux qui prennent en charge leurs intérêts collectifs. Leurs rapports avec l'État, y compris et peut-être d'abord lorsque la droite est au pouvoir, sont tendus et méfiants. La tradition colbertienne et jacobine a créé un climat de défiance des deux côtés, depuis toujours. A Bruxelles, auprès de la Commission, ils savent moins bien faire valoir leurs intérêts que, par exemple, leurs homologues allemands ou italiens, britanniques ou hollandais. Si l'entreprise est en France mieux considérée qu'avant la crise, le patronat n'a guère amélioré son image : son nouveau président a devant lui un gros travail à faire sur ce plan. Les rapports entre ministres, ministères et CNPF ne baignent pas dans la félicité. Les chefs d'entreprise ont, là-dessus, beaucoup à apprendre des agriculteurs.

Les moyens d'action des groupes de pression ne heurtent d'ailleurs généralement pas la morale. La corruption existe mais c'est un pis-aller, une contrainte mal supportée, certainement pas la méthode la plus fréquente et la plus appréciée. La menace électorale ou la pression par les manifestations sont beaucoup plus fréquentes. L'explication habile, continue, de plus en plus professionnelle marque des points et tient une place croissante. Les services de communication, de relations publiques, de relations extérieures se développent vertigineusement, les agences de publicité sont mises à contribution. On voit même apparaître et se développer, sur le modèle anglo-saxon, des firmes de « lobbying » pur et simple. La corruption n'intervient que sur des marchés spécifiques – ce n'est d'ailleurs pas une justification pour autant – ou lorsque les méthodes ordinaires échouent. C'est toujours, et de plus en plus, fort heureusement, aux risques et périls des corrupteurs. Reste que, discrets ou ostentatoires, honnêtes ou tentateurs, les groupes de pression existent, se développent, ont désormais pignon sur rue et influencent les décisions. Face à eux, il n'existe évidemment pas d'omnipotence de la classe dirigeante. Le pouvoir de celle-ci est résistible et partagé.

Beaucoup de Français croient, par ailleurs, à l'influence marquante – dominante, se figurent certains – de sociétés plus ou moins secrètes, de groupes plus ou moins clandestins. Il est de fait qu'au sein de la classe dirigeante existent des clubs fermés, des associations discrètes, des francs-maçonneries. Il s'agit plus d'affinités que d'emprise, et de relations que de manipulations. Il n'empêche : toute une presse, toute une littérature et beaucoup de Français fantasment sur la nature de ces liens. Il existe une sorte de kabbalisme instinctif, irrationnel, qui croit pouvoir expliquer des décisions publiques par des solidarités privées, des choix politiques par des connivences personnelles. C'est mal poser le problème : que l'appartenance à tel ou tel corps, telle ou telle association, tel ou tel club facilite l'accès, crée des préjugés favorables, fasse gagner du temps et sauter les obstacles, il serait hypocrite de le nier. Un ancien polytechnicien du corps des Mines n'accueillera pas en inconnu un autre polytechnicien du corps des Mines, même s'ils ne se sont jamais rencontrés auparavant. Les hommes politiques, les hauts fonctionnaires, les dirigeants des entreprises et les intellectuels qui se retrouvent dans des cercles de pensée, dans des clubs – le Siècle, la fondation Saint-Simon, etc. – se verront dans de bonnes conditions, noueront peut-être des liens personnels. Cela n'a rien de répréhensible. Modifieraient-ils abusivement leurs décisions en fonction de critères sociaux et intellectuels de ce genre, cela serait bien dangereux, bien aléatoire et vite discerné...

Les francs-maçons suscitent ainsi une mythologie particulière, que facilitent leurs traditions initiatiques, leur goût (déclinant) du secret ou de la discrétion, leurs rituels baroques et leur histoire tumultueuse. Ils ont joué, c'est vrai, un rôle éminent dans l'instauration et l'enracinement des républiques françaises. Ils ont été mêlés à de grandes querelles, à de grandes batailles, souvent de façon très honorable, parfois de manière plus sectaire. Ils ont guerroyé pour la laïcité, milité pour la tolérance, la scolarisation générale, le respect de l'État de droit, l'autodétermination des peuples. Ils ont aussi, dans le passé, élevé des barrages savamment organisés contre leurs adversaires et, parfois, tenté de stopper leurs carrières personnelles pour combattre leurs idées.

Aujourd'hui, ils n'en sont plus là. Les francs-maçons des années quatre-vingt-dix appartiennent en général à la petite et à la moyenne bourgeoisie et, le plus souvent, à la gauche modérée. Ils ont été nombreux dans les gouvernements socialistes car ils s'engagent volontiers dans la vie publique, mais les gouvernements de droite comptent généralement un ou plusieurs de leurs membres. On leur prête des pouvoirs irrésistibles en matière de nomination ou de promotion. C'est fort exagéré, sinon par cette sympathie que l'on éprouve envers ceux dont on partage les connaissances et les relations, ce qui, assurément, n'est pas leur monopole. Sur les grandes décisions leur impact n'est guère déterminant et sur les petites il n'est guère spécifique. Il ne pèse pas davantage qu'une solidarité d'école, de promotion, de corps, de club, de milieu social ou d'appartenance politique.

Reste que toutes les familiarités, tous les réseaux de relations, toutes les connivences qui existent entre des cercles et des milieux sociaux plus actifs ou mieux placés que d'autres contribuent à équilibrer, à nuancer, parfois à bloquer les pouvoirs de la classe dirigeante. Les francs-maçons ne constituent que l'une de ces sociétés volontaires qui servent de contrepoids aux cercles sociaux dominants. Ils ne les noyautent pas, ils ne les contrôlent pas. Ils les influencent en revanche dans certains domaines – enseignement, DOM-TOM, police et justice, etc. –, tout comme le font les groupes de pression, plus ou moins subtilement, et les corporatismes, plus ou moins brutalement. Les francs-maçons constituent en somme un groupe de pression humaniste et un cercle d'amitiés agissantes, sur le modèle de bien d'autres. Ils ne s'identifient évidemment pas aux élites, ils tentent de les corriger, dans la mesure de leurs moyens, et, comme chaque groupe de pression, cherchent à y placer quelques hommes et à en fréquenter les responsables. Tant pis pour le mythe romantique des centres de décision cachée et pour les fantasmes des manipulations clandestines.

Plus homogènes, plus unifiées même autour du noyau central du pouvoir exécutif et des hauts fonctionnaires que dans les autres pays industriels démocratiques, les élites françaises sont en somme accusées d'inclusion. Au moment où la société globale est déstabilisée par l'exclusion, la classe dirigeante est dénoncée pour inclusion. D'un côté, une fraction des Français, privée de travail, parfois de logis, se marginalise malgré les efforts de l'État, des collectivités locales et des organisations bénévoles ; de l'autre, les catégories dominantes fonctionneraient en cercle fermé, coupées de la réalité du reste de la société, s'autorecrutant, observant un code social commun strict fondé sur la méritocratie mais aussi sur la culture de pouvoir. Les plus faibles et les plus exposés des Français seraient menacés d'abandon, les plus puissants et les plus titrés seraient isolés du reste de la société par une frontière invisible. La société de classes deviendrait une société de castes. Tout en bas se développerait une malheureuse catégorie d'intouchables ; tout en haut, les brahmanes vivraient exclusivement entre eux et gouverneraient seuls ceux qu'ils connaissent de moins en moins.

Cette classification à la mode, répandue par les populistes, vulgarisée par les protestataires, est parfois inspirée par des intellectuels prestigieux, relayés par des publications vénérables. *Esprit*, l'une des revues les plus marquantes et les plus influentes, issue du personnalisme d'Emmanuel Mounier et de Marc Sangnier, s'est fait une spécialité de ce comportement. Son ancien directeur, Paul Thibaud, tout comme le secrétaire général de la fondation Saint-Simon, le sociologue Pierre Rosanvallon, incarne assez bien ce type de critiques. Une partie de la haute Église de l'intelligentsia pourfend ainsi volontiers l'échec des élites dirigeantes.

Dans les années trente, lors de la grande crise économique, politique, sociale et culturelle, des cercles très comparables, presque identiques, avaient produit les mêmes verdicts. Les crises mettent mécaniquement en accusation les élites, les catégories dirigeantes, comme préférait le dire Raymond Aron. Une fraction des intellectuels, par vocation contestataire et parfois par rivalité d'influences, donne forme et contenu à ces attaques. Lorsque la société est en crise, il se trouve toujours, c'est légitime et naturel, des sociologues, des politologues, des économistes, des écrivains, des historiens pour rompre quelques lances contre les élites en place.

Celles-ci ne sont évidemment pas au-dessus de tout reproche et à l'abri de tout soupçon. Leur formation, leur statut, leur rôle même pourraient assurément être améliorés. Avant d'évoquer quelques pistes allant dans cette direction, il faut tout de même rappeler au préalable un certain nombre de faits élémentaires. Le premier – il va de soi mais il paraît souvent étrangement oublié dans le feu de la discussion – est qu'il n'existe pas de société sans élites, sans classe dirigeante. Leur physionomie, leur recrutement, leur pouvoir, les formes de leur autorité varient certes considérablement. Que les sociétés soient archaïques ou modernes, occidentales ou orientales, chrétiennes, musulmanes, bouddhistes, shintoïstes, taoïstes ou même animistes, que les régimes qu'elles se sont donnés soient de gauche ou de droite, révolutionnaires, réformistes, traditionalistes ou conservateurs, marxistes ou libéraux, civils ou militaires, laïcs ou théocratiques, toutes ont donné naissance à des élites, toutes ont engendré une classe dirigeante.

Les régimes communistes avaient au départ l'ambition ou la prétention d'aboutir à des sociétés sans classes. Ils ont en réalité mis en place et reproduit une nomenklatura aux privilèges exorbitants, aux pouvoirs infinis, aux modalités de recrutement aberrantes, à la qualification médiocre et à l'autoritarisme abusif. La classe dirigeante soviétique s'est avérée la plus tyrannique, la plus inégalitaire, et peut-être la plus structurée de toutes. Les régimes autoritaires, en règle générale, qu'ils soient d'extrême gauche ou d'extrême droite, ont formé des élites incompétentes et corrompues, dont les choix ont souvent été dramatiques et dont les privilèges, plus codifiés et plus explicites encore qu'ailleurs, avaient pour caractéristique d'être défendus par la violence physique et morale. Pour le coup, jamais le fossé entre gouvernants et gouvernés, jamais la distance entre « ceux d'en haut » et « ceux d'en bas » n'est plus marquée que dans ces régimes-là. Le totalitarisme isole plus qu'ailleurs dirigeants et dirigés. A l'expérience, c'est dans les régimes autoritaires que les « élites » sont les plus homogènes, les plus fermées, les plus éloignées du peuple. C'est dans les régimes démocratiques qu'elles sont proportionnellement les plus ouvertes, les plus diverses, les plus accessibles, les moins distantes. Théoriser sur le fossé qui se creuse entre la classe dirigeante et les autres milieux sociaux, c'est donc, au départ, admettre, si l'on veut être équitable, que les sociétés pluralistes comme la France sont assurément moins exposées que les autres aux dérives et aux cloisonnements.

Parmi les sociétés démocratiques, la France se singularise assurément. La place de la sphère publique, l'importance de la filière administrative, la prolifération des anciens hauts fonctionnaires aux postes de responsabilités politiques, économiques et financiers, tout cela donne aux élites françaises une physionomie bien particulière. Le principe de la méritocratie est-il cependant inférieur aux autres, la distance entre l'« établissement » français et le reste de la population est-elle plus accentuée qu'ailleurs? Rien ne le prouve.

Lorsque l'entrée dans les catégories dirigeantes ne se fait pas, comme en France, principalement par la voie du concours administratif et du suffrage universel, quel chemin emprunte-t-elle? L'origine sociale et l'hérédité ne sont pas effacées mais au moins largement estompées par les concours. L'argent, le patrimoine, la fortune, le secteur privé tiennent moins de place en France que dans les pays anglo-saxons ou qu'en Allemagne. Les diplômes, les concours, le noviciat public y ouvrent plus souvent les portes des catégories dirigeantes. Est-ce un handicap ou une tare? Certes, le secteur privé, par nature, prépare mieux à l'économie de marché, encourage l'initiative, la responsabilité et peut-être l'innovation, qui sont des valeurs précieuses, notamment en période de crise. Mais tout de même : les valeurs du service public, de l'État, des responsabilités sociales véhiculées par les grandes filières administratives et politiques françaises poussent au sens de la solidarité et du bien commun plus que dans d'autres pays. Ce n'est là ni un vice ni un défaut.

Par ailleurs, dans les démocraties anglo-saxonnes, germanique, scandinaves, les titres et les diplômes comptent aussi beaucoup au départ pour mener aux catégories dirigeantes. Il est vrai qu'ils prennent moins la forme systématique de concours administratifs, de grandes écoles et de grands corps que dans le système français. Le colbertisme reste décidément, malgré son déclin, une spécificité nationale. Il existe cependant, dans les autres nations industrielles, des universités plus réputées que d'autres, des écoles plus recherchées, des diplômes plus prestigieux, dont la formation et la possession facilitent autant les choses qu'ici l'ENA, Polytechnique ou Normale-Sup. La haute fonction publique, les dirigeants des grandes entreprises, nombre d'hommes et de femmes politiques de Grande-Bretagne sont passés par Oxford ou Cambridge. Les États-Unis comptent une douzaine d'universités (sur la côte Est et en Californie notamment) dont les jeunes diplômés sont recherchés par les institutions les plus en vue et par les entreprises ou les cabinets d'avocats les plus célèbres. En somme, si la filière méritocratique est plus puissante en France qu'ailleurs, elle n'est pas un monopole français. Elle revêt souvent d'autres formes dans les nations comparables à la nôtre. Elle n'y est pas inconnue cependant. Le principe méritocratique triomphe plus en France qu'ailleurs. Les valeurs de la méritocratie ne sont pas les plus indignes ou les plus inadaptées.

C'est en fait son excès d'homogénéité et son impact inouï sur l'ensemble de la société – la colonisation des postes – qui créent ce sentiment de déséquilibre et de distance, accentué par la crise et les polémiques qu'elle entraîne. Cela incite à des améliorations plus qu'à une condamnation, à des assouplissements plus qu'à un rejet. Le problème n'est pas de se débarrasser de la méritocratie mais d'en mettre davantage les formes en concurrence, de faciliter l'existence d'autres filières, de combattre tout ce qui ressemble à une hégémonie ou à une prétention au monopole. Il ne s'agit ni de nier la réalité des catégories dirigeantes, ni même de contester les qualités de la méritocratie à la française, mais de l'ouvrir, de la moderniser. La question n'est pas de combattre l'existence de catégories dirigeantes mais d'encourager la circulation des élites. Il faut diversifier, désenclaver les élites françaises. Ce n'est pas impossible, cela a même commencé.

Le combat en faveur de la réhabilitation de la société civile – par opposition à la société politique, cela va de soi – est largement entamé. Il a pris fréquemment des formes démagogiques. Il n'en correspond pas moins à un rééquilibrage nécessaire et à une diversité accrue. Lorsque Michel Rocard a voulu que la moitié de son gouvernement soit composé de personnalités qui venaient directement de la société civile – et non pas du Parlement, de la haute fonction publique, des appareils des partis –, il a étonné et fait sourire. Toutes ces expériences ne se sont pas impeccablement passées. L'aller et retour spectaculaire du fameux cancérologue Léon Schwartzenberg au ministère de la Santé n'a pas été une réussite. Ses qualités ne correspondaient pas à ses fonctions, et ses défauts étaient rédhibitoires à un tel poste. Bernard Kouchner, en revanche, quels que soient ses travers, a imposé un style, des méthodes et surtout des approches qui rajeunissaient soudain la vénérable machine politique et amélioraient le système. De même, des années auparavant, l'arrivée de Simone Veil, femme de principes et de caractère, et magistrat respecté, à la tête d'un grand ministère avait brusquement permis de réaliser des changements que la bureaucratie croyait sincèrement inimaginables et de faire adopter des législations novatrices qu'une femme politique classique n'aurait certainement pas pu imposer. Les critères moraux, les convictions éthiques, les réflexions originales viennent plus facilement des filières non conformistes.

Ce n'est pas suffisant. La nomination de personnalités symboliques, (parfois très actives) ne dispense pas d'un renouvellement et d'une ouverture supplémentaires. Le recrutement des dirigeants des grandes entreprises françaises reste ainsi beaucoup trop technocratique. Il est dommage que de bons responsables, formés par l'expérience de leurs fonctions dans la même entreprise ou dans le même secteur, soient si souvent stoppés dans leur carrière avant les postes clés, réservés à de hauts fonctionnaires, brillants au demeurant mais parachutés par la puissance publique, exerçant directement ou indirectement son influence. En Allemagne, par exemple, beaucoup de grandes entreprises sont dirigées par des professionnels qui y ont fait toute leur carrière, parfois en partant de fonctions très modestes et réussissant bien à leur tête. En France, on considère aisément comme allant de soi que, si une

PME peut être dirigée par ceux qui l'ont créée ou y ont passé des années, une grande société constitue un élément trop important du patrimoine national pour échapper aux hauts fonctionnaires. Ce système de nominations venu d'en haut, propulsant brusquement aux responsabilités suprêmes des personnages, sans doute de grande qualité mais extérieurs à l'entreprise, à sa culture, à ses méthodes, aboutit quelquefois à des catastrophes et, plus communément, à un déficit industriel, financier ou commercial. Les grandes entreprises françaises gagneraient à être habituellement menées par ceux qui y ont réussi auparavant et non pas par de fringants technocrates ayant fait carrière dans l'administration avec de tout autres concepts, de tout autres techniques et des préoccupations très différentes. Rien ne serait plus facile que d'obtenir ce résultat. Il ne s'agirait pas d'une révolution mais d'un progrès.

D'ailleurs, le principe même des « pantouflages », qui voit de hauts responsables publics – hommes politiques, hauts fonctionnaires, généraux – passer du gouvernement, de l'administration ou de l'armée où ils contrôlent les marchés d'entreprises bien précises à la tête ou dans le haut état-major de ces même firmes, est à la fois dangereux et stérile. Il est stérile parce qu'il impose justement des dirigeants venus d'un autre univers à des banques, des sociétés d'assurances, des entreprises qui fonctionnent selon d'autres principes. Il empêche de surcroît la promotion légitime de ceux qui y ont jusqu'alors réussi.

De plus, ce circuit est en lui-même équivoque et vulnérable. Nommer à la tête d'entreprises ceux qui, auparavant, appartenaient à leur autorité de tutelle et, pis, étaient chargés de négocier avec elles des marchés importants, c'est encourager en quelque sorte la corruption légale. Cela ne signifie pas qu'il faille interdire à tout haut fonctionnaire d'aller dans le secteur privé, mais mieux vaut, à tous points de vue, que ce ne soit pas dans celui dont il avait auparavant le contrôle.

Ce qui vaut pour les « pantouflages » de la haute fonction publique vaut d'ailleurs pour le passage du technique au politique, de l'administration à l'élection. Non pas que le principe soit en lui-même contestable ou répréhensible : les grands commis de l'État ont, comme toutes les autres catégories de Français, le droit absolu d'être candidats à une élection, d'être intégrés à un gouvernement. Ayant reçu de surcroît une formation particulièrement adaptée à ces responsabilités, connaissant bien le personnel et les procédures, bénéficiant du prestige attaché à leur statut et à leur corps, ils ont même une propension naturelle à sauter le pas, à traverser d'une rive à l'autre le fleuve du pouvoir. Ils font souvent alors des parlementaires compétents et assidus, parfois des ministres de qualité.

La question qui se pose à leur sujet est cependant de savoir si, comme en Grande-Bretagne par exemple, ils ne devraient pas commencer alors par démissionner de leur fonction publique pour briguer un mandat électif, en tout cas national. Car, puisqu'il s'agit de changer de rôle et de logique, de passer du technique au politique, il serait légitime d'éviter les aller et retour, forcément ambigus, entre les deux fonctions. Cela supprimerait par ailleurs une inégalité de fait entre les élus issus du secteur privé et qui prennent le risque d'interrompre leur carrière professionnelle pour entrer en politique et les hauts fonctionnaires qui, battus, retrouvent sereinement leur corps d'origine. Cela mettrait sans doute fin à la surreprésentation actuelle de la haute fonction publique au sein de l'Assemblée nationale et surtout du gouvernement. Cela encouragerait donc une ouverture et une diversification de la classe dirigeante. Le raisonnement qui vaut pour les grands commis de l'État s'appliquerait *a fortiori* aux magistrats, dont il est au moins paradoxal qu'ils puissent exercer une charge politique sans avoir abandonné définitivement et sans esprit de retour une carrière qui exige un esprit non partisan.

De même, l'existence, typiquement française, de cabinets ministériels influents, éminents et parfois pléthoriques tend-elle à souder trop étroitement le politique et l'administratif, à développer une culture de pouvoir plus monolithique que pluraliste et à renforcer l'exécutif au détriment des autres forces de la société politique. Le problème se pose pour les cabinets ministériels. Il se pose en réalité pour tous les exécutifs politiques français. Jacques Chirac a raison de soulever la question avec plus d'insistance que ses pairs, il aurait tort de ne pas l'appliquer à la mairie de Paris, comme cela pourraît l'être à toutes les grandes mairies de France, à toutes les présidences de conseils régionaux et généraux, à maint établissement public aussi. L'existence de cabinets ministériels, rassemblant les collaborateurs personnels des responsables de l'exécutif, choisis pour leur envergure et leurs compétences, crée entre le pouvoir proprement politique et la haute administration une zone grise équivoque, au sein de laquelle les hauts fonctionnaires participent en réalité à l'élaboration, à la formulation et à l'application de décisions spécifiquement politiques. Ce système étrange dépossède en fait l'exécutif du monopole des décisions politiques et détourne inévitablement les hauts fonctionnaires de leur vocation technique. Il crée l'équivoque et la confusion, empêchant d'attribuer clairement responsabilités et rôles à chacun.

Ce n'est pas seulement là une difficulté théorique. Un drame affreux comme celui de la transfusion sanguine a été possible notamment en raison de la dilution des pouvoirs, d'un partage flou des responsabilités. Lorsqu'on ne sait plus qui est responsable de quoi parmi les collaborateurs personnels du ministre, les hauts fonctionnaires, les comités d'experts et le ministre lui-même, on en arrive à un éparpillement néfaste – et ici tragique – du pouvoir. On en arrive aussi à une quasi-fusion entre des catégories dirigeantes qui devraient certes collaborer mais sans s'identifier. Diminuer drastiquement le nombre des membres des cabinets ministériels, pour qu'il ne s'agisse plus que d'une poignée de vrais collaborateurs immédiats, distinguer de nouveau entre les pouvoirs et les personnalités, laisser en somme des logiques concurrentes et parallèles se développer au lieu de fabriquer en permanence une synthèse qui mène au conformisme et à l'irresponsabilité, voilà qui ne demande aucune révision constitutionnelle mais qui pourrait, là enore, réinjecter du pluralisme, de la diversité, de l'ouverture dans la mécanique de la décision politique et au sein des élites françaises.

Cela ne saurait régler toutes les difficultés et surmonter tous les obstacles comme par un coup de baguette magique. La France – la société politique française – donne trop de place à l'exécutif, ou plus exactement ne le contrôle et ne le spécialise pas assez. L'existence d'une classe dirigeante est inévitable, logique, et d'ailleurs souhaitable, les décisions politiques demandant de plus en plus de compétences, de culture et d'expérience. Si l'on veut, comme c'est de toute évidence préférable à la fois par principe démocratique et pour exorciser les fantasmes des populistes, réduire la distance psychologique qui existe aujourd'hui entre les Français et leurs pouvoirs, il faut élargir la sphère de la consultation et favoriser la participation. Cela signifie que, pour nombre de décisions locales, départementales ou régionales, il serait naturel et possible d'interroger les citoyens et les citoyennes concernés. Cela ne pourrait que leur donner le sens des responsabilités (ou l'accroître) et légitimerait, en prime, des décisions difficiles. De même, pour mieux intégrer les minorités – jeunes n'ayant pas encore l'âge de voter, musulmans privés jusqu'ici d'organes de représentation dignes de ce nom, contrairement aux autres religions, etc. –, un système de consultations spécifiques sur les questions qui les concernent particulièrement pourrait améliorer le climat et rétablir plus de sérénité. Il ne s'agit évidemment pas de demander aux citoyens de prendre les décisions à la place des gouvernants : ce serait pure démagogie dans une société aussi complexe, diverse et ouverte que la nôtre. Plus de consultations, plus de débats, plus d'informations, plus de participation, cela apparaît en revanche possible et souhaitable.

Sur le plan national, les choses sont par principe plus difficiles et plus obscures. Dans beaucoup de domaines, il faut des connaissances très précises, une grande capacité à évaluer les options alternatives, à anticiper leurs conséquences, à les comparer avec d'autres orientations européennes, américaines, japonaises pour décider en conscience utilement. Le rôle d'un Parlement revalorisé serait justement celui-là : plus les décisions nationales sont complexes et sensibles, plus un contrôle également compétent et informé devient nécessaire. Sur certaines questions (plutôt de principes et de mœurs), l'organisation de consultations populaires serait en revanche imaginable. Elles exigeraient une révision de la Constitution. Elles ne devraient pas être confondues avec des référendums d'initiative populaire, qui constitueraient de vrais bouillons de démagogie. Elles rapprocheraient, là encore, les pouvoirs des citoyens, les élites françaises de l'opinion. Le simple fait qu'existe d'ailleurs une demande de ce genre chez les Français prouve bien qu'il ne s'agit pas là d'utopie ou de régression mais d'une avancée possible, d'une maturité accrue de la démocratie. Les consultations faciliteraient de surcroît la réconciliation nécessaire des Français et de leurs élites.

La classe dirigeante française a subi beaucoup d'attaques depuis le déclenchement de la crise. Elle a été chargée de tous les maux de la terre, y compris lorsqu'il s'agissait de phénomènes internationaux clairement identifiables comme tels. Elle manque assurément non pas de valeur et de compétences, de dévouement et d'envergure, mais de diversité et d'ouverture. La tradition française – l'« exception française » – poussait dans ce sens. La logique propre de la Ve République, hostile dès le départ aux notables et aux « féodalités » qui constituaient cependant des filières précieuses, différentes des voies royales de la haute fonction publique, a encore accentué ce phénomène. Il y a en France hypertrophie des exécutifs, ou plutôt sous-développement des pouvoirs d'équilibre et de contrôle, ainsi que des formes nouvelles de consultation populaire. Rien de cela n'est irrémédiable.

L'homogénéité des élites françaises fait partie des caractéristiques du paysage national. Elle va en réalité de pair avec les principes de laïcité et d'intégration, dans la mesure où elle reflète l'emprise particulière de l'État, des exécutifs, de la haute administration sur notre pays. Elle se recrute plus, jusqu'à présent, selon la méthode des concours très sélectifs et des grands corps très prestigieux que selon les lois du marché, de l'argent et aussi de la réussite professionnelle. Il faut assurément l'ouvrir, la diversifier, la faire en quelque sorte respirer. Il faut aussi la rapprocher des citoyens en améliorant la participation et en favorisant les consultations. Ce n'est pas une raison pour la déprécier, méconnaître ses qualités particulières, *a fortiori* pour en faire un bouc émissaire de la crise, comme en ont la tentation tous les protestataires de petit ou de grand statut. Il n'y a pas « trahison » des élites françaises, mais nécessité d'ouverture, de concurrence, de diversité. C'est affaire de modernisation, pas de diabolisation, et de réformes, pas de rejet. Des méthodes assez simples, réalisables en tout cas, existent pour cela. En ouvrant davantage la classe dirigeante française, elles couperaient l'herbe sous le pied des démagogues : double progrès.

CHAPITRE VII

Le mythe de la république gaullienne

Le mythe gaullien est de retour. Comme à l'approche de chaque rendez-vous présidentiel, comme à proximité de chaque grande échéance politique, l'ombre immense du fondateur de la Ve République plane derechef au-dessus du ciel des malheureux candidats. C'est une spécificité française : les prétendants à la fonction suprême, les aspirants au statut de chef de l'État et de l'exécutif ne se mesurent pas seulement, comme ailleurs, à leurs concurrents et adversaires naturels. Il leur faut également, épreuve autrement redoutable et intimidante, être jaugés à l'aune du plus grand homme d'État du pays depuis plus d'un siècle. On ne leur demande certes pas, on n'exige tout de même pas d'eux de se placer sur le même pied, fût-ce fictivement, que le général de Gaulle. Ce serait d'ailleurs regardé comme une inconvenance, une transgression, un crime de lèse-majesté. Ni de près ni de loin, ni directement ni obliquement, la comparaison ne saurait être personnelle. En revanche, les principes, les dogmes et les legs gaulliens s'imposent à tous, aujourd'hui comme hier. La grille d'interprétation politique française se réfère toujours, obsessionnellement, aux canons de l'homme du 18 Juin. Chaque plate-forme, chaque programme, chaque projet, chaque texte de référence est aussitôt projeté sur l'écran du gaullisme gaullien, afin de vérifier s'il y a concordance ou discordance avec les normes sacrées, filiation ou bâtardise, piété ou blasphème. Car c'est une affaire entendue : la Vᵉ République ne saurait être que gaullienne ou hérétique.

Or, il s'agit là d'un mythe flagrant, d'un mythe politique en bonne et due forme. Il est en effet devenu parfaitement abusif et réducteur de définir en cette fin de siècle la Vᵉ République comme une république gaullienne. Le dernier président français du XXᵉ siècle ne saurait être présenté sans abus comme le chef d'un État gaullien, comme le dirigeant d'une France gaullienne. Durant toute la campagne électorale et sans doute encore pendant les six premiers mois du prochain septennat (ou quinquennat), ceux où l'on affiche un style et une démarche, le futur vainqueur sera très vraisemblablement mille fois scruté et disséqué, domaine par domaine, trait après trait, en fonction des augustes précédents. Ce sera l'une des contraintes les plus éprouvantes du noviciat présidentiel, notamment pour tous ceux qui se situent dans la descendance ou la parentèle politique du général de Gaulle. Ce sera aussi l'une des disciplines les plus artificielles.

Non pas qu'il soit question de prétendre diminuer en quoi que ce soit l'importance historique du général de Gaulle, ou de vouloir réduire la force de son empreinte. Ce serait d'ailleurs aussi dérisoire qu'inutile. Rarement personnage aura autant compté dans la mémoire et dans l'imaginaire de son peuple que le général de Gaulle. Le « plus illustre des Français » restera inévitablement l'homme d'État le plus marquant de ce pays depuis en somme... Napoléon Bonaparte. Son incomparable refus de la défaite, en juin 1940, suffirait par lui-même à lui valoir des titres uniques. Symboliser la France dans l'épreuve et dans l'adversité, comme il sut alors le faire, trouver les mots et les gestes pour récuser l'abaissement et la résignation, diriger la France libre, incarner la France combattante, face au monde entier, ennemis mais aussi alliés : il fallait pour cela l'identification mystérieuse, exceptionnelle, d'un homme et d'une nation. Charles de Gaulle le résistant, Charles de Gaulle le libérateur sut alors, pendant cinq années terribles, incarner ce que la France avait de meilleur, alors que tant d'autres, sur le sol national, incarnaient ce qu'elle avait de pire. Le général de Gaulle avait la vocation de la grandeur et la religion de la souveraineté. Il y fallait la prémonition de son destin, la passion de la France, un génie personnel fait d'éclat et de démesure, d'intransigeance et de ruse, un verbe incomparable, une plume altière, un charisme superbe, baroque, sourcilleux, le sens de l'histoire et une minutieuse culture politique, l'autorité implacable d'un chef de guerre et l'énergie rebelle d'un dauphin spolié. Ce de Gaulle-là, personne ne saurait s'y comparer.

Le chef du gouvernement de la République retrouvée, souverain ombrageux et rassembleur de chaque portion de territoire national libéré, mérite lui aussi une admiration très particulière. Après avoir personnifié le rêve et l'espérance, la gloire et l'énergie de la France qui luttait durant la guerre, il fut, dès le débarquement et la Libération, le défenseur inflexible de la souveraineté française, le protecteur de la république et de la démocratie, face aux appétits et aux périls les plus contradictoires. Ayant sauvegardé l'honneur de la France pendant l'Occupation, il sut ressusciter la légitimité de la république dès la paix revenue. Même sa démission, orgueilleuse et fracassante, en janvier 1946, face aux partis qui osaient lui tenir tête et lui disputer une parcelle de la souveraineté populaire, avait tout pour le faire entrer dans la légende. De Gaulle ou le dernier héros en politique, l'homme de la nation, pour qui la France, l'histoire, la politique et sa personne ne faisaient qu'un. Il y avait là, pour le coup, toutes les composantes d'un mythe fondateur.

Seulement voilà : le général de Gaulle n'entendait pas se retirer à Colombey-les-Deux-Églises dans la hautaine simplicité de la Boisserie, pour se satisfaire de rédiger des Mémoires flamboyants. Il lui fallait sauver une deuxième fois la France, et la sauver à nouveau de l'abaissement, du déclin et du malheur, seul contre tous, à la manière d'un croisé inexorable, d'un stratège inspiré, d'un politique impatient et d'un monarque républicain dont l'autorité ne pouvait être partagée avec aucun autre. Sous la IVe République, le RPF, qu'il avait fondé, prit donc l'allure d'un parti ou plutôt d'une ligue ostensiblement révisionniste (au sens institutionnel du terme, cela va de soi), refusant toute compromission avec ce qu'il nommait avec mépris « le régime », enfourchant plus d'une fois des thèmes de campagne contestables, menant à l'occasion la politique du pire.

Il s'agissait de la France, mais il s'agissait aussi de la reconquête du pouvoir et du changement du système politique. La Ve République ne pouvait à son tour que naître du drame, des passions et des ruptures. Il y fallait la tragédie algérienne et l'effondrement de la IVe République (sous les coups, notamment, des gaullistes), les périls suscités par les activistes, le spectre des colonels et des généraux d'Alger, l'impuissance des vaincus pour que triomphât la grandeur du vainqueur. A sa naissance, la Ve République était effectivement, était entièrement, était exclusivement gaullienne. Après le régime des partis, c'était le régime du Général. Charles de Gaulle se saisissait pour la seconde fois des commandes d'un pays à la dérive menacé de déclin. La première fois, c'était après la déroute militaire de 1940, la deuxième, après l'enlisement politique de 1958. En 1940, le Général avait sauvé la France d'une défaite qui le désespérait ; en 1958, il la sauvait d'une débâcle qu'il avait annoncée et parfois facilitée. Dans son esprit, le souverain retrouvait son peuple, et la nation le seul pouvoir légitime après un intermède inconvenant de douze ans.

La Ve République, le général de Gaulle la voulait donc à son image : républicaine et monarchique, autoritaire et prestigieuse, souveraine et influente, déterminée et prophétique, impérieuse et irascible, réaliste et visionnaire, hiérarchique et sociale, exigeante et respectée, hardie et ambitieuse. La France devait retrouver son rang, la république des institutions, la nation sa souveraineté, l'économie sa prospérité, le peuple le respect de ses dirigeants et l'espérance. Ce devait être, ce ne pouvait être qu'une rupture éclatante, toujours la république d'une France éternelle mais une autre république et une autre France, renouant avec sa dignité. Il y avait chez Charles de Gaulle du roi Arthur, du Perceval, du Lancelot, du Gauvain et parfois de l'Enchanteur Merlin. Il arriva à Marianne de ressembler à la fée Morgane.

Née du général de Gaulle, façonnée par lui, portant son sceau et son empreinte, la Ve République ne peut cependant plus aujourd'hui être définie comme une république gaullienne. Certes, les effets de l'épopée gaullienne ne se sont pas tous dissous. Le Général voulait rendre à la France le goût de l'indépendance et le sens de la souveraineté; grâce à lui elle détenait encore en 1958 un siège de membre permanent au Conseil de sécurité et un statut de vainqueur à Berlin. Il importait, aux yeux de l'irréductible souverain, de bien montrer au monde que la France était pleinement redevenue maîtresse d'elle-même. Le moins que l'on puisse dire est qu'il a su s'y employer sans faiblir. Les Américains (qui ne l'avaient pas ménagé, il est vrai, durant la guerre, ni d'ailleurs à la Libération, lorsqu'ils voulurent placer la France sous administration anglo-saxonne) purent assez vite mesurer les marques de son humeur. S'il se montra parfaitement loyal vis-à-vis de Washington lors de la dramatique crise des fusées de Cuba, il fut, pour le reste, avec constance et méthode, le plus rebelle des alliés, n'admettant aucune suprématie, ne tolérant aucune primauté, ne perdant pas une occasion de démontrer et d'illustrer son goût extrême de l'autodétermination. Avec le général de Gaulle, la souveraineté française se mesurait le plus souvent à l'étalon des nasardes et des rebuffades qu'il infligeait au grand ami américain.

Le paroxysme fut atteint avec le départ homérique de France du commandement intégré de l'OTAN, scellant ainsi la plus grave crise interne qu'ait connue l'Alliance atlantique de toute son histoire. Depuis que les États-Unis avaient refusé l'instauration d'un directoire politique franco-américano-britannique au sein de l'Alliance, le général de Gaulle ne cessait guère de se démarquer. Le fameux discours de Phnom Penh, spectaculairement prononcé devant une foule immense depuis la capitale du Cambodge, constituait la critique la plus acerbe et la plus argumentée que les États-Unis se soient vu infliger par un de leurs alliés à propos de leur politique à l'égard du tiers monde, et notamment des États de l'ex-Indochine française. Charles de Gaulle n'était pas prêt à accepter de voir les États-Unis remplacer la France comme puissance tutélaire sur quiconque.

L'ouverture à l'Est, théâtralement mise en scène par le président de la République française, allait dans le même sens et n'avait pas d'autre signification. L'indépendance de la France, sa liberté de mouvement, son ambition de compter et de peser, sa poursuite symbolique ou chimérique d'une troisième voie entre capitalisme et communisme, sa volonté constante de se différencier des grandes puissances anglo-saxonnes, tout cela formait à coup sûr le premier des grands dogmes gaulliens. Impossible de nier que cette entreprise et cette ambition aient marqué profondément, aussi bien à Paris qu'à Washington ou dans les autres capitales. Avant le général de Gaulle, la France était une alliée fidèle et docile – dépendante – au sein de l'Alliance atlantique. Après le général de Gaulle, quelles que soient les circonstances et les personnalités de ceux qui ont exercé le pouvoir à Paris, jamais la France n'est rentrée dans le rang, toujours elle a gardé une physionomie singulière et une personnalité hétérodoxe. Depuis le début de la Ve République, Paris aura toujours été l'allié le plus fantasque et le plus incommode des États-Unis. Sur ce point hautement emblématique, le général de Gaulle a gagné : Paris et Washington entretiendront toujours des relations complexes.

Sur un terrain plus positif, le général de Gaulle a réussi à enraciner un autre principe cardinal, jusqu'ici intangible, de la politique française : l'amitié particulière, l'entente privilégiée, l'alliance prioritaire avec l'Allemagne. Profondément imprégnés de culture historique l'un et l'autre, influencés plus que quinconque par le souvenir de trois guerres cruelles en moins d'un siècle, le vieux chancelier rhénan, Konrad Adenauer, et l'auguste général français furent assez courageux et visionnaires pour surmonter souvenirs, cultures, rancunes et (du côté allemand) remords, afin d'engager les deux nations rivales sur la voie d'une coopération pacifique et intime comme l'histoire n'en offre guère d'autre exemple. C'était un acte essentiel et prophétique, audacieux et insolite. Il aurait pu s'enliser, vaciller et faiblir après la retraite et la disparition des deux pères fondateurs. Il n'en a rien été, et le destin des deux nations – et même celui de l'Europe tout entière – en restera durablement infléchi. Le tandem franco-germanique est né sous les auspices du général de Gaulle et du chancelier ouest-allemand, fondateurs et symboles des deux républiques que sépare le Rhin. Ils ont veillé à ce que désormais le fleuve les réunisse. Ils y sont parvenus.

Non point qu'entre Paris et Bonn tout aille toujours pour le mieux. Les deux pays défendent évidemment leurs propres intérêts, qui ne peuvent pas coïncider toujours : comment pourrait-il d'ailleurs en être autrement? La République fédérale ne cesse de se montrer plus atlantiste, plus libérale aussi que la République française. Elle n'a pas les mêmes vanités, le même souci de paraître, le même goût de la pompe, la même obsession du rang et de l'exception, autres legs gaulliens. Elle se montre plus modeste et plus efficace, plus prudente et plus puissante que la république tricolore. Elle la distance sur les plans économique et monétaire, elle la respecte sur les plans politique et culturel. Si l'on voulait caricaturer les choses à l'extrême, on pourrait dire que la République allemande est un géant provincial et la République française un nain universel.

Telles quelles, les deux républiques coopèrent cependant admirablement, donnant le ton et le *tempo* au sein de l'Union européenne, au grand agacement, d'ailleurs compréhensible, du Royaume-Uni. Paris et Bonn se coordonnant, s'informant et préparant solidairement des initiatives que leur poids particulier – l'Allemagne et la France étant les deux principaux États membres de l'Union – et leur rôle historique depuis les années cinquante rendent difficilement résistibles.

Le couple formé par le président français et le chancelier allemand est plus ou moins harmonieux selon les cas. Le plus cohérent fut à coup sûr le tandem cependant baroque constitué par Valéry Giscard d'Estaing, le patricien, et Helmut Schmidt, le social-démocrate. Le plus grinçant et le moins imaginatif fut celui que formèrent le président Pompidou et le chancelier Willy Brandt. Au-delà des hommes, l'amitié, la réconciliation, la solidarité entre la France et l'Allemagne sont devenues une donnée de base au sein du Vieux Continent, un principe fondamental au cœur de l'Union. Le rapport des forces a certainement évolué entre les deux pays [1]. La réunification de l'Allemagne, accueillie avec réalisme plus qu'avec enthousiasme par les dirigeants politiques français de toutes tendances, François Mitterrand en tête, a, cela va de soi, déplacé le centre de gravité de l'Europe. Reste néanmoins qu'à travers les crises et les obstacles, les bouleversements de l'Europe de l'Est et les dérèglements économiques et monétaires internationaux, dans la récession comme dans la croissance, dans la guerre froide comme dans l'après-communisme, avec des dirigeants de gauche aussi bien que de droite, à Bonn comme à Paris, l'axe franco-germanique imaginé par le général de Gaulle fait aujourd'hui partie du paysage permanent de l'Europe. Cette marque-là, qui irrite tant, n'est pas près de s'effacer.

Au-delà des rapports délicieusement tumultueux entre Paris et Washington et des relations attentivement cordiales entre Bonn et Paris, la France demeure encore une république typiquement gaullienne – fort dissemblable donc de la IVe République – en ce qu'elle tient obstinément à afficher vis-à-vis de tous sa singularité, sa personnalité, sa différence. La France a toujours été ambitieuse. Depuis que sa puissance relative décline, sa volonté de conserver une influence caractéristique, spécifique s'accentue. La France ne saurait être banale, c'est un autre principe gaullien. Elle veut être une personne d'exception, comme Jaurès et Péguy, Barrès et Malraux n'ont cessé de l'en adjurer. Elle dispose d'un statut flatteur, fruit de son héritage historique et culturel. Elle entend préserver un rôle politique bien défini. Contrairement à ce que l'on pourrait croire, cela ne va pas du tout de soi pour un pays de son importance et de son poids. La Grande-Bretagne a renoncé à mener une politique étrangère marquante et originale. Elle dispose d'une diplomatie exceptionnelle – peut-être la meilleure du monde –, de

1. Voir chapitre VIII, « Le mythe de l'Europe contre la nation ».

l'atout que constitue sa langue, désormais devenue langage véhiculaire, et elle joue fort bien de ses liens particuliers avec ses cousins américains ou de son ascendant subtil sur plusieurs États du Commonwealth, en somme de ses positions soigneusement entretenues ici et là. Elle ne donne pas le sentiment, contrairement à la France, de cultiver un particularisme diplomatique systématique, de rechercher sans cesse un rôle de premier plan, de devoir satisfaire en somme un ego national insatiable.

De même, l'Allemagne ou l'Italie d'ailleurs : elles ont des intérêts, des objectifs, des projets. Rome entretient des rapports assidus avec les pays arabes et les États méditerranéens. Bonn, deuxième puissance exportatrice du monde, ne ménage pas ses efforts pour aboutir à de spectaculaires contrats, est présente partout où sa vocation commerciale et industrielle l'y incite. L'Allemagne joue un rôle majeur en Europe de l'Est et compte beaucoup à Moscou. Il n'empêche : la Grande-Bretagne ne mène pas de politique étrangère en fonction de ses nostalgies impériales. L'Allemagne s'astreint à une certaine réserve diplomatique. Elle mène surtout la politique de ses intérêts matériels. L'Italie se satisfait d'être une puissance régionale, la Grande-Bretagne d'être une puissance anglo-saxonne, l'Allemagne d'être une puissance civile et industrielle. La France, non : il lui faut un rêve de grandeur, un style flatteur, une voix impossible à confondre avec celle des autres, un message qui prétend à l'universalité.

D'où le combat constant et souvent malheureux pour la francophonie ; d'où les initiatives répétées et parfois efficaces en faveur d'un désarmement équilibré et contrôlé. Il s'agit de réduire les risques de guerre, de catastrophe nucléaire, de recours aux horreurs des armes chimiques et bactériologiques ; il s'agit d'empêcher la dissémination de l'arme atomique ; il s'agit aussi de limiter l'hégémonie américaine et russe en matière militaire. Derrière cela émerge irrésistiblement le goût spécial de la France pour les plans planétaires identifiés à leurs auteurs, le souci d'employer au mieux l'existence de la force nucléaire nationale pour faire figure d'interlocuteur incontournable vis-à-vis de Washington et de Moscou et, encore et toujours, l'ambition de trancher, de peser, d'être là, de compter au-delà des facteurs matériels et des critères quantitatifs.

Cela se vérifie encore dans l'aide publique de la France aux pays en voie de développement, proportionnellement beaucoup plus généreuse que celle de Washington, de Moscou, de Londres, de Bonn ou de Tokyo. Les grands principes humanitaires, la compassion pour les situations tragiques, l'idée que la France doit être exemplaire et qu'elle s'adresse au monde entier, le refus absolu d'être réduite à une alliance militaire et d'être identifiée à un type général de société, tout cela imprègne sa culture politique. La France ne veut à aucun prix être un pays capitaliste ordinaire, un membre de l'Alliance atlantique banal. Elle doit être autre, elle doit être elle-même, elle doit songer sans cesse au rang, au prestige, à la souveraineté. C'est là le testament gaullien à l'usage de la Ve République. Là encore, il inspire à tous un respect contagieux et parfois hiératique.

Ce qui vaut pour la politique extérieure vaut aussi pour la politique domestique. Le général de Gaulle a légué des principes qui ressemblent à des dogmes, à des sacrements politiques, parfois même à des liturgies. Il entendait restaurer l'autorité de l'État, le respect de la puissance publique et la suprématie du président de la République, l'homme en charge de la nation, celui à qui l'exécutif tout entier devait obéissance et loyauté. Il s'agissait donc de métamorphoser les institutions, de bouleverser l'équilibre des pouvoirs, de concentrer la légitimité de la souveraineté nationale sur une seule tête, celle du chef de l'État. La Ve République devait être un État démocratique, puisque le suffrage universel choisissait le monarque républicain, que le pluralisme s'exerçait et que l'alternance était en théorie possible. Il s'agissait cependant d'un État fort, d'un président souverain, d'un régime privilégiant l'exécutif. Après les divisions, l'enlisement et les faiblesses de la IVe République, la république gaullienne se voulait thérapeutique. En ce sens, le général de Gaulle a, là encore, gagné. Le président reste la clé de voûte, le symbole, le hiérarque suprême, le Premier consul. Son lien direct avec le peuple lui assure la prééminence. L'alternance – que le Général eût considérée comme un affront et une offense sous son règne –, les victoires de la gauche ont même confirmé, accentué, légitimé cette pente. La France est une république présidentielle. En cela elle reste naturellement une république gaullienne.

Elle peut s'appuyer de surcroît sur un État unitaire, sur une administration disciplinée et efficace – surtout comparativement –, sur des services publics ponctuels et bien organisés. En France, les trains arrivent à l'heure, le courrier est rapide, le réseau téléphonique fonctionne comme il le doit. Peu de pays développés peuvent en dire autant, soit que leurs services publics soient désorganisés – la poste en Belgique, les hôpitaux en Grande-Bretagne –, soit qu'ils aient été concédés aux secteurs privés. La France demeure colbertienne : on ne transige pas avec l'autorité de l'État, on ne plaisante pas avec l'autorité publique, quitte à ce que les droits individuels soient moins bien assurés que dans les pays anglo-saxons, scandinaves ou germaniques. La France reste un pays de droit public, où l'administration prospère et où, du palais de l'Élysée à la plus petite commune, l'autorité est respectée, la hiérarchie est acceptée, l'exécutif s'impose. Le général de Gaulle voulait un État fort, une république stable et un président obéi. En ce sens, la Ve République reste aussi largement gaullienne. L'ordre institutionnel a été rétabli.

Peut-on soutenir pour autant que la France d'aujourd'hui est toujours globalement une république gaullienne ? Certes non. Ni la politique extérieure, ni le fonctionnement des institutions, ni le style – cela va de soi –, ni surtout la nature et l'évolution de la société ne correspondent à l'époque gaullienne. La Ve République a changé de visage, d'essence et de comportement. D'abord, parce que le gaullisme gaullien était avant tout une politique de rupture : il l'a toujours été, des premiers actes publics au départ ultime, théâtral et définitif, du général de Gaulle. L'appel du 18 juin 1940 constituait déjà une rupture éclatante avec la logique de soumission, de renoncement, d'abaissement de la France. Le gouvernement de la Libération rassemblait, sous l'autorité du général de Gaulle, toutes les tendances de la Résistance et tous les partis non compromis avec Vichy, symbolisant à son tour une double rupture, rupture avec le régime du maréchal Pétain, rupture aussi avec la IIIe République, le régime parlementaire et la fragmentation politique de la France en blocs et en tendances antagonistes. Un rêve de rassemblement autour d'une autorité légitimée forte passait soudain. Comme il ne pouvait pas durer, comme les partis retrouvaient tout naturellement leurs objectifs propres et les élus leur volonté de contrôle, donc de contestation de l'exécutif, nouvelle rupture et premier départ du Général, refusant net tout espoir de compromis. Durant la IVe République, la stratégie du RPF, totalement dévouée à son chef, fut encore de rupture absolue, intégrale avec le régime. Dès que certains gaullistes, parmi les plus éminents, se lassèrent d'une opposition systématique et frontale, entrèrent dans une majorité, siégèrent dans un gouvernement, « allèrent à la soupe », comme lâcha hautainement l'homme de Colombey, le RPF fut dissous : nouvelle rupture.

La Vᵉ République, enfin, fut conçue à son tour, on l'a vu, comme une franche et ambitieuse rupture, domaine après domaine, avec tout ce qui précédait. Dès que le référendum d'avril 1969 sur la participation et la régionalisation fut rejeté par les Français, le général de Gaulle rendit aussitôt publique une démission sans appel et sans retour. Le fondateur de la Vᵉ République quittait la scène comme il l'avait abordée la première fois. Il s'était fait connaître et admirer par la rupture de 1940, il prenait congé des Français, en quelques mots d'un communiqué d'une sobriété impérieuse, sur une ultime et inimitable rupture.

Aujourd'hui, c'est exactement l'inverse qui se produit. La Vᵉ République est devenue un régime stable et respecté. L'ère des grandes ruptures, méditées, mises en scène et personnifiées par le général de Gaulle, s'est achevée. La décolonisation n'est plus qu'un souvenir, l'Empire qu'une page d'histoire, la France libre qu'une légende épique. Les institutions ne sont plus contestées par personne. Il n'y a pas de parti révisionniste (toujours au sens institutionnel) dans la France d'aujourd'hui, si l'on excepte le Front national. La gauche a succédé à la droite, puis les libéraux aux socialistes. La Vᵉ République a connu tous les cas de figure possibles – y compris les plus difficiles : une double cohabitation – et les a aisément surmontés. Elle se confond maintenant avec le paysage naturel de la France. Elle forme une nouvelle synthèse républicaine, reflet d'un équilibre social, politique et intellectuel, comme ce fut un moment le cas de la IIIᵉ République après le tournant du siècle.

La Vᵉ République devient maintenant une permanence, une tradition, un héritage, bref le contraire même d'une rupture : une continuité légitime. La république gaullienne ressemble, avec le recul, au traitement de choc de crises politiques répétées. La Vᵉ République d'aujourd'hui forme à l'inverse la géographie naturelle de la France politique. Il fallait sans doute des ruptures originelles pour aboutir à cette permanence bien huilée. La France a enfin un régime qui lui convient.

Cela ne signifie évidemment pas qu'elle ait pour autant un régime immobile et une société immuable. Sur les fondements gaulliens, la Ve République a construit peu à peu une France profondément post-gaullienne. De Gaulle aura été le chirurgien de la république mais le malade, une fois guéri, a repris sa croissance, son évolution et son autonomie, acquérant finalement une tout autre physionomie. La France est devenue une démocratie plus stable et plus équilibrée qu'à l'époque du gaullisme gaullien. A la volonté unique d'un homme a succédé un équilibre progressif, une nouvelle maturité politique.

Cela va de soi sur le plan institutionnel. Après la retraite du fondateur, surgi de l'histoire, souverain orgueilleux tout imprégné du sentiment violent de sa mission personnelle, ne se reconnaissant ni pair ni rival sur le sol national, le monarque républicain est devenu progressivement un monarque démocratique. La présidence absolue a évolué vers une présidence relative. Le personnage même du chef de l'État a été désacralisé, laïcisé. On ne poursuit plus pamphlétaires et libellistes pour offense au chef de l'État. On ne censure plus la littérature, la publication ou les images le concernant. La république gaullienne était le seul régime pluraliste où le chef de l'exécutif librement élu devait être traité comme un monarque constitutionnel. Cette période-là est entièrement révolue. Lorsqu'on regarde « Le Bébête Show » ou « Les Guignols de l'info », quand on voit François Mitterrand en grenouille concupiscente ou en vieillard impotent et sclérosé monté sur un siège à roulettes et s'exprimant par monosyllabes mécaniques, on se doute bien que le statut du souverain et la représentation du président de la République ne sont plus de la même essence qu'à l'époque du Général!

D'ailleurs, le chef de l'État français se soumet désormais avec exactitude aux règles du droit, de la Constitution, des textes organiques. Il respecte les décisions des hautes juridictions. Il ne s'exempte pas de l'application de l'État de droit. Le général de Gaulle, père des institutions, n'hésitait pas à les bousculer, en prenait à son aise avec les textes, morigénait les magistrats. A ses yeux, sa légitimité personnelle historique autant que politique surplombait de très haut toutes les autres. Il était l'homme-Constitution, puisqu'il était le père de la république. Rien de tel désormais, cela va de soi : les droits du Conseil constitutionnel ont été largement accrus et son autorité solidement établie, sous une majorité comme sous l'autre, une présidence après l'autre.

Sous la république gaullienne, la haute juridiction se montrait d'une timidité et d'une prudence indignes d'un tribunal constitutionnel. Cette période-là est vraiment révolue. Les sages du Palais-Royal se comparent fort bien à leurs homologues allemands ou italiens et sont d'ailleurs, dans la communauté juridique internationale, regardés avec respect, ce qui n'était pas le cas de leurs prédécesseurs. Le Conseil constitutionnel gaullien était en fait une assemblée politique et même une assemblée partisane. Aujourd'hui, la France dispose vraiment d'un organe de contrôle constitutionnel, même s'il reste regrettable que les simples citoyens ne puissent pas le saisir.

Et puis, la simple évolution politique a substantiellement démocratisé le souverain. L'échec inattendu de Valéry Giscard d'Estaing, le président sortant, en 1981 a démontré de façon irrécusable que les Français ne plaçaient plus leur président au-dessus des sanctions politiques et électorales. Il fallait qu'un président sortant, candidat derechef, fût battu pour que la présidence de la République devienne en France tout à fait démocratique : leçon cruelle mais, somme toute, logique, bien que Valéry Giscard d'Estaing ait été loin d'avoir démérité. La double cohabitation, c'est-à-dire la double défaite de la majorité présidentielle sous François Mitterrand, aboutit au même résultat et relève de la même mécanique. Le président français peut dorénavant être mis en minorité comme un simple mortel, à l'occasion de l'élection au palais de l'Élysée comme à celle de banales élections législatives. Cela n'altère en rien son droit le plus strict d'achever son mandat mais cela consolide le contrôle démocratique. Il y a désormais en France un vrai contrôle constitutionnel et un vrai contrôle politique. On sort donc des souverains de légende pour en venir aux monarques démocratiques. La présidence peut être mise en échec, le pouvoir suprême peut être sanctionné ou atrophié.

La participation régulière des présidents français aux sommets des G-7 et surtout aux Conseils européens bisannuels (parfois plus fréquents) pousse évidemment dans le même sens. L'élaboration régulière de décisions collectives, sur un pied d'égalité, ne peut que servir de propédeutique démocratique. En discutant avec ses collègues européens, en se familiarisant avec leurs manières de penser, avec leurs habitudes et leurs contraintes, le président français cesse d'être un personnage descendu de l'histoire pour devenir un simple responsable politique, de haute stature le cas échéant, mais respectant ses pairs et devenant familier des dialogues informels entre chefs de l'exécutif des nations démocratiques. Le président français est sorti de l'Olympe pour siéger avec de simples mortels, d'une essence comparable à la sienne. La Ve République s'est ainsi alignée sur les normes démocratiques modernes.

La structure du pouvoir français s'est d'ailleurs modifiée en profondeur depuis une génération, jusqu'à correspondre à un autre type de société. La république gaullienne était unitaire, jacobine et centralisée. La république post-gaullienne reste unitaire, même si elle tolère un statut prudemment dérogatoire pour la Corse. En revanche, elle a suffisamment progressé vers la décentralisation pour qu'on ne puisse plus la qualifier de jacobine. La France entretient toujours un goût plus accentué qu'ailleurs pour l'unité et même pour l'uniformité. Elle se méfie des différences et des particularismes. Dans le sillage des utopies qui avaient surgi, cristallisé ou proliféré lors de Mai 68, il avait été question de culture bretonne, de département basque, de personnalité occitane. Tout cela s'est rapidement démodé. Seule subsiste vraiment la question corse. La Ve République reste donc bel et bien unitaire, surtout si on la compare – par principe – aux structures fédérales des États-Unis et de l'Allemagne, ou aux expériences régionales espagnoles ou italiennes. Elle se différencie cependant profondément de l'ère gaullienne. Les réformes de la décentralisation sont en effet passées par là. Elles étaient ambitieuses, elles furent controversées, elles ont néanmoins largement réussi, même s'il faut encore les prolonger et les compléter.

Le général de Gaulle ne badinait pas avec l'autorité de l'État. Il se défiait des ambitions régionales, détestait les fédoalités locales, suspectait volontiers les grands notables provinciaux, et n'avait guère confiance, en somme, que dans le personnel préfectoral et les services extérieurs de l'État. La réforme Defferre de 1982 (en fait, l'adoption de l'ensemble des textes des règlements a duré trois grosses années, jusqu'à la fin de 1985) l'aurait à coup sûr hérissé et vraisemblablement outragé. Voilà que la France était découpée en régions, auxquelles l'État transférait des pouvoirs réels en matière d'action sociale, d'urbanisme ou de formation professionnelle. Voilà que le pouvoir essentiel passait des préfets de région ou de département aux présidents des conseils régionaux et surtout généraux. Voilà que la tutelle de l'État s'allégeait, qu'il renonçait aux contrôles préalables, qu'en matière scolaire les responsabilités évoluaient profondément, que l'on introduisait des dotations financières globales, en permettant aux collectivités locales de les répartir à leur manière. C'était la fin de l'État napoléonien, la revanche des girondins.

Sans doute ce gros train de réformes ne constitue-t-il pas une authentique révolution locale. Il présente d'évidentes faiblesses. La fiscalité locale n'a pas été modifiée de façon très convaincante. Elle demeure archaïque et ne permet pas aux collectivités locales de financer aisément leurs nouvelles responsabilités : d'où l'augmentation hâtive des prélèvements locaux. Par ailleurs, les modes de scrutin locaux apparaissent tout à fait inadaptés à la nouvelle répartition des pouvoirs. Seule la loi électorale municipale – qui organise sagement une représentation de l'opposition et une prime à la majorité – peut satisfaire. L'application de la représentation proportionnelle aux conseils régionaux les rend souvent ingouvernables et l'application de la loi majoritaire intégrale aux conseils généraux les rend souvent par trop déséquilibrés. La bonne solution reposerait sur un système mixte, comme pour les communes, afin de donner à la majorité les moyens de gouverner (elle ne les a pas dans les conseils régionaux) et à l'opposition les moyens de compter (elle ne les possède pas dans les conseils généraux). Si cela n'a pas été adopté jusqu'à présent, c'est que, même aujourd'hui, la classe politique nationale reste outrancièrement départementaliste, alors que la région constitue la structure d'avenir. De la même façon, le découpage régional n'est pas satisfaisant : trop de régions, parfois artificielles, et pas assez de ressources.

Quelles que soient ses limites et ses faiblesses, la décentralisation a cependant substantiellement progressé. Elle est particulièrement populaire auprès des

Français eux-mêmes, toutes les études le confirment, et elle paraît bien s'être définitivement implantée dans le paysage politique et institutionnel de la France. La réforme locale n'est pas complète, n'est pas achevée, mais la dynamique de la décentralisation apparaît irréversible. Les élus et les dirigeants gaullistes, réticents au départ, ne sont pas les derniers à le reconnaître aujourd'hui. Le général de Gaulle serait fort étonné par les pouvoirs actuels d'un président de conseil général actif et par le prestige et le renom des conseils régionaux. Le poids des grands notables qui ressemblent parfois à de grands feudataires l'irriterait sans doute. Il lui faudrait reconnaître qu'ainsi la Vᵉ République fonctionne mieux. Elle apparaît plus diverse et plus souple, plus moderne et plus démocratique.

Ce qui vaut pour la décentralisation s'applique aussi, on l'a vu [1], pour l'information. Dans ce domaine, de la république gaullienne à la France d'aujourd'hui, il y a authentique métamorphose. A l'époque du Général, l'ORTF était purement et simplement sous la coupe du pouvoir. Cela n'empêchait pas quelques îlots de pluralisme d'exister, et beaucoup d'émissions et de programmes de qualité d'être diffusés. Les informations, à la télévision et à la radio publiques, étaient cependant fort orientées, soumises à un contrôle tatillon, et donc bien différentes de ce qu'elles auraient dû être dans un système effectivement démocratique. Le ministre de l'Information dictait sa loi, les membres du gouvernement considéraient qu'ils avaient un droit de regard sur les informations relevant de leur secteur, les bureaux régionaux étaient surveillés par les préfets et scrutés de près par les élus locaux de la majorité. La presse anglo-saxonne en faisait, à juste titre, des gorges chaudes et multipliait les attaques légitimes sur ce sujet. Les conférences de presse du général de Gaulle lui-même ressemblaient beaucoup plus à des grand-

1. Voir chapitre IV, « Le mythe de la dictature de la télévision ».

messes chantées, avec d'ailleurs un officiant d'un talent hors du commun, qu'à un acte d'information. La république gaullienne était une démocratie incomplète et au moins inachevée.

La Ve République d'aujourd'hui ne mérite plus les mêmes reproches. La presse écrite affronte une crise sévère mais son pluralisme et son indépendance politique sont avérés sur le plan national et, malgré une concentration régionale, plus authentiques aujourd'hui qu'il y a trente ans. La presse écrite française a toujours été diverse. Elle est plus fragile, donc financièrement plus dépendante qu'autrefois. Politiquement, elle a gagné en qualité, en exigence et en liberté d'expression. La radio fut toujours un bastion du pluralisme, elle l'est encore beaucoup plus qu'avant, puisque les réseaux nationaux se multiplient, que la concurrence est sévère et que la compétition favorise la démocratie de l'information. La multiplication des stations locales accentue sensiblement cette pente. Les auditeurs français ont vraiment un choix exhaustif et la radio n'a cessé de gagner du crédit en matière d'informations.

Quant à la télévision, on l'a vu, elle aussi a changé de statut, de critères et de ton. A l'époque du Général, elle paraissait monolithique et conformiste. Elle est aujourd'hui vivante, diverse et animée par l'esprit de compétition. L'opposition ne s'y fait pas toujours suffisamment entendre, quelles que soient les majorités, mais les émissions d'interviews pluralistes ne manquent pas, les enquêtes ont gagné en vigueur et en rigueur, le ton s'est modifié du tout au tout. Elle supporte désormais, sur ce plan, la comparaison avec ses homologues. Elle n'a pas la puissance matérielle et éditoriale des grands « networks » américains. Elle ne manque pas, on l'a souligné, d'exercer par ailleurs des effets pervers. Autant à l'époque de la république gaullienne elle constituait un archaïsme typique et un handicap français, autant désormais elle correspond aux normes des pays démocratiques avancés. La Ve République est ici post-gaullienne, de façon à la fois flagrante et positive.

Sur le plan politique partisan le plus classique, il y a là aussi changement de nature, de style et de rapport des forces. La Ve République a commencé comme un condominium inégal. Le gaullisme dominait la droite, de plus en plus nettement au fur et à mesure que les institutions s'enracinaient. Dans l'opposition, c'est le Parti communiste qui occupait la première place, tout comme la CGT sur le plan syndical. Les partis pesaient lourds, les syndicats pouvaient aligner des effectifs impressionnants. Il n'en reste presque rien. Le gaullisme domine toujours la droite mais il doit compter avec le Front national et Philippe de Villiers d'un côté, avec l'UDF de l'autre. Le PC et la CGT ont perdu une grande partie de leurs adhérents, de leurs ressources, de leur poids et de leur autorité. C'est, au sein de l'opposition, la gauche non communiste qui s'impose, quels que soient ses travers et ses divisions. En somme, à l'époque du gaullisme gaullien, il y avait une forteresse communiste ouvrière qui résistait à une structure de pouvoir gaulliste et étatique. Désormais, les gaullistes ressemblent surtout à une variété de libéraux, et les sociaux-démocrates l'emportent à gauche, quelles que soient les étiquettes, en France comme dans les autres pays européens. Au couple inégal et atypique gaullo-communiste a succédé un affrontement plus classique entre libéraux et sociaux-démocrates. Là-dessus, l'historien François Furet avait raison d'annoncer la fin de l'« exception française ».

De toute façon – et c'est là aussi une transformation d'importance –, le poids des partis politiques, des syndicats mais également des Églises et, en règle générale, de ces associations qui maillaient le tissu social à l'époque du Général a depuis largement décru. En une génération, le pourcentage des catholiques pratiquants réguliers a diminué de moitié, cependant que l'islam devenait la deuxième religion de l'Hexagone. Les grandes associations de masse catholiques, jadis si nombreuses et si influentes – organisations de jeunesse, associations féminines notamment –, ont décliné dans des proportions impressionnantes. Les dogmes moraux de l'Église de Rome sont ignorés désormais, voire ouvertement bafoués par ceux-là mêmes qui s'affirment catholiques. La France gaullienne était majoritairement catholique et minoritairement communiste. Le curé de la paroisse et le secrétaire de la cellule ou de la section du PCF étaient encore des personnages considérables, à la fois symboliques et actifs. Ils inspiraient des centaines de militants, essaimant dans des dizaines d'organisations. Ils influençaient le gros de la population.

Dans la république post-gaullienne, les militants se font rares, les presses partisanes ou cléricales s'essoufflent, les partisans et les fidèles se clairsèment. Les réseaux que formaient les mouvements de jeunesse, d'action sociale ou féminine, les cercles culturels et sportifs relevant du PC ou du clergé, les mouvements professionnels spécialisés, ceux qui s'adressaient aux anciens combattants ou aux étudiants, aux jeunes filles ou aux cadres, aux mères de famille ou aux ouvriers, tous dépérissent au même rythme. La société française aujourd'hui se laïcise ainsi doublement, échappant aux Églises, confessionnelles ou politiques.

Les Français apparaissent émancipés mais solitaires, plus individualistes et moins solidaires, autodéterminés mais plus déracinés. Ils choisissent, consciemment ou non, une logique de libre arbitre, une attitude de consommateurs, jugeant sur pièces, récusant les vérités révélées, changeant de choix et d'orientation à leur guise. Ce sont ces Français-là qu'Alain Lancelot et Philippe Habert avaient dénommés les « nouveaux électeurs », plus mobiles, plus exigeants, plus personnels, moins prévisibles. Ces comportements politiques si neufs se retrouvent en fait dans toutes les attitudes sociales. A l'époque du général de Gaulle, les citoyens français étaient assurément plus disciplinés et plus influençables qu'aujourd'hui. Les Français de cette fin de siècle, moins engagés, moins militants, plus sceptiques et plus informés, ont décidément cessé d'être des sujets pour devenir des citoyens, et de surcroît des citoyens fréquemment mécontents, protestataires ou récalcitrants.

La crise économique et la désocialisation qu'elle a infligée à une fraction des Français – chômeurs, travailleurs ne disposant que d'emplois précaires, stagiaires en quête de formation professionnelle, etc. – expliquent certes en partie cette évolution-là. Elles ne suffisent pourtant pas à prendre la dimension entière de cette transformation. Car il ne s'agit pas seulement de transition, même douloureuse, mais bien de métamorphose sociale. L'évolution avait commencé avant même la crise et se poursuivra vraisemblablement après elle.

Les Français des années quatre-vingt-dix, mieux informés, mieux formés, ayant suivi un cursus scolaire imparfait mais plus long et plus complet, ayant affronté des situations cruelles ou ayant redouté d'avoir à le faire, ces Français sont assurément plus sceptiques, plus défiants, moins malléables aussi que leurs aînés. Leur individualisme n'est pas signe d'indifférence, le succès des actions humanitaires le prouve assez. Les Français d'aujourd'hui résistent aux dogmes, aux tabous, aux principes, aux enseignements beaucoup plus qu'ils ne le faisaient auparavant, à la fois par expérience, par formation, parfois par amertume. Ils se laissent difficilement encadrer et ne s'engagent pas facilement sur le terrain politique, idéologique ou même social.

Lorsqu'on entend les thèmes protestataires qui font florès aujourd'hui, contestant durement les élites en place [1], mettant en cause l'ensemble des autorités établies, brocardant l'administration, conspuant la classe politique, contestant durement les politiques publiques, se défiant des gouvernements, des bureaucrates, des intellectuels, des hommes des médias, il est clair que l'on change radicalement de climat, de mœurs et de psychologie. Le Général avait personnellement été un grand rebelle et avait plus d'une fois manifesté quelque mépris pour les autorités établies, les gens en place et les corps constitués. Il attendait cependant des Français obéissance, respect, discipline et assentiment. Sa méthode – à commencer par les référendums – s'appuyait sur le peuple, mais suivant un principe plébiscitaire. Aujourd'hui, c'est l'inverse et l'on voit se préciser peu à peu une demande de référendums d'initiative populaire. Le sujet, le moment et l'auteur passent en quelque sorte du sommet à la base. Il y a inversion du mouvement, ou du moins évolution dans ce sens. A l'époque de la république gaullienne, les citoyens votaient beaucoup et contestaient peu (sauf Mai 68, cela va de soi, mais l'explosion marquait justement alors le début de la fin de la phase). Désormais, c'est en partie l'inverse, ils votent moins et ils contestent plus. Ils s'embrigadent moins et ils protestent davantage.

Devant un Bernard Tapie, un Jean-Marie Le Pen et quelques autres, on imagine mal le général de Gaulle dialoguant, compréhensif ou, moins encore, acquiesçant. Sans doute serait-il au contraire entré dans l'un de ses terribles courroux, lorsqu'il reprochait abruptement aux Français leurs faiblesses, leur goût pour les démagogues et leurs emportements ou leurs inconséquences. La république gaullienne n'était pas faite pour un peuple de citoyens individualistes, sceptiques ou protestataires. Elle concevait une société hiérarchisée, cohérente, canalisée, encadrée. La France des années quatre-vingt-dix évolue exactement dans la direction

1. Voir chapitre VI, « Le mythe de la trahison des élites ».

inverse. Elle constitue une société démembrée, déstabilisée, désenclavée aussi et beaucoup plus mobile, difficile, impatiente, blessée, déracinée. Le général de Gaulle doutait souvent des Français, les Français doutent souvent de leur société.

D'ailleurs, au sein de ce peuple sans normes ni valeurs, sans dogmes ni racines, sans crédulité et parfois sans espérance, le Général aurait-il reconnu ses propres amis, ses propres compagnons, les gaullistes? Non pas, certes, que ceux-ci manquent en quoi que ce soit à la fidélité ou même à la vénération, à la piété, parfois à la dévotion. Le général de Gaulle est devenu aujourd'hui un monument national unique, auquel même ses adversaires politiques éternels ne peuvent s'empêcher de rendre rituellement hommage, à l'exception quasi solitaire de François Mitterrand. Au sein de cette religiosité générale, les disciples authentiques ne manquent pas. Le RPR, premier parti de France, descend directement de la foule de ceux qui se pressèrent nombreux au RPF, qui adhérèrent à l'UNR, puis à l'UDR, devenue finalement RPR. Les compagnons de Londres disparaissent inexorablement les uns après les autres, les principaux ministres du Général (au commencement de la Ve République) sont aujourd'hui des octogénaires ou des nonagénaires. Leurs cadets, venus bien souvent de leurs cabinets ministériels, puis de celui de Georges Pompidou, se réclament hautement de lui. La France vénère sa mémoire, le RPR propage son culte. Le gaullisme gaullien ne manque pas, et n'a d'ailleurs jamais manqué, de grands prêtres et de vestales, de gardes nobles et de zouaves pontificaux. Le peuple de ses fidèles a toujours bénéficié d'un clergé innombrable et d'aumôniers zélés. De ce côté-là, la crise des vocations n'a jamais existé.

Mais si la religion du gaullisme se porte à merveille, légitimement revigorée de surcroît par les commémorations du cinquantième anniversaire de la Libération, le gaullisme d'aujourd'hui correspond-il encore au gaullisme du fondateur? La politique étrangère de la France, par exemple, peut-elle, sans abus, être encore définie comme de filiation gaullienne? Le président Georges Pompidou ne l'avait certes pas bouleversée, perpétuant l'ouverture à l'Est en direction des gérontes soviétiques, entretenant avec Washington des relations délibérément ombrageuses, poussant activement sa politique arabe, nuançant son engagement européen d'une raideur toujours prête à se gendarmer. Tout juste avait-il accepté l'entrée de la Grande-Bretagne (flanquée de l'Irlande et du Danemark) au sein de la Communauté européenne. Les censeurs les plus sourcilleux n'avaient guère eu matière à remontrances et admonestations. La flamme du gaullisme gaullien ne vacillait pas en ce temps-là.

Il serait très difficile de soutenir qu'il en va toujours semblablement aujourd'hui. Valéry Giscard d'Estaing et François Mitterrand ont en effet substantiellement infléchi la politique européenne de la France. A l'époque du Général et du grand ministre des Affaires étrangères que fut Maurice Couve de Murville, Paris défendait avec le même feu l'amitié franco-germanique et une approche passablement restrictive de la construction européenne. Priorité restait, devait rester à l'exercice de la pleine et entière souveraineté nationale. Aujourd'hui, c'est en revanche le partage de souveraineté – donc les transferts de souveraineté – qui devient la règle et la norme. Il n'empêche évidemment ni la défense quotidienne zélée des intérêts nationaux, dossier par dossier, affaire par affaire, des pêcheurs de thon à Air France, des prix agricoles à Renault. Il n'interdit en rien, en cas de besoin, d'opposer un veto français à une décision communautaire qui mettrait en péril des intérêts cruciaux. L'engagement européen n'a rien de masochiste et ne fait pas la litière des causes nationales, voire des égoïsmes nationaux.

Il n'empêche : depuis maintenant plus de vingt ans, la France joue en Europe un rôle d'inspiration et d'animation sensiblement plus constructif et positif. La création des Conseils européens bisannuels (voire pluriannuels, lorsque les circonstances l'imposent) est venue de Paris, celle du SME (système monétaire européen) aussi, dans les deux cas sous l'impulsion de Valéry Giscard d'Estaing. L'arrivée au pouvoir de François Mitterrand n'a rien changé sur ce plan et l'engagement européen spécifique de la France s'est entièrement confirmé. Le lancement du grand marché unique (imaginé par Jacques Delors), la difficile négociation du traité de Maastricht, l'amorce de politiques extérieures, commerciales, monétaires communes en font foi. La physionomie européenne de la France en est évidemment transformée.

Or il se trouve que, malgré deux cohabitations, toutes deux menées par des Premiers ministres gaullistes (Jacques Chirac, de 1986 à 1988, Édouard Balladur, de 1993 à 1995), aucune difficulté notable, aucune divergence sérieuse ne s'est élevée sur ce point entre le palais de l'Élysée et l'Hôtel de Matignon. François Mitterrand le socialiste et ses deux chefs de gouvernement RPR ont pris leurs décisions en bonne entente. C'est donc que les héritiers du gaullisme se rallient aujourd'hui à cet esprit européen que leurs aînés critiquaient avec véhémence. D'ailleurs, le brillant jeune ministre des Affaires étrangères, Alain Juppé, chef de file de la nouvelle génération gaulliste, secrétaire général du RPR, et le président de la République de gauche achevant son deuxième mandat ont préparé de conserve plusieurs Conseils européens délicats sans que la délégation française manque jamais d'homogénéité. Auparavant, lors des débats houleux sur le traité de Maastricht, Édouard Balladur, Alain Juppé, Nicolas Sarkozy et bien d'autres gaullistes grand teint avaient opté sans hésitation pour le « oui ». Il est vrai que d'autres, tels Philippe Séguin et Charles Pasqua (ainsi, il est vrai, que la majorité des militants du RPR), se montraient beaucoup plus hostiles. L'évolution générale n'en reste pas moins spectaculaire. Jacques Chirac milite depuis longtemps en faveur d'une défense européenne au sein de l'UEO (Union de l'Europe occidentale) et a, lui aussi, préconisé le « oui » à Maastricht et conduit la ratification de l'Acte unique préparé par Jacques Delors. Les gaullistes d'aujourd'hui ne sont pas des mystiques de l'Europe, mais ils jouent avec réalisme et détermination la logique d'un renforcement des institutions et des politiques communes.

Même chose à propos d'un autre thème de politique extérieure hautement symbolique, l'OTAN. Sans jamais renier ses alliances militaires, le général de Gaulle s'était abondamment servi de l'Alliance atlantique pour afficher ses différences et mettre en scène son originalité. Depuis la fin de la guerre froide, la France se rapproche en réalité, chaque année davantage, des structures militaires intégrées de l'OTAN. Elle le fait largement en matière de renseignements, d'observation, de transmissions. Elle l'a fait à l'occasion d'actions militaires spécifiques d'envergure – la guerre du Golfe ou la guerre de Bosnie, par exemple. Cela ne l'empêche pas de pousser par ailleurs les feux d'une défense européenne autonome, constituant à terme à la fois une puissance militaire collective essentielle mais aussi un pôle au sein de l'OTAN, en partenariat avec les États-Unis, mais à égalité de droits et de devoirs. Il s'agit en somme de réformer à terme l'Alliance atlantique, sur des bases plus équitables et tout aussi opérationnelles, avec un pilier américain et un pilier européen.

Ce qui eût pu paraître utopique il y a quelques années le semble beaucoup moins aujourd'hui. Les États-Unis, soucieux d'économies financières et pressés de tirer parti de l'effondrement du communisme soviétique pour se désengager substantiellement du Vieux Continent, retirent progressivement les deux tiers de leurs effectifs stationnés en Europe. Ils maintiennent leurs équipements prépositionnés et entretiennent leurs bases mais souhaitent réduire à quelque cent mille hommes le nombre total des GI de ce côté de l'Atlantique. Ils attendent des Européens un effort de financement et d'équipement supplémentaire. Ils peuvent difficilement se refuser à en tirer les conséquences stratégiques et militaires. Les objectifs américains favorisent ainsi, à longue échéance, les objectifs français : faire de la défense européenne une réalité, en coopération avec l'OTAN.

C'est là une inflexion politique substantielle. Elle commence à prendre corps avec la force constituée par la France, l'Allemagne, la Belgique, le Luxembourg et l'Espagne. L'Eurocorps comptera quelque quarante mille hommes en 1995, troupes d'élite susceptibles de devenir le cœur d'une force d'intervention rapide, en Europe ou ailleurs. Il est déjà question de la compléter par une escadre maritime européenne qui, dans un conflit comme celui de la Bosnie, pourrait très bien à l'avenir prendre la place qu'a tenue cette fois-ci l'escadre de l'OTAN. Une force aérienne devient elle aussi vraisemblable. L'Italie et l'Espagne semblent par ailleurs intéressées par une force de projection méditerranéenne, en collaboration avec la France. Il y a là, pour la fin de ce siècle, les prémices d'une force européenne de défense crédible. La dislocation de l'empire soviétique, les convulsions de l'Europe de l'Est, les terribles incertitudes sur l'évolution de la Russie leur donnent portée et signification. Les missions de l'Eurocorps ont été définies en bonne entente avec l'OTAN et les structures de collaboration ont été minutieusement étudiées. Construire une force européenne de défense revient ainsi à consolider l'Alliance atlantique. Non seulement les gaullistes d'aujourd'hui l'acceptent volontiers, mais bien souvent ils s'en font les actifs promoteurs. Preuve que là aussi, les temps font plus que changer.

Lorsqu'on prend enfin en considération l'adhésion militante de la nouvelle génération des gaullistes à la défense des droits de l'homme et aux devoirs d'ingérence humanitaire, il faut bien reconnaître que l'époque de la république gaullienne s'éloigne sur un rythme qui ne cesse de s'accélérer. Le général de Gaulle avait pour règle en politique étrangère de ne connaître que les nations, les États et les gouvernements, ignorant superbement les majorités et les idéologies. C'était, il est vrai, l'attitude la plus commune dans les années soixante, mais il l'assumait et l'affichait avec, comme toujours, plus d'éclat et de force que les autres. Aujourd'hui, la politique d'ingérence humanitaire, popularisée par Bernard Kouchner, expérimentée et affirmée (aux Nations unies, notamment) par François Mitterrand, refuse tout au contraire d'ignorer la réalité politique et humanitaire des États avec lesquels sont entretenues des relations. D'où les rencontres systématiques avec les dissidents et les opposants dans les pays communistes d'antan ; d'où les voyages théâtraux et parfois intrépides, comme à Sarajevo ; d'où la proclamation du devoir d'ingérence et la définition de zones de sécurité ou de couloirs humanitaires, en Irak pour les Kurdes, dans l'ex-Yougoslavie pour les Bosniaques, ou au Rwanda pour les réfugiés tutsis et hutus. Loin d'irriter ou de mettre mal à l'aise les gaullistes, ces nouvelles orientations ont au contraire été soutenues, approuvées, parfois réclamées par le RPR, et notamment par les dirigeants de la nouvelle génération. La république gaullienne devient bien un mythe.

D'autant plus que, sur le plan intérieur cette fois, les positions des gaullistes et celles des libéraux deviennent de plus en plus difficiles à distinguer. Le général de Gaulle avait, on le sait, subi de fortes influences de la part de libéraux éminents, de Jacques Rueff en particulier. On pourrait néanmoins malaisément réduire sa politique économique et sociale à une démonstration de libéralisme. Le fondateur de la Ve République était un colbertien résolu et sans le moindre complexe. Il considérait comme naturel qu'un État fort poursuive une politique industrielle et agricole vigoureuse, avec des objectifs volontaristes ambitieux et précis. Il avait décidé – d'ailleurs à bon escient – que la France devait se doter d'une énergie nucléaire nationale indépendante et, pour ce qui concernait les importations de pétrole et de gaz, d'une politique de grands contrats étatiques. Il avait choisi de donner une impulsion particulière – avec des structures d'organisation nouvelles et des moyens de financement accrus – à la recherche scientifique publique française. Il n'avait pas craint, à la Libération, de procéder à de nombreuses nationalisations, soit en guise de sanction (Renault, par exemple), soit pour se doter de moyens d'influence qu'il jugeait nécessaires dans le secteur banquier et financier. Le général de Gaulle était en somme, tradition d'ailleurs bien française, résolument dirigiste.

La république post-gaullienne, tirant les leçons de la crise, et suivant les nouveaux modes de pensée économiques, s'inspire de principes manifestement très différents. Elle peut se recommander, sans hypocrisie, du libéralisme économique. Les trains de privatisations succèdent aux trains de privatisations, jusqu'à réduire le secteur public à des dimensions beaucoup plus banales, selon les normes européennes. Les entreprises nationales sont astreintes à utiliser les méthodes de gestion du secteur concurrentiel. Les services publics sont de plus en plus exposés à la compétition et leurs filiales entrent souvent dans le secteur privé. La Banque de France est devenue indépendante et fixe librement les taux d'intérêt. Le gouvernement tente d'alléger les prélèvements publics, limite de son mieux les impôts de l'État, imposent à la Sécurité sociale des méthodes de gestion beaucoup plus rigoureuses. La chasse aux déficits publics est ouverte, les charges des entreprises sont allégées autant que faire se peut. La France d'aujourd'hui respecte largement les canons de l'orthodoxie libérale. Sur ce point, impossible de différencier désormais réellement le RPR de l'UDF. Les cultures, les traditions, les sensibilités, les tempéraments, les intérêts électoraux distinguent encore les deux familles de la droite parlementaire. La politique étrangère et même l'Europe les opposent de moins en moins. La politique économique les rapproche de plus en plus. L'époque du général de Gaulle est bel et bien révolue. A droite, qui se soucie encore de planification? Qui en ferait sérieusement une « ardente obligation »? Seul le marché prime.

Il est vrai qu'en matière sociale l'empreinte gaullienne résiste apparemment mieux. La France n'est ni la Grande-Bretagne, ni les États-Unis. Contrairement aux deux pays anglo-saxons les plus marquants, elle ne renonce pas à une politique de solidarité sociale et de protection plus active, plus généreuse – plus coûteuse aussi – qu'à Washington ou à Londres. La Sécurité sociale française couvre la quasi-totalité de la population. Les retraites y assurent un niveau de vie modeste pour les travailleurs les moins qualifiés, encore est-il plus décent qu'outre-Manche ou qu'outre-Atlantique. Les chômeurs, proportionnellement plus nombreux de surcroît, y sont traités avec davantage de compassion et de générosité. Le gaullisme n'a pas cessé d'avoir une tradition sociale, que ses disciples d'aujourd'hui n'ont nullement l'intention d'abandonner.

Le plus original de la démarche gaullienne concernait cependant, dans ce domaine, la participation des salariés. Il s'agissait, au-delà de la dimension purement financière – au demeurant non négligeable puisqu'elle concerne aujourd'hui quelque cinq millions de personnes –, de leur garantir une information exacte sur les choix et la situation de l'entreprise, et de veiller à leur représentation dans les conseils d'administration ou les conseils de surveillance, de façon qu'ils disposent d'un véritable pouvoir d'information. C'était, pour l'époque, fort audacieux et ce fut d'ailleurs accueilli avec consternation par une grande partie du patronat. Le CNPF avait bien tort de s'inquiéter, car tous ces beaux projets sont restés largement lettre morte. Ceux qui, dans le maigre peloton des gaullistes dits de gauche (ou s'autoproclamant comme tels), avaient cru pouvoir en faire un modèle de société flamboyant, une troisième voie entre capitalisme et socialisme, une maquette visionnaire, prophétique, ont totalement sous-estimé leur entreprise. La participation des salariés reste, pour l'instant, presque exclusivement financière et la crise diminue encore son importance relative. Le capitalisme populaire, cher à Édouard Balladur, a certes progressé, mais il n'a rien de typiquement français et moins encore de spécifiquement gaullien, et n'est pas plus répandu ici que dans les autres grands pays occidentaux.

En fait, la politique sociale française se situe dans les normes des pays de l'Union européenne, plus avancée certes qu'en Grande-Bretagne ou dans les pays pauvres de la Communauté, mais pas plus ambitieuse qu'en Allemagne, au Benelux, au Danemark ou en Autriche. La France mène en réalité la politique sociale des nations où alternent un pouvoir social-démocrate et un pouvoir démocrate-chrétien. Elle ressemble tout à fait, elle cousine même visiblement avec les politiques sociales des États se réclamant de l'économie sociale de marché. C'est dire qu'elle n'a rien de révolutionnaire. L'organisation des relations sociales institutionnelles, les procédures de concertation, de consultation, y sont même beaucoup moins développées qu'en Hollande, au Danemark ou en Allemagne. La physionomie sociale de la France n'a donc rien de typiquement gaullien.

Ainsi apparaît-il clairement que la Ve République, toujours éblouie et intimidée par la figure prestigieuse de son fondateur, s'est néanmoins progressivement écartée de son sillage. Certes, son empreinte reste forte en matière institutionnelle – la primauté de l'exécutif reste une spécificité française – ou en politique extérieure, qu'il s'agisse de l'amitié franco-allemande, de la force nucléaire ou du goût bien français de distribuer des leçons au monde entier. Ses héritiers occupent toujours une place éminente dans les structures du pouvoir de la Ve République. Celle-ci s'est cependant notablement démocratisée, européanisée et libéralisée depuis la retraite altière du dernier grand héros politique français. La France d'aujourd'hui s'est intégrée dans le marché mondial, et respecte de plus en plus les lois de la concurrence. Elle est moins colbertienne et plus libérale. Elle est aussi beaucoup plus engagée dans le processus de la construction européenne, malgré les polémiques et les angoisses. La France du général de Gaulle avait encore le culte de la souveraineté nationale et des rêves de grandeur solitaire. La France d'aujourd'hui espère maintenir et, pourquoi pas, élargir son influence par cette souveraineté partagée et sans précédent qui s'appelle l'Europe et pourrait devenir, si elle l'osait, une grande puissance collective.

CHAPITRE VIII

Le mythe de l'Europe contre la nation

L'Europe n'est plus à la mode. Pendant près d'un demi-siècle, depuis la Libération jusqu'au tout début des années quatre-vingt-dix, elle a symbolisé une nouvelle espérance, une nouvelle utopie, une réponse audacieuse et ambitieuse à la logique de mort et de destruction qui s'acharnait depuis trop longtemps sur le Vieux Continent. Elle marquait ainsi une rupture, elle ressemblait à une aventure, elle mobilisait les énergies et les cœurs. Elle constituait presque un signe de reconnaissance pour les dirigeants, les cadres les plus actifs, les plus tournés vers l'avenir, les plus soucieux du destin de leur pays, en un mot les plus novateurs. Elle paraissait enraciner la démocratie après les terribles épreuves de la Seconde Guerre mondiale et des totalitarismes. Elle incarnait la paix et la réconciliation entre les peuples, à commencer par l'amitié symbolique entre la France et l'Allemagne. Elle était la figure même d'une vitalité collective, d'un désir de compter et de faire l'histoire. Le Marché commun à six puis la Communauté à neuf et enfin l'Union à douze ont marqué les étapes de cette reconquête. La construction européenne ressuscitait le Vieux Continent. Il y eut bel et bien une génération européenne.

Les circonstances, il est vrai, y invitaient alors. La guerre froide incitait fortement l'Europe occidentale à s'organiser et s'unir. Le cauchemar nazi s'évanouissait à peine que le péril soviétique grandissait de plus en plus. Entre démocraties, il fallait faire cause commune pour se renforcer mutuellement et éloigner le spectre d'une nouvelle catastrophe. Staline a beaucoup œuvré pour favoriser la naissance de l'entreprise européenne. Simultanément, la reconstruction et les Trente Glorieuses scandaient une période de croissance, de prospérité et d'optimisme. L'augmentation régulière du niveau de vie paraissait aller presque de soi, le développement économique semblait être devenu l'ordre naturel des choses. Chaque décennie avait conscience de vivre mieux que la précédente, et avait bon espoir qu'il en irait de même pour ses propres enfants. C'était une période de confiance et de volontarisme, propice aux idées neuves et aux entreprises hardies. L'Europe était ainsi en phase avec l'esprit du temps.

Aujourd'hui, c'est très exactement la situation inverse qui se produit. L'euroscepticisme gagne, l'europessimisme triomphe, l'eurodéfaitisme progresse. La construction européenne faisait rêver, la dynamique européenne inspirait l'espérance et même, chose aujourd'hui difficilement imaginable, la fierté. Tout cela est fini. Nous voici désormais en plein processus de diabolisation de l'Europe. Non seulement l'Union européenne éveille désormais la défiance, parfois même la crainte et le plus souvent une incrédulité maussade, mais elle est chargée, jour après jour, de tous les péchés de la terre. On lui impute, pêle-mêle, la crise et ses désastres, la précarité sociale et ses cruautés, le chômage et ses souffrances, la marginalisation et ses désespoirs. On l'accuse à la fois, sans être gêné par la contradiction, d'impuissance et d'omnipotence, c'est-à-dire d'incapacité chronique à atteindre ses objectifs proclamés – en Bosnie par exemple, ou encore en matière monétaire –, et d'interventionnisme tatillon, de bureaucratie insupportable, de technocratie arrogante. Elle est ainsi dépeinte, sans trêve ni relâche, comme trop faible avec les forts et trop forte avec les faibles, ne protégeant pas les Européens les plus exposés, défendant mal les citoyens des Douze contre les appétits de l'extérieur. On l'accable de procès en incompétence et de procès en impuissance. « Eurocrate » devient une injure, et « Europe » presque synonyme d'imposture. La construction européenne est aujourd'hui menacée de rejet.

Tout cela se vérifie ponctuellement à travers les sondages, les élections et les déclarations. L'Europe était, jadis et naguère, une valeur florissante. Les baromètres réguliers – il n'en manque pas, comme on sait – enregistraient les jugements les plus flatteurs. Les peuples de la Communauté européenne appréciaient vivement l'entreprise (à l'exception, cela va de soi, des Britanniques et, à un moindre degré, des Danois) et, parmi ces peuples, les Français se situaient régulièrement dans le peloton de tête. Les Européens croyaient en l'avenir de l'Europe, et les Français espéraient fort que leur pays et eux-mêmes y trouveraient grand avantage. Aujourd'hui, nous n'en sommes plus là. Si l'Europe reste une idée ressentie de façon globalement positive, les réponses s'avèrent beaucoup plus partagées qu'autrefois. Quant à la France, au sein des douze nations de l'Union elle a inexorablement rétrogradé, passant du groupe des europositifs à celui des eurodubitatifs. L'Europe constitue donc en France une valeur en déclin.

D'ailleurs, cela se vérifie aisément à travers les élections concernant directement l'Europe. Sous Georges Pompidou, elle ne passionnait pas les foules mais le référendum d'élargissement à la Grande-Bretagne, à l'Irlande et au Danemark, organisé en 1972, avait néanmoins vu, sur un sujet pourtant discutable, une nette victoire du « oui ». Vingt ans après, le référendum sur le traité de Maastricht n'a pas eu ce bonheur. Si la participation électorale s'est montrée beaucoup plus élevée (il est vrai que, cette fois, aucune grande formation n'avait appelé à l'abstention), le « oui » ne l'a emporté que d'une très courte tête : 51 % contre 49 %. La campagne avait certes été menée de façon très active et passablement démagogique par les adversaires du « oui » et de manière bien molle et plutôt maladroite par les adversaires du « non ». Il n'empêche : ce jour-là, le dimanche 20 septembre 1992, les Français ont bel et bien failli mettre l'Europe en minorité et déclencher la plus belle crise de l'histoire de sa construction : preuve, au moins, de l'insatisfaction des citoyens. Les récentes élections européennes de juin 1994, moins favorables aux adversaires de l'Union européenne, ont néanmoins confirmé que les Français étaient désormais très partagés sur la question. Si cette fois-ci les partisans de l'Union se sont comptés quelque 55 %, si leurs adversaires présentent par ailleurs un front exceptionnellement hétérogène – gauchistes et communistes, électeurs de Jean-Marie Le Pen, de Philippe de Villiers et de James Goldsmith, plus une fraction des écologistes –, ils incarnent fort bien l'ampleur et la diversité des mécontentements, des défiances et des protestations.

Il y a certes peu de choses en commun entre les ennemis jurés de l'Europe du capitalisme que sont les communistes et les divers groupes qui constituent les résidus de l'extrême gauche, ceux des Verts qui, tout en se proclamant acquis à l'Europe, vouent aux gémonies l'industrialisme et le productivisme, l'extrême droite du Front national, qui refuse toute Europe intégrée, récuse le libéralisme, défend des thèses aux accents xénophobes, et des hommes comme Philippe de Villiers ou l'étrange Sir James Goldsmith, qui jurent leurs grands dieux qu'ils sont européens mais veulent une autre Europe, plus protectrice, plus politique et moins bureaucratique.

Il n'empêche : disparate ou pas, cette troupe bigarrée qui occupe en somme, pour l'essentiel, l'extrême gauche et l'extrême droite, la gauche extrême et la droite extrême de l'échiquier, cette troupe fait un vacarme assourdissant, convainc une grosse minorité des électeurs et ce avec efficacité, parfois avec talent, que l'Union européenne telle qu'elle se construit est la mère de toutes les turpitudes, de toutes les déviances et de tous les dangers. Comme les Français qui votent pour eux s'en persuadent, c'est bien qu'un fossé s'est creusé aujourd'hui entre partisans et adversaires de l'Europe, ou entre partisans d'une Europe intégrée ambitieuse et partisans d'une Europe minimale défensive.

La question qui se pose est évidemment de savoir pourquoi l'Europe, naguère si populaire, est devenue si contestée ; pourquoi les Français, plus que les autres continentaux semble-t-il, se sont trouvés pris d'une passion véhémente et furieuse pour ce problème-là en particulier. Ce n'est d'ailleurs pas la première fois que cela se produit. Déjà, dans les années cinquante, avant même la naissance du Marché commun, les querelles de la CED (l'armée européenne) avaient enfiévré les esprits, coupé la France en deux, opposé d'un côté les gaullistes, une minorité de socialistes (symétriques des amis de Jean-Pierre Chevènement aujourd'hui) et des radicaux, ainsi que la totalité du Parti communiste, à l'époque beaucoup plus puissant, cependant que, comme aujourd'hui, la majorité des socialistes, les libéraux et les démocrates-chrétiens défendaient les couleurs de l'armée européenne. Déjà alors, la France s'était déchirée beaucoup plus vivement que les autres nations européennes concernées. Déjà, les clivages qui l'avaient traversée tranchaient brutalement sur l'habituelle opposition entre droite et gauche. Déjà, en somme, l'originalité française consistait à dresser l'une contre l'autre l'Europe et la nation, comme s'il s'agissait de valeurs, de cultures et d'ambitions antagonistes. Les Français aiment l'histoire et s'en imprègnent volontiers, ce qui est tout à leur honneur. Mais ils ne la comprennent malheureusement pas toujours bien et tombent parfois, comme à propos de l'Europe, dans des contresens totalement paradoxaux. Le combat de l'Europe contre la nation, c'est-à-dire la rivalité de la France et de l'Union européenne, constitue en effet un exemple, spectaculaire et essentiel, de mythologie politique.

Là encore, les circonstances expliquent évidemment en bonne partie ce revirement brutal. La crise n'est pas seulement anxiogène et déstabilisatrice. Elle aveugle, elle affole, elle déforme et elle détourne. La crainte qui, à la longue, submerge tant de Français traumatisés, appauvris, rebelles devant trop d'épreuves et de remises en cause ressenties comme injustes, cette crainte finit par tourner à la fureur. Tant de régions sinistrées, tant de communes littéralement asphyxiées, tant de professions soudain déclassées, tant de familles brusquement accablées, cela met à mal la logique de la rationalité. Il leur faut des coupables, des responsables, et tant pis si ce sont des boucs émissaires. Devant des catastrophes que rien n'explique aisément, que rien ne justifie facilement, les facteurs extérieurs sont toujours les premiers désignés. Puisque la crise paraît venue d'ailleurs, qu'elle semble déferler pour des motifs mystérieux mais lointains, c'est donc que le coupable, c'est l'Autre, l'étranger, l'émigré, le monde extérieur et, bien sûr, l'Europe.

Celle-ci n'offre-t-elle pas toutes les caractéristiques de la culpabilité? N'apparaît-elle pas à la fois influente et lointaine, redoutable et abstraite, puissante et énigmatique? La croissance et la confiance favorisaient l'apparition d'un sentiment européen. L'enracinement et la violence de la crise décuplent les défiances, multiplient les préventions, encouragent les préjugés. Quand les Français sont malheureux, ils ne sont pas portés à la lucidité et se laissent submerger par d'antiques instincts xénophobes. L'Europe en paie le prix. Avec la persistance de la crise, c'est une génération d'eurosceptiques, pour ne pas dire d'euro-allergiques qui a grandi. Les pères espéraient en l'Europe pour préparer un avenir plus sûr et plus pacifique, les fils regardent l'Europe comme un facteur aggravant de vulnérabilité et presque de souffrance.

Même la fin de la guerre froide – à laquelle l'Europe n'est pourtant pas étrangère – finit par nuire à la cause de l'Union européenne. Tant que menaçait le pouvoir soviétique, tant que se profilait l'ombre de l'Armée rouge, tant que l'expansionnisme de Moscou alimentait les craintes, l'Europe paraissait protectrice, rassurante, apaisante et surtout nécessaire. L'effondrement de l'empire soviétique, la dislocation de l'URSS ont soudain paru éloigner le danger et rendre vaines les appréhensions. En fait, ce brusque soulagement est plus que prématuré. L'armée russe demeure une force redoutable, et d'autant plus suspecte qu'elle accumule les frustrations et les motifs de mécontentement. Par ailleurs, Moscou est loin d'avoir renoncé à tout ascendant sur ses voisins de l'ex-URSS et même à toute influence sur les pays de l'Est. La Russie d'aujourd'hui est un géant blessé, mal nourri, maltraité. Rien de cela ne la rend rassurante. Il n'empêche : l'homogénéité de l'Europe occidentale, stimulée jusque-là par l'existence et la menace du bloc soviétique, ne cesse de se fissurer et de se démembrer depuis que les communistes ont perdu le pouvoir. L'écroulement du mur de Berlin, si longtemps espéré, si longtemps attendu, finit par pénaliser la volonté européenne. Deux modèles antagonistes se faisaient face sur le Vieux Continent. La dislocation du modèle communiste entraîne des fissures paradoxales dans le modèle démocratique, comme si le vaincu de l'histoire portait malheur à son vainqueur.

L'inadaptation des structures de l'Union européenne à cette nouvelle situation a, il est vrai, favorisé cette pente. L'Europe n'était pas prête à remplir l'espace politique soudain libéré. Loin d'affermir son pouvoir, d'engager ses dirigeants à brûler les étapes, à faire preuve d'audace et de vision, il s'est produit comme une crise de timidité générale devant des perspectives pourtant positives mais largement inattendues. L'Union européenne aurait pu, aurait dû apparaître aussitôt en nouvelle grande puissance collective au lendemain de l'effondrement soviétique.

C'est l'inverse qui a eu lieu. Elle s'est montrée comme paralysée par l'agonie de son vieil adversaire. Elle n'a pas su inventer sur-le-champ les nouveaux horizons et les nouvelles méthodes nécessaires. Elle a semblé tout à coup pétrifiée par la concrétisation de ses plus vieilles espérances. Au lieu de se doter d'urgence d'une diplomatie et d'une force d'intervention pour combler le gouffre abandonné derrière lui par le pouvoir soviétique, elle est tombée dans une sorte de crise de conscience anachronique. Il fallait brûler les étapes et démontrer son dynamisme. Elle s'est, tout au contraire, enlisée ou encalminée. D'où son impuissance devant les drames de l'ex-Yougoslavie ; d'où sa perte de prestige et d'autorité à l'instant même où elle aurait pu engranger ses succès et se rehausser de la disparition de son principal adversaire. La guerre froide avait instauré un ordre injuste et stable. L'après-guerre froide inaugure un ordre plus juste et moins stable. Ce déficit frappe l'Europe, qui possédait pourtant largement les moyens de l'éviter.

Si les circonstances ont donc brusquement cessé d'encourager le sentiment européen, elles n'expliquent pas tout, tant s'en faut, dans la crise de l'Europe. L'essentiel, le plus grave, tient en effet aux défauts de l'Europe elle-même. Ils ont toujours existé, ils ont parfois même reculé depuis plusieurs années. Ils apparaissent cependant beaucoup plus crûment en période de crise et de désarroi, lorsque l'indignation est vive et la vigilance beaucoup plus combative. Or, vigilance et indignation ont effectivement de quoi se nourrir et même d'extrapoler des faiblesses en vices.

L'aventure européenne paie d'abord son caractère initialement élitiste. Il est vrai qu'elle a été imaginée au départ par une poignée d'hommes – Robert Schuman, Jean Monnet, Konrad Adenauer, Alcide de Gasperi, Paul Henri Spaak et leurs collaborateurs proches. Il est vrai qu'elle a été soutenue par une génération d'intellectuels, de hauts fonctionnaires, de journalistes, d'hommes politiques souvent traumatisés par les épreuves de la Seconde Guerre mondiale et hantés par le péril soviétique. L'Europe, à ses débuts, fut conçue comme une thérapeutique et une police d'assurances. Elle s'est construite d'abord modestement, par réalisme, commençant par la CECA (Communauté européenne du charbon et de l'acier) et par l'Euratom, puis passant au Marché commun – tous ces sigles et ces noms rivalisant d'humilité –, avant d'oser devenir la Communauté européenne et enfin l'Union européenne. C'était déjà toute une manière d'être. Le peuple des Européens convaincus se regardait lui-même comme un peuple d'élus, de volontaires, comme une minorité agissante. Parfois, bien sûr, un problème devenait assez politique pour faire irruption dans le débat public. Ce fut le cas avec l'armée européenne. Même la discussion du traité de Rome, qui portait réellement l'Europe sur ses fonts baptismaux, fut avant tout une affaire parlementaire, ainsi qu'une discussion propre aux journaux de qualité et aux cercles intellectuels. Il a fallu la fin des années soixante-dix pour que, progressivement, l'Europe devienne un sujet assez sérieux pour qu'on en parle aux citoyens.

La première élection du Parlement européen au suffrage universel direct – on disait encore alors pudiquement Assemblée des communautés européennes, comme s'il fallait s'en excuser – date de juin 1979. Cela faisait trente ans que l'Europe tentait déjà de se bâtir, et vingt ans que la ratification du traité de Rome aurait dû aboutir à ce résultat. Encore Valéry Giscard d'Estaing et Helmut Schmidt eurent-ils le plus grand mal à faire admettre le principe à certains de leurs partenaires. L'Europe a ainsi progressé pendant toute une génération dans une semi-clandestinité. De surcroît, lorsqu'elle en est sortie, ce fut au pire moment et donc à son détriment, alors que la crise obscurcissait les enjeux et affolait les esprits. Il n'y a pas eu de pédagogie européenne ou d'éveil progressif de la conscience européenne. L'Europe était populaire mais ignorée ou mal connue. Aujourd'hui, elle est beaucoup plus présente mais aussi beaucoup plus contestée. Les efforts passés de quelques hommes politiques pour faire prendre conscience des enjeux – Jean Lecanuet et Maurice Faure, Jacques Delors et Simone Veil, Raymond Barre, Élisabeth Guigou et Jean François-Poncet, ainsi, bien sûr et surtout, que Valéry Giscard d'Estaing et François Mitterrand – restaient des actes isolés qui se heurtaient à un mur d'indifférence. L'Europe a d'ailleurs plu et ennuyé avant d'intéresser mais de faire peur.

Ce déficit démocratique littéralement aberrant n'a cessé d'être accentué par une politique de communication calamiteuse. Pendant près d'un demi-siècle on n'a parlé d'Europe qu'à propos de crises subalternes, d'antagonismes d'intérêts inévitables, de blocages provisoires et de rivalités paroissiales. Il n'était question de Bruxelles que comme s'il s'agissait d'éternelles discussions de marchands de tapis, pour ne pas dire de marchands du temple. Qu'après cela le terrain ait été propice à toutes les démagogies, à tous les mécontentements et à toutes les protestations n'a rien pour étonner. Faute d'avoir su informer, motiver, faire partager une vision, une ambition et une prospective, l'Europe se condamnait à devenir le réceptacle naturel des angoisses, des rancœurs et des frustrations. Par élitisme, par inconscience, par inconséquence, les plus sincères des Européens ont contribué à affliger l'Europe d'un destin de bouc émissaire.

S'il en fallait une illustration supplémentaire, l'incapacité à se défendre d'une réputation mortelle d'hyperbureaucratie en constituerait un exemple édifiant. L'Europe passe pour disposer d'une armée de fonctionnaires, alors qu'elle en compte moins que la seule capitale de n'importe lequel des grands États membres. Plus : ceux-là mêmes qui prétendent que l'Europe est régie par une fourmilière de bureaucrates sont les premiers à se plaindre de leur trop petit nombre dès que surgit un problème précis.

Ainsi, dans le contentieux franco-espagnol sur la pêche au thon – qui a failli si mal tourner et a mis en péril la vie des marins de l'île d'Yeu –, tout le monde a déploré le trop petit nombre de contrôleurs de la Communauté européenne. S'ils avaient été plus nombreux, les mêmes auraient protesté contre l'intrusion des ronds-de-cuir et la tyrannie des surveillants communautaires.

De même, les quelque trois cents directives rendues nécessaires par la mise en place du fameux marché unique ont-elles été mille fois présentées comme le triomphe de l'hydre bureaucratique. Outre que désormais, maintenant que le marché unique est sur pied et favorise le retour de la croissance, la vague réglementaire s'épuise d'elle-même, comment se dispenser d'édicter, par exemple, des normes industrielles et techniques communes si l'on veut assurer l'égalité des différents pays et de leurs entreprises dans la compétition? C'est tellement affaire de bon sens que le Japon est célèbre pour tourner tous les assouplissements douaniers et contingentaires par l'usage systématique de ses normes et de ses règles, et que les États-Unis eux-mêmes, tout temple du capitalisme qu'ils soient, ne s'en privent guère. Il fallait bien, dans une première phase, en passer par une réglementation commune. Encore eût-il fallu savoir l'expliquer, en montrer la nécessité et surtout en exposer les avantages.

Il y a plus pittoresque et moins technique. Les histoires les plus abracadabrantes courent à propos de la prolifération réglementaire de la Commission de Bruxelles et sont non seulement reprises mais régulièrement amplifiées, mises en scène, théâtralisées par la presse populaire (les Britanniques se distinguant évidemment) et parfois par les médias audiovisuels. Ainsi a-t-on pu apprendre, à Londres, que la Commission de Bruxelles fixait les normes de la courbure exacte des concombres. Les célèbres sandwiches d'outre-Manche se trouvaient ainsi traîtreusement attaqués à revers. C'était pur fantasme, mais cela n'en a pas moins fourni quelques brillantes manchettes, jamais démenties après coup, cela va de soi.

La France ne fait pas mieux sur ce terrain. Ses habitants se sont entendu dire que Bruxelles allait fixer, au jour près, la date d'ouverture et la date de fermeture de la chasse aux palombes. Le Sud-Ouest tout entier s'est ému contre cette tyrannie typiquement communautaire. Les voix obtenues par la liste Chasse, Pêche et Traditions ont grimpé en flèche aux élections européennes suivantes. En réalité, c'est toujours le ministre de l'Agriculture, bien français, qui en porte la responsabilité. Il pouvait être plus populaire de laisser croire le contraire.

Ce n'est pas tout. La longue liste des turpitudes bureaucratiques imaginaires de la Commission de Bruxelles pourrait nourrir un roman-fleuve et alimenter un bêtisier incomparable. Bruxelles a été ainsi accusé de vouloir fixer au dixième de millimètre près la circonférence des cigarettes Gitanes pour contraindre les Français à l'alignement de type militaire sur des normes obligatoires. Émoi général, gesticulation des poujadistes de tout poil. Là encore, ce n'était que rumeurs absurdes sinon innocentes. Quant aux fromages fermentés, qui tiennent la place éminente que l'on sait dans le patrimoine culturel gastronomique et affectif de la France, une odieuse conjuration européenne aurait tenté de les interdire ou de les saboter. Émotion de la France entière, mobilisation des meilleurs affineurs, protestations des gastronomes les plus renommés. En fait, il s'agissait très exactement du contraire et précisément de les protéger en les rendant parfaitement légaux selon les normes communautaires, sans rien changer à leur technique, à leur allure, à leur conditionnement, à leur production et à leur vente. L'agression était une mesure de défense. Qui l'a su? Qui l'a dit? Qui a rectifié? Qui a mis au point? Qui s'est excusé? Pratiquement personne. L'histoire était si belle, et le public si désireux de la croire...

Il est de fait trop tentant de jouer ainsi des préjugés et des anxiétés. Ce n'est pas une excuse pour la faible défense, pour la tardive explication des eurocrates, qui finissent par devenir si complexés par les faux procès qu'on leur intente qu'ils en prennent en permanence des mines de coupables. Toujours l'inaptitude à faire progresser la démocratie en Europe. Elle n'est pas seule en cause.

Le déficit social a également grandement pénalisé la construction européenne. Il est d'ailleurs doublement lié au problème précédent. Comment mobiliser les Européens en faveur de l'Europe si l'accent n'est pas mis sur les avantages individuels qu'ils peuvent en espérer? Comment, *a fortiori*, faire de l'Europe une ambition collective si l'on n'est pas capable de l'identifier à un modèle de société bien précis et suffisamment original, plus soucieux des droits de l'individu et des avantages du libre marché et de la concurrence que le défunt système communiste, plus préoccupé aussi de protection sociale, de solidarité et de garantie de ressources et de retraites que ce n'est le cas dans les pays libéraux orthodoxes, à commencer par les États-Unis?

Il existe un modèle de société proprement européen et même un privilège de société caractéristique de l'Union européenne. L'adhésion de l'Autriche et de plusieurs pays scandinaves ne peut d'ailleurs que l'arrimer devantage, puisque ces nations en sont le symbole même, et presque la quintessence. Voilà un terrain essentiel, proche des préoccupations des simples citoyens et qui aurait dû devenir un grand sujet de discussions, de débats, de projets d'avenir. Il n'en a rien été. La faute en revient certes en partie à la Grande-Bretagne de Margaret Thatcher et de John Major, qui ne veut en entendre parler à aucun prix et fait tout pour en détourner l'Europe. L'Angleterre conservatrice n'adhère pas au modèle de société de l'Union européenne. C'est son droit le plus strict – même si c'est au détriment de son propre peuple – mais cela n'aurait dû en rien détourner les autres nations européennes de progresser sur la voie d'un grand projet social commun et de le faire activement savoir. Elles ne s'y sont pas résolues.

Ce n'est pas faute d'objurgations de la part de la France et, plus encore, de Jacques Delors et de la Commission de Bruxelles. Il est vrai que, dans chaque pays concerné, les clivages de politique intérieure compliquaient inévitablement les choses. Il est toujours difficile pour des adversaires électoraux rudement antagonistes de se mettre d'accord sur un dessein de société, fût-ce à l'échelle communautaire. Le prix à payer apparaît cependant fort lourd. Personne ou presque n'a su expliquer aux Européens que leur union leur garantissait un mode et un style de vie plus humains et plus favorables qu'ailleurs. Personne ou presque n'a su, à l'échelon politique communautaire, promouvoir un programme social ambitieux portant ostensiblement les couleurs de l'Europe. La France l'a bien tenté mais, devant la fraîcheur de l'accueil, elle n'a guère insisté. Jacques Delors a bataillé pour introduire dans le traité de Maastricht une dimension sociale plus consistante. Il n'y est pas parvenu. Non seulement la Grande-Bretagne (et, pour des raisons si différentes qu'elles en sont presque opposées, le Danemark) a obtenu une clause d'exemption mais, contre toute logique, les autres pays européens, au lieu d'aller de l'avant, en ont paru une fois de plus comme paralysés. La dimension sociale de l'Europe reste ainsi embryonnaire, alors même que tout progrès substantiel passe désormais par une harmonisation de la législation sociale.

Les citoyens – les Français en particulier – en ont conclu que l'Europe ne s'intéressait pas à eux et ils se sont donc détournés eux-mêmes de l'Europe. C'est là une politique de Gribouille, un manque de vision et un manque de cohérence. La gauche aurait, tout naturellement, dû s'en emparer et les hommes de droite qui se seraient battus pour cette cause n'auraient assurément pas perdu leur temps. Leur image personnelle en aurait sans doute été modifiée. Ils ne l'ont pas voulu ou ne l'ont pas osé. Ainsi s'évanouissent les occasions les plus favorables. Ainsi l'Europe, qui possède un modèle social susceptible d'être avantageusement comparé à n'importe quel autre, a-t-elle laissé accréditer l'idée qu'elle en était dépourvue... Quelle que soit la difficulté – réelle – des circonstances actuelles, l'Europe n'ose décidément pas se proclamer européenne.

Cela se vérifie cruellement dans le domaine extérieur. Voilà pourtant un champ d'action sur lequel, *a priori*, l'Europe pourrait développer à la fois la conscience de ses intérêts communs et la réalité de son influence collective. L'Union européenne est après tout déjà la première puissance commerciale du monde. Si elle s'organisait mieux, si ses entreprises coopéraient davantage, elle pourrait aussi s'affirmer comme la première puissance économique : elle en possède les atouts industriels, les ressources et le marché en matière de services. Lorsqu'elle le fait – avec Airbus ou Ariane par exemple –, elle le prouve déjà abondamment. Si elle se résolvait à mettre enfin sur pied sa monnaie unique – elle est prévue pour 1997 ou 1999 mais rien ne prouve que le calendrier pourra être respecté –, celle-ci compterait sur-le-champ autant que le dollar et le yen. Ce serait la naissance d'un monde tripolaire où le Vieux Continent n'occuperait pas la troisième place. Les variations aberrantes (et néanmoins parfois délibérées) des cours des devises qui désorganisent tant les échanges économiques mondiaux deviendraient aussitôt beaucoup plus difficiles. Dans le meilleur des cas, ce pourrait être l'occasion de revenir enfin à un système de changes fixes, infiniment plus viable. A défaut, l'Europe pèserait de toute façon beaucoup plus lourd et le dollar et le yen ne pourraient plus être sous-évalués à son détriment. Seulement voilà : tout cela implique une volonté collective forte, qui, jusqu'ici, n'a pas existé ou n'a existé que sporadiquement et partiellement, lorsque la France et l'Allemagne ont uni leurs efforts.

Ce déficit d'énergie collective et de confiance en soi a cependant quelque chose de paradoxal, pour ne pas dire de masochiste. Car, dès que l'Union européenne ose défendre ses intérêts et faire preuve de vigueur, elle arrache des résultats plus qu'encourageants. Cela s'est vérifié avec les négociations pourtant âpres du GATT. L'épreuve de force entre la France et les États-Unis s'est achevée de façon finalement satisfaisante, parce que la solidarité européenne a joué et que l'Union a rempli son rôle. Isolé, jamais Paris n'aurait possédé la moindre chance de faire valoir son point de vue. Unis bon gré mal gré, les Européens ont pu arracher les concessions nécessaires. Encore faudrait-il qu'ils le fassent plus souvent et avec plus d'ambition. Les circonstances le voudraient. Les blocages politiques et les timidités psychologiques ralentissent dramatiquement le mouvement. C'est ainsi qu'à propos de l'organisation mondiale du commerce, les Européens ne se sont pas encore dotés des mêmes armes que celles que possèdent les États-Unis, alors qu'ils le pourraient – aucun accord commercial n'est viable sans l'Europe, première puissance mondiale – et qu'ils le devraient. Au nom de quoi accepter que les Américains disposent d'un arsenal commercial unique et unilatéral ? De deux choses l'une : ou bien les Européens obtiennent de Washington que les États-Unis renoncent à leurs privilèges, ou bien ils adoptent les mêmes armes. Là encore, rien ne pourrait l'empêcher au-dehors si au-dedans leur détermination collective existait. Elle progresse pas à pas mais elle devrait courir et même galoper. Elle ne le fait pas.

De la même façon, d'ailleurs, ce serait l'intérêt des grands pays industrialisés – européens mais aussi, cette fois, nord-américains et japonais – d'imposer une clause sociale dans les échanges avec les nations les moins favorisées. Ainsi, les législations sociales avancées et les systèmes sociaux les plus protecteurs cesseraient-ils de constituer un handicap parfois insupportable dans la compétition internationale, pour certaines familles de produits au moins. Aucun État européen solitaire ne pourrait parvenir à faire avancer une telle idée. L'Union européenne, elle, en posséderait les moyens. Elle ne le fait pas, faute d'accords internes – les plus libéraux s'offusquant de tels objectifs –, mais aussi parce qu'elle ne s'est pas encore habituée elle-même à se regarder comme une grande puissance, capable d'imposer ses intérêts et de faire entendre largement sa voix. L'Europe est entravée par ce déficit de conscience et d'énergie. Pis : elle se déconsidère elle-même aux yeux de ses propres citoyens, qu'elle a la charge de protéger et qui, trop souvent, éprouvent le sentiment d'être abandonnés à leur sort. Point de vue assurément en partie injuste mais qu'un peu plus de gesticulation diplomatique et commerciale européenne pourrait combattre avantageusement.

Pour rassurer, enhardir et mobiliser les Européens, un peu de patriotisme communautaire ne serait en somme pas superflu. L'Union européenne devrait combattre les craintes et non pas les nourrir. Il lui faudrait pour cela plus d'affirmation collective. L'Europe manque encore d'audace et, au bout du compte, de personnalité. A elle de les acquérir vite, faute de quoi elle fera le lit des démagogues et des protestataires, des archaïques et des apprentis sorciers qui, les dernières élections européennes l'ont encore prouvé, ne manquent pas, par exemple au sein de notre douce France.

Le déficit de vigueur, irritant et alarmant lorsqu'il s'agit de compétition commerciale, peut devenir dramatique et consternant dès qu'il est question de diplomatie et de puissance militaire. Le traité de Maastricht inaugure, avec force précautions, le concept modeste d'identité européenne de défense et de politique étrangère commune. Il ne s'agit en aucun cas de chercher à mettre fin aux politiques étrangères nationales mais plutôt, sur certains sujets prioritaires et d'intérêt collectif, d'unir les efforts des pays membres pour peser davantage. Il ne s'agit pas plus de renoncer à des défenses proprement nationales ou de se substituer à l'Alliance atlantique, mais, là encore, pour des sujets d'intérêt commun et de vocation collective, de se doter des moyens de se faire entendre. C'est la nature même de l'Union européenne et chacun des pays membres y trouverait largement son avantage.

Le drame de la Bosnie n'aurait pu éclater si les Douze avaient possédé une doctrine commune d'intervention, avec des critères précis et une force permanente pour les mettre aussitôt à exécution. La doctrine n'existait pas, les critères non plus, et la force commune est encore dans les limbes. Pis : les analyses de départ divergeaient radicalement, en particulier entre Paris et Bonn, faute justement d'habitudes de travail en commun sur ce terrain-là, de procédures bien rodées et de conscience d'une responsabilité collective. Le résultat fut dramatique. Le déficit européen de détermination et de lucidité a permis que s'étende et s'enracine une guerre abominable, inexpiable, menée au nom de principes ethniques aussi artificiels qu'indéfendables, et que jamais un continent organisé et développé comme le nôtre n'aurait dû tolérer. La faiblesse de l'Europe a débouché sur le martyre de la Bosnie.

Elle a aussi accentué, au plus mauvais moment, ce déficit de considération et d'affectivité qui constitue l'un des principaux handicaps de la construction européenne. Il n'y a pas d'entreprise collective – par principe plus difficile à mener – sans un minimum de fierté, d'adhésion, de sentiments partagés. Cela s'obtient très vite, en période de guerre, au sein de coalitions alliées. En période de paix relative, de crise économique persistante, la volonté d'édifier une œuvre commune a besoin, elle aussi, d'enthousiasme et de foi. Le déficit démocratique, le déficit social et le déficit d'énergie collective de l'Europe ont conjugué leurs effets pour en priver jusqu'ici l'Union. Dresser alors l'Europe contre la nation, les traiter en rivales objectives, en forces contradictoires devient absurde, à moins d'être simplement très malintentionné.

Personne n'ose plus, en effet, se proclamer ouvertement antieuropéen. Deux guerres mondiales (mais d'abord européennes), le nazisme, le fascisme et le stalinisme ont suffisamment démontré les avantages de la paix, de la démocratie et de la stabilité. La crise économique mondiale (devenue aujourd'hui plus encore une crise européenne) et l'instabilité de l'empire ex-soviétique militent elles aussi clairement en faveur d'une organisation européenne. La concurrence accrue (en raison de la mondialisation économique mais aussi financière, culturelle et technologique) des États-Unis et de l'Asie du Sud-Est fait le reste. Il faudrait être aveugle, inconscient ou suicidaire pour récuser le principe même de l'Union européenne. Même les communistes et le Front national, même, *a fortiori*, Jean-Pierre Chevènement et Philippe de Villiers se proclament européens – à leur manière, cela va de soi.

D'où, pour tourner la difficulté, la tentation, visiblement irrésistible, de prétendre protéger la nation de l'Europe, comme si la seconde menaçait la première. Elle ne la menace pas, ne serait-ce qu'en raison de ses faiblesses mêmes. Elle ne la menace pas, surtout, parce que c'est tout simplement l'intérêt national français de construire l'Europe : non pas à n'importe quelles conditions et avec n'importe quelles méthodes, certes, mais activement et résolument.

C'est vrai d'abord pour des motifs proprement historiques, qui devraient cependant être sensibles à un peuple aussi féru de son passé, de son importance et de son originalité. L'idée européenne est en effet une idée largement française. Il ne s'agit certes pas – ce serait d'ailleurs un beau paradoxe sur un tel sujet – d'un monopole français. L'Allemagne démocrate-chrétienne, de Konrad Adenauer à Helmut Kohl (et parfois l'Allemagne social-démocrate de Willy Brandt et surtout d'Helmut Schmidt), a joué largement son rôle. Des hommes d'État éminents, qu'ils soient italiens (comme Alcide de Gasperi), belges (comme Paul Henri Spaak) ou espagnols (comme Felipe González), ont certes tenu eux aussi une grande place dans les progrès, les percées et les étapes de l'Europe.

Il n'empêche : au départ, dès l'entre-deux-guerres, c'étaient avant tout des Français – Briand, Herriot,

Paul-Boncour notamment – qui, déjà, plaidaient pour l'idée européenne. Dans les années cinquante, c'est de Paris qu'est venue incontestablement l'impulsion initiale, avec Jean Monnet et Robert Schuman. A l'époque, il ne pouvait d'ailleurs pas en être autrement. L'Allemagne et l'Italie étaient encore trop prisonnières des souvenirs maudits de l'histoire la plus récente. Les spectres d'Hitler et de Mussolini ne s'étaient pas encore assez éloignés. La Grande-Bretagne regardait comme toujours vers les États-Unis et ne voulait rien qui eût pu altérer le fameux « lien spécial ». Le Benelux était très favorable à l'entreprise mais n'avait pas les moyens politiques et psychologiques de la parrainer. La France, la France seule, était alors capable de déclencher le processus européen, de le cautionner et de l'inspirer. C'est ce qu'elle a su faire et quelques hommes de premier plan de la IVe République se verront, tôt ou tard, reconnaître ce mérite historique. S'il y a une Union européenne aujourd'hui, c'est que jadis il y eut une volonté et une prospective françaises. La construction européenne fait à ce titre partie du patrimoine national. Opposer la nation à l'Europe représente donc, sur ce plan, un non-sens ou une amputation.

Par la suite, même à l'époque du gaullisme gaullien, des tensions avec nos partenaires et de la politique de la « chaise vide » française, Paris a conservé une vocation politique particulière à propos de l'Europe. La constitution progressive du tandem franco-allemand (symbolisé justement par l'amitié du général de Gaulle et du chancelier Adenauer) a certes beaucoup facilité les choses. Chaque impulsion politique significative est venue de Paris. La politique agricole commune, toute contestée qu'elle soit aujourd'hui (personne ne présentant d'ailleurs d'alternative), correspond à une volonté politique spécifique française. Pendant longtemps, elle a constitué l'essentiel de l'action commune européenne. La politique de développement régional, si importante et si mal connue, a été, elle aussi, voulue et souhaitée par Paris. La naissance du système monétaire européen, qui, malgré toutes les prévisions apocalyptiques, a survécu aux crises et traversé les tempêtes, est le résultat d'un choix personnel de Valéry Giscard d'Estaing et d'Helmut Schmidt. Sans lui, le marché unique était en fait impraticable. Avec lui, la croissance possède des chances supplémentaires, surtout si, plus tard, comme le voudrait la logique et comme l'impliquent les traités, il débouche sur une monnaie unique, symbole de puissance et d'ambitions collectives. Le marché unique, justement, qui permet à l'Union européenne de former un ensemble équivalant à celui des États-Unis, même liés désormais au Mexique et au Canada, est encore le fruit des efforts de la France et de l'Allemagne, ainsi d'ailleurs que de l'imagination et du savoir-faire de Jacques Delors. Qui s'en plaindra? Enfin, les premiers pas de la politique extérieure commune, tout incertains et empruntés qu'ils soient, viennent également du résultat des efforts franco-germaniques, l'Eurocorps comptera quelque quarante mille hommes à la fin de cette année : Belges, Luxembourgeois, Espagnols, sans doute demain Italiens y ont rejoint Français et Allemands. Ce n'est pas un hasard : Paris et Bonn font très régulièrement figure de pionniers de l'Europe.

Mais justement : beaucoup s'émeuvent que désormais le poids politique de l'Allemagne équivale au poids politique de la France, alors que le poids économique et financier de la France n'équivaut pas à celui de l'Allemagne. La France serait-elle ainsi la première victime de son propre dessein européen, quand l'Allemagne en serait la grande bénéficiaire? De nouveau, l'intérêt de l'Europe aurait-il joué contre l'intérêt de la nation? A cela il est aisé de répondre que la puissance économique de l'Allemagne se serait développée avec ou sans l'Europe, avec ou sans la coopération avec la

France. Qu'aurait-on alors entendu, qu'entendrait-on aujourd'hui si l'Allemagne, première puissance économique européenne, n'était pas solidement arrimée à l'Europe? A l'époque de la fin des années Gorbatchev, lorsque le mur de Berlin s'effondrait, que les « démocraties populaires » retrouvaient leur indépendance, les mêmes s'inquiétaient d'ailleurs hautement des projets allemands, imaginaient déjà une marche spectaculaire vers l'Est, l'Allemagne abandonnant la Communauté européenne pour retrouver son emprise sur l'Europe centrale. En 1995, tout cela paraît déjà anachronique. L'Allemagne demeure au cœur de l'Union européenne.

Politiquement, elle y pèse plus lourd, c'est vrai. A partir du moment où elle le fait, comme c'est le cas, sur des bases authentiquement démocratiques, il est difficile de le lui contester. A la France de savoir tirer son épingle du jeu pour conserver, étayer et, pourquoi pas, élargir son influence. En serait-elle incapable? Outre que, jusqu'ici, le couple franco-germanique a continué à fonctionner de façon impeccable, même si le rapport des forces s'y est subtilement modifié, la France conserve ses titres historiques et ses privilèges diplomatiques. Elle possède son siège de membre permanent au Conseil de sécurité des Nations unies. Il prend d'autant plus de relief que la Russie fait beaucoup moins qu'avant cavalier seul, que la Chine reste isolée et que la Grande-Bretagne modèle étroitement son comportement sur celui des États-Unis. Dès lors, la personnalité française pèse de tout son poids, à condition qu'elle sache jouer ses cartes. De même, l'armement nucléaire français, voulu par le général de Gaulle mais soigneusement préservé depuis, donne-t-il une originalité sans équivalent outre-Rhin à notre politique de défense. Et puis, l'influence française en Afrique, la politique de la francophonie, la politique d'ingérence humanitaire imaginée et définie à Paris garantissent la personnalité persistante de la diplomatie nationale. La France n'est pas près de devenir un pays banal ou une nation moyenne parmi d'autres. Elle irrite d'ailleurs assez souvent la communauté internationale parce qu'il n'y a pas de doute à ce sujet.

Par ailleurs, même si ce jeu est d'un maniement assurément subtil, la France possède encore un atout précieux en Europe : c'est que l'Allemagne n'effarouche pas seulement les Français. La Grande-Bretagne ne cache pas son agacement devant l'intimité particulière des relations franco-germaniques et le poids croissant de l'Allemagne. Rien ne serait plus aisé, en cas de besoin, avec un peu de savoir-faire, que de jouer discrètement de cette méfiance. Les pays latins – Espagne, Portugal, Italie –, les pays méditerranéens, si l'on y ajoute la Grèce, s'inquiètent par ailleurs de voir le centre de l'Europe se déplacer inéluctablement vers le nord. Ils seraient tous prêts à unir, dans plusieurs domaines, leurs efforts à ceux de la France pour faire prévaloir leurs droits et leurs intérêts. Ainsi l'idée d'une escadre navale européenne, d'une force de projection rapide méditerranéenne, progresse-t-elle visiblement.

Paris fait ainsi figure, tout naturellement, de fédérateur potentiel de ceux qu'émeut une trop grande emprise de l'Allemagne sur l'Europe. Si la diplomatie et la défense française savent faire preuve d'imagination et d'audace, le renforcement de la puissance germanique peut ainsi entraîner celui de l'influence française. Paris l'inspirateur devient ainsi Paris le recours. Même les nouveaux États membres – Autriche et Finlande en tête, qui conservent de terribles souvenirs d'il y a un demi-siècle – ne verraient pas cela d'un mauvais œil. A la France d'oser et de savoir tirer parti de ses ressources politiques. En ce sens, l'Europe constitue donc incontestablement une chance supplémentaire de taille pour la nation française.

Au demeurant, il n'y a pas d'alternative. A la fin du XXe siècle, la mondialisation condamne toute nation isolée. La chance de la France est qu'elle fut l'inspiratrice et qu'elle peut demeurer la coanimatrice du grand projet européen. Que celui-ci soit lent et difficile, comment s'en étonner ? A-t-on jamais vu auparavant six, puis neuf, puis douze et demain quinze ou seize nations s'unir librement, démocratiquement et pacifiquement ? On a vu des coalitions se nouer, le temps d'une guerre. On a vu des empires s'imposer par la contrainte et par la ruse. Le privilège de l'Union européenne est de savoir se construire en période de paix et par le seul effet de la volonté politique. Qu'on ne dise pas que les peuples n'y sont pour rien, après quatre élections européennes au suffrage universel direct (1979, 1984, 1989, 1994), plusieurs référendums et tant de débats parlementaires. L'élargissement des pouvoirs du Parlement européen depuis la mise en œuvre du traité de Maastricht donne à cette participation un contenu supplémentaire. Désormais, le vote du budget, l'investiture de la Commission de Bruxelles, la codécision dans de nombreux domaines (entre le Conseil des ministres et le Parlement de Strasbourg), renforcent cette évolution.

Le privilège français est d'avoir un rôle spécial à y jouer, si Paris sait le vouloir et en prendre les moyens. Les petits États européens n'ont pas cette possibilité. La Grande-Bretagne a trop ostensiblement freiné et tenté de bloquer la construction européenne pour pouvoir y prétendre. L'Espagne et l'Italie ne possèdent pas une situation assez centrale, ni politiquement, ni économiquement. Restent la France et l'Allemagne pour imaginer, précéder, expérimenter. C'est ce qui se passe aujourd'hui en matière de défense, ce qui demain peut-être se passera en matière monétaire, si la reprise de la croissance se confirme et s'installe. La cohésion franco-germanique n'empêche évidemment pas l'existence d'intérêts nationaux parfois antagonistes. Jusqu'à présent, elle a permis de les surmonter régulièrement et d'exercer une influence commune spécifique.

Bien entendu, jouer les inspirateurs et les explorateurs n'est pas toujours très populaire auprès des partenaires ni aisément compris à l'intérieur des frontières nationales elles-mêmes. L'Europe est trop, reste trop une idée neuve pour ne pas constamment surprendre, déranger, hérisser. Elle remet en cause trop d'habitudes longuement acquises, trop de souvenirs contradictoires, souvent trop d'intérêts corporatistes pour éviter les controverses, les préjugés, les procès d'intention. Certains se spécialisent même dans ce rôle. Il arrive que les circonstances se prêtent à ces entreprises : personne n'a jamais prétendu que l'Europe soit une idée simple ou confortable. Au bout du compte, elle offre à la France une possibilité de peser et d'influencer à une échelle significative, sans avoir à renoncer à ce qu'elle est. Au lieu de redouter sans cesse que la France se dissolve dans l'ensemble européen, il serait plus utile et positif de réfléchir aux voies et aux moyens d'enraciner l'influence française dans le destin européen.

Cela implique une réforme des institutions européennes (prévue de toute façon pour 1996), renforçant le pouvoir du Conseil européen et du Conseil des ministres, c'est-à-dire de l'exécutif politique. C'est affaire de démocratie et de légitimité, puisque les Conseils européens sont composés des chefs d'État et de gouvernement des pays membres, et les Conseils des ministres des ministres des Affaires étrangères ou des ministres techniques.

Assurer la primauté de l'exécutif politique sur l'exécutif technocratique (la Commission) constitue donc un préalable. L'objectif est cependant plus aisé à fixer qu'à atteindre. Le Conseil européen (autre création d'origine française, sur proposition de Valéry Giscard d'Estaing) a, pour s'imposer, besoin d'une présidence plus stable et d'un mode de décision plus simple. Aujourd'hui, la présidence est attribuée par roulement semestriel entre tous les États membres. Chaque chef de gouvernement préside ainsi à son tour pour six mois. Impossible de mener une action décisive en un aussi bref laps de temps ; difficile d'espérer que tous les chefs de gouvernement posséderont les aptitudes de lanceurs d'idées et de maîtres de manœuvres européens ; illusoire, enfin, d'imaginer qu'un chef de gouvernement qui ne peut accorder qu'une fraction de son temps aux affaires européennes, même lorsqu'il exerce la présidence tournante, puisse s'imposer quotidiennement à une commission travaillant d'arrache-pied à plein temps. Il devient donc impératif, surtout avec l'élargissement de l'Europe, qui en complique automatiquement la conduite quotidienne, d'allonger la durée de la présidence tournante – deux ans seraient raisonnables – et de désigner son titulaire par concensus des chefs de gouvernement et non plus en fonction des caprices de l'ordre alphabétique.

Encore faut-il aussi, avec l'entrée acquise de plusieurs nouveaux États membres et l'entrée probable d'autres nations d'ores et déjà candidates, prendre des précautions pour éviter la banalisation du droit de veto, c'est-à-dire le risque de l'enlisement et de la paralysie. Il va de soi que lorsque les intérêts authentiquement vitaux d'un État membre lui paraissent mis en cause, il peut bloquer une décision. La France ne s'est d'ailleurs pas fait faute de le faire (à propos de la politique agricole) ou d'en agiter la menace (à propos, par exemple, de l'exception culturelle). Cela ne devrait cependant intervenir que dans des cas extrêmes. D'ordinaire, les décisions devraient pouvoir être adoptées à la majorité qualifiée des États membres, en veillant, cela va de soi (et malgré les efforts britanniques ou espagnols en sens inverse), à ce que le seuil de blocage soit relevé à chaque élargissement, pour éviter justement de banaliser le veto. Plus l'Europe compte d'États membres, de cultures historiques, de sensibilités, d'intérêts forcément contradictoires, plus l'autorité politique doit être forte et sa mise en œuvre simplifiée. Ce sera l'enjeu essentiel de la conférence intergouvernementale de 1996.

Pour la France, c'est une affaire importante, dans la mesure où Paris reste le bastion et le symbole d'une approche volontariste et extensive de la construction européenne. Paris demeure le plus acharné à vouloir une défense européenne autonome, une diplomatie européenne entreprenante, une politique commerciale européenne plus ferme, une politique monétaire européenne plus proche et une politique sociale européenne plus ambitieuse. Au sein de l'Union européenne, la France est toujours la base stratégique d'une dynamique volontariste et exigeante. C'est sa spécialité, son patrimoine européen, sa marque et sa meilleure chance. La France n'est elle-même en Europe que lorsqu'elle est entreprenante et imaginative. Pour conserver cette particularité, il lui faut démontrer sans cesse qu'elle possède cohérence et vision, dynamisme et pragmatisme. A ce prix-là, qui n'est pas hors d'atteinte, puisqu'elle l'a maintes fois réussi, la France peut conserver une influence particulière et une vocation propre. Si elle fournit des idées, des projets et une volonté à l'Europe, celle-ci le lui rendra largement en puissance collective et en autorité internationale. A la fin de ce siècle, l'Europe fournit ainsi un projet et un dessein à la nation.

Encore faut-il en avoir la hardiesse et la détermination. Le paradoxe des nationalistes, c'est qu'au fond ils doutent de la nation. Ils ont peur de la banalisation de la France, de son effacement au sein de la construction européenne, comme si elle manquait de ressort, de vigueur et de personnalité. Ils redoutent que l'aventure communautaire se fasse au détriment des intérêts de la France, comme si elle était incapable de veiller à leur protection, comme si les grandes décisions de l'Europe des Douze avaient été prises jusqu'ici à leur détriment. Ils craignent la primauté allemande (comme d'ailleurs il y a vingt ans ou trente ans), sans paraître ajouter foi aux atouts français. Ils s'effarouchent d'une dérive de l'Europe vers l'atlantisme et le libre-échange, comme ils l'ont toujours fait et même si la réalité leur a donné toujours tort. Ils s'émeuvent des progrès de l'intégration et du partage de souveraineté, sans imaginer un instant que cela puisse se faire au bénéfice de la France. Ils ont en fait peur du changement, peur de la nouveauté, peur de tout et de son contraire. Ils craignent les effets de l'isolement mais aussi les contraintes de la solidarité. Ils entretiennent la nostalgie du passé, au lieu de préparer les chemins de l'avenir. Ils regardent la France comme une forteresse assiégée, menacée de ruine et d'abandon, entourée d'ennemis puissants et de partenaires félons. Ils aiment la France à leur façon mais sans se rendre compte qu'ils l'aiment sur un mode paranoïaque et presque défaitiste. La France n'a aucun motif de susciter un complexe d'infériorité.

Elle est le plus ancien État-nation d'Europe. Après avoir traversé depuis un millénaire tant de guerres et d'épreuves, tant de régimes et de révolutions, après avoir contenu tant d'invasions, découragé tant d'appétits, encouru tant de périls, ressuscité après tant d'effondrements, pourquoi diable craindrait-elle pour son unité et pour sa cohésion? Elle est au contraire la mieux placée pour innover sans se défigurer, entreprendre sans se renier. L'Europe est son idée, son histoire et sa vocation. Pourquoi regarder comme un risque ce qui constitue une chance? La France serait-elle plus fragile que les autres? Les nationalistes sont, en fait, rongés par l'obsession du déclin. Or l'Europe représente justement le meilleur moyen de s'en prémunir. La France avait jadis un empire, une armée qu'on disait être la première du continent et qui parfois le fut effectivement, un prestige culturel et intellectuel unique. Elle était une grande puissance. Elle ne l'est plus. Vingt pays dans le monde ont une population plus nombreuse que la sienne, beaucoup disposent de ressources naturelles, énergétiques ou minières, infiniment plus favorables. Les États-Unis aujourd'hui, la Russie, la Chine, l'Inde ou le Brésil demain pèseront plus lourd qu'elle, inéluctablement. Est-elle condamnée pour autant à l'effacement et au dépérissement? Point du tout.

La France est aujourd'hui la quatrième puissance économique et commerciale du monde. Ce n'est pas si mal pour un peuple de moins de soixante millions d'habitants. Elle joue un rôle diplomatique et militaire substantiel. Il ne tient qu'à elle de le renforcer : cela ne passe certainement pas par le repli sur soi. Elle innove en matière d'ingérence humanitaire, pousse au contrôle des armements et à leur réduction équilibrée. Voilà une vocation qu'elle est en mesure d'assumer. Sa monnaie redevient une valeur sûre, elle a maîtrisé l'inflation, progressé en compétitivité. Ce n'est pas un hasard si sa balance commerciale est régulièrement positive, ni surtout si les investisseurs étrangers se pressent si nombreux en France. En 1993, la France fut, après les États-Unis, le deuxième pays au monde pour les investissements venus de l'extérieur. Ce jugement-là est autrement positif et encourageant que l'éternelle mélancolie des nationalistes, qui rêvent d'un passé évanoui. Si les investisseurs étrangers choisissent aujourd'hui la France, ce n'est pas pour ses splendeurs antiques et ses souvenirs fanés mais pour ses perspectives et pour les atouts dont elle dispose. Faut-il être plus sceptique sur l'avenir de la France que ne le sont les étrangers? Le patriotisme serait-il le refus de la confiance en soi?

La France a la chance de trouver dans l'Europe une nouvelle ambition, au moment même où seuls les grands ensembles paraissent bien armés. Ce n'est d'ailleurs pas un hasard si tant d'États européens font connaître leur candidature à l'Union et manifestent tant d'impatience, d'amertume et d'irritation lorsqu'il leur faut faire antichambre. L'Europe est une nécessité logique, une perspective impérieuse, et c'est la France qui a, plus que n'importe quel autre pays, permis que ce rêve devienne une réalité, que cette espérance devienne une possibilité. Elle a devant elle maints obstacles à surmonter en matière d'élargissement et de cohésion, de volonté et de décisions. Le contraire serait étonnant, et aucune puissance significative n'échappe à de pareilles difficultés.

La France a inventé l'Europe, l'a parrainée, l'a inspirée ou l'a influencée. Elle possède les moyens de continuer en ce sens, dans des conditions certes renouvelées, avec des exigences nouvelles et différentes. A elle de faire de nouveau la démonstration de sa capacité à anticiper, à innover, à proposer à ses partenaires des projets et une vision. Depuis un demi-siècle, elle n'a cessé de le prouver. Pourquoi n'en n'aurait-elle plus l'aptitude? Au lieu de ruminer des pensées moroses sur un monde qui, de toute façon, n'est plus, mieux vaut anticiper ce que doit être une grande puissance collective à l'approche du troisième millénaire. Au lieu de s'effaroucher sans cesse des changements et des obstacles, mieux vaut mille fois proposer aux Européens de nouvelles étapes, de nouveaux objectifs, de nouvelles solidarités. Une diplomatie commune, une force d'intervention collective permanente, un projet de société typiquement européen, une politique commerciale pugnace, une monnaie unique pour la doter des moyens nécessaires, des institutions renforcées avec une présidence rigoureuse, voilà autant de directions dont la France pourrait parfaitement prendre l'initiative et définir les objectifs.

La France n'est condamnée ni à l'effacement ni au déclin. Elle possède les moyens d'une ambition, d'une vocation digne d'elle. L'Europe lui en offre le terrain, les institutions et les perspectives. Elle y détient plus de titres que quiconque et n'a donc pas à hésiter avant de proposer un projet ou de définir un dessein. Si l'Europe s'enlise, si la France se replie sur elle-même, elle deviendra un objet de l'histoire. Si l'Europe progresse, si la France l'inspire et l'anime de son mieux, elle restera un acteur de l'histoire. Le déclin est en fait dans le nationalisme, et le patriotisme contemporain dans le choix de l'Europe.

CONCLUSION

La politique réelle

L'élection présidentielle de 1995 comporte deux enjeux. Le premier est classique : qui, d'un candidat de gauche ou d'un candidat de droite, l'emportera, et sur quelles options politiques ? Le second est plus original : le verdict des électeurs enregistrera-t-il un nouveau progrès de la politique imaginaire ou bien marquera-t-il une revanche de la politique réelle ? Assistera-t-on à une poussée du populisme – c'est-à-dire à une récupération et à une exploitation des mythes et des fantasmes – ou bien à un retour de la politique rationnelle, fondée sur la réalité et sur la réflexion ?

La politique imaginaire n'est pas sans armes, puisqu'elle s'appuie sur les peurs et les crises, sur les dérèglements et les déracinements. Elle joue des préjugés et des émotions, des contresens et des subjectivités. Elle aspire au rejet de la politique, qu'elle entretient de son mieux puisqu'elle en est la seule bénéficiaire. Elle alimente le mythe de la présidence absolue, aliénante pour la République. Elle diffame le personnel politique, présenté comme tout entier corrompu, au mépris de la vérité et au grand dam de la démocratie. Elle joue de son mieux des complaisances et des vulnérabilités de la télévision. Elle dénonce et elle enterre les idéologies, dépeintes comme des cadavres exquis, forcément maléfiques, forcément condamnés. Elle crie, elle hurle à la « trahison » des élites, qui incarnent à ses yeux l'arrogance et l'échec du pouvoir, le fossé entre les citoyens et les pouvoirs, qu'elle tente justement d'approfondir de toutes ses forces. Elle feint de croire à la persistance de la république gaullienne, c'est-à-dire à l'existence d'une politique arrêtée, figée pour l'éternité, et donc incapable de comprendre les aspirations et les désirs légitimes des Français. Elle mobilise contre le péril (factice) que l'Europe ferait courir à la nation, comme si la construction de l'Union s'édifiait au détriment de l'identité nationale. Elle veut ignorer, bien entendu, la chance qu'elle représente, et la métamorphose qu'elle facilite, de la puissance évanouie de la France impériale à l'influence retrouvée de la France européenne. Elle exploite les malheurs et la crédulité, elle abuse des épreuves et des émotions.

Encore faut-il que la politique réelle sache donner de meilleures réponses que la politique imaginaire, ce qui est d'ordinaire le cas, et qu'elle soit capable de le faire comprendre, ce qui semble plus rare. La politique rationnelle, la politique réaliste subit en effet plusieurs handicaps. La longueur et la dureté de la crise ont enraciné l'inquiétude et le ressentiment, terreau propice à l'épanouissement des mythologies. Les conséquences de la crise se font sentir depuis vingt ans, les Français votant, eux, en moyenne une fois par an. Les séquences politiques sont toujours bien trop courtes pour les séquences économiques et sociales. Les gouvernements manquent parfois de compétence, de lucidité ou d'inspiration. Ils manquent beaucoup plus souvent de temps et de stabilité. Ils deviennent impopulaires au bout de deux ans. Ce n'est pas un hasard si la France a compté justement, de Pierre Messmer à Édouard Balladur, dix gouvernements en vingt ans.

Cette tyrannie du calendrier par temps de crise contribue à la persistance de graves déséquilibres, qui favorisent la politique imaginaire : le chômage et l'exclusion, le pessimisme et le déracinement, l'effritement du lien social et le déficit d'espérance. Aux hommes de pouvoir et, plus qu'aux autres, à ceux qui briguent la fonction suprême de trouver, face à la politique émotionnelle, des réponses convaincantes, ainsi que de démontrer la capacité d'en persuader les Français. Cela postule qu'au départ les hommes soient de qualité : c'est heureusement le cas. La France possède le privilège de pouvoir aligner régulièrement plusieurs candidats dignes des fonctions auxquels ils aspirent. Ce n'est pas vrai dans tous les pays, ni même dans toutes les grandes démocraties. Les élites françaises ont toujours su, jusqu'à présent, produire des présidentiables dont l'envergure correspondait aux ambitions. Les populistes en ont, en revanche, pour l'instant toujours été incapables.

La sélection des candidats ne saurait cependant se substituer aux projets. La politique réelle n'exorcisera les fantasmes de la politique imaginaire qu'à condition de fournir des réponses, des orientations et des plates-formes dignes de ce nom. Elle restera fragile et vulnérable tant qu'elle n'aura pas su ressusciter l'espoir. Pour y parvenir, il ne saurait suffire de promouvoir des personnalités respectables et des hommes d'envergure. Il faut aussi savoir comment combler les déficits qui s'accumulent : déficit d'emplois et déficit d'intégration, déficit moral et déficit de participation, déficit d'espoir et déficit de perspectives, personnelles ou nationales. Pour ranimer la confiance, il faut pouvoir démontrer que la société politique n'est pas bloquée, que la société civile n'est pas incurable, que la communauté nationale ne manque ni d'ambition ni de vision.

Le retour de la croissance peut faciliter la revanche de la politique réelle sur la politique imaginaire. La crise recule, il faut donc que l'emploi progresse de nouveau, car c'est le préalable – légitime – de toute confiance dans la société et de toute espérance dans l'avenir. La construction européenne peut faciliter à la fois le tassement du chômage et la résurrection de l'espoir. Durant les années trente, lors de la première grande crise économique, sociale et financière du siècle, la force des nationalismes et la puissance des protectionnismes avaient débouché sur d'immenses catastrophes : montée du nazisme et du fascisme, misère et guerre. Cette fois-ci, c'est l'inverse : la crise n'a pas mis en cause la stabilité des démocraties, ce sont les dernières dictatures européennes d'extrême droite qui se sont disloquées, et surtout le communisme de l'Union soviétique et de l'Europe de l'Est qui s'est effondré. L'existence d'une vaste zone de pluralisme, rassemblée au sein de l'Union européenne, n'a pas pu éviter la crise mais en a au moins canalisé les conséquences internationales. La paix et la démocratie n'ont pas été mises en cause.

L'Union européenne, toute présente qu'elle soit nécessairement au sein du débat français, ne saurait cependant se substituer à un projet proprement national. Celui-ci peut s'intégrer dans la démarche européenne et y trouver le débouché naturel de ses aspirations. Il ne peut pas faire l'économie d'objectifs propres à la société française. Le retour de la politique réelle passe donc par la qualité d'une confrontation entre des plates-formes et des visions alternatives. C'est leur réalisme et leur capacité de mobilisation qui peuvent faire reculer les populismes. C'est leur séduction qui peut, seule, exorciser la mythologie politique française et conjurer la politique imaginaire. Celle-ci a marqué des points en jouant de l'anxiété et de l'émotivité. La politique réelle peut la faire battre en retraite, à condition de savoir s'appuyer sur la réalité et sur l'espérance.

Table

Cet ouvrage a été réalisé par la
SOCIÉTÉ NOUVELLE FIRMIN-DIDOT
Mesnil-sur-l'Estrée
pour le compte des Éditions Flammarion
en décembre 1994